Vivaces

Vivaces

COLLABORATION ÉDITORIALE
Judy Moore

EYROLLES

Édition originale de cet ouvrage publiée en anglais par Fog City Press,
sous le titre *The Gardeners Handbooks – Perennials*

DIRECTION ARTISTIQUE Kylie Mulquin
COUVERTURE John Bull
ICONOGRAPHIE Tracey Gibson

57-61, boulevard Saint-Germain
75240 Paris Cedex 05
www.editions-eyrolles.com

Traduction : Frédérique Daber
Coordination éditoriale et adaptation PAO : Belle Page, Boulogne

ISBN 2-212-11453-2
Imprimé en Chine

SOMMAIRE

COMMENT UTILISER CET OUVRAGE

Cet ouvrage vous guidera dans vos choix pour dessiner et planter un merveilleux jardin fleuri. Il vous apprendra à évaluer la nature de votre sol et à sélectionner les plantes les mieux adaptées à des plantations d'entretien facile pour des utilisations diverses.

De nombreuses illustrations pour vous aider à vous représenter outils, techniques ou description d'une partie de la plante.

Des photographies claires pour vous guider et vous inspirer lors de l'aménagement et de l'entretien de votre jardin.

Des conseils et des astuces faciles à suivre, pour obtenir de meilleurs résultats.

Des explications simples et des conseils généraux sur les différents aspects du jardinage fourniront des suggestions précieuses et des solutions faciles aux questions que se pose fréquemment tout jardinier.

Chaque plante du répertoire est photographiée, montrant ce à quoi elle ressemble dans de bonnes conditions de culture.

Nom scientifique

Nom de la famille

Mémo pratique sur chaque plante : zones de rusticité, étalement, hauteur, floraison, etc.

Nom commun

Helleborus niger

RANUNCULACÉES

RUSTICITÉ
Zones 3 à 8.

HAUTEUR
30 à 45 cm.

ÉTALEMENT
30 à 60 cm.

FLORAISON
Début d'hiver et printemps.

AUTRE NOM COMMUN
Hellébore noir.

ROSE DE NOËL

SON RAVISSANT FEUILLAGE ÉTANT DÉCORATIF TOUTE L'ANNÉE, ELLE ÉCLAIRERA UN JARDIN DE SOUS-BOIS OU UNE PLATE-BANDE PRINTANIÈRE.

Description Naissant d'un épais collet à racines charnues, elle donne des feuilles épaisses et lobées. Les fleurs, blanches puis roses, comptent cinq pétales, qui sont en réalité des sépales, entourés de bractées feuillées.

Emplacement idéal D'ombre légère à mi-ombre. Une fois installée, la plante tolère les sols secs et l'ombre dense.

Nature du sol Humifère et de fraîcheur constante.

Conseils de culture Au printemps, supprimez toute feuille abîmée. La rose de Noël met 2 ou 3 ans à s'installer et n'apprécie pas la transplantation. Ne divisez que pour multiplier.

Multiplication Déterrez les touffes au printemps, après floraison et divisez les collets. Replantez les éclats immédiatement. Semez dehors au printemps ou en début d'été.

Maladies et ravageurs Pas de menace particulière.

Suggestions Associez-la à des bulbeuses de début de printemps, à des fleurs tendant à se naturaliser et à des fougères.

Autres espèces *H. argutifolius*, l'hellébore de Corse, offre des fleurs vertes. Zones 6 à 8. *H. orientalis*, la rose de carême, est à fleurs roses, rouges ou blanches. Zones 4 à 9.

222 RÉPERTOIRE DES PLANTES

Hemerocallis hybrides

HÉMÉROCALLIDACÉES

RUSTICITÉ
Zones 3 à 9 pour la plupart des hybrides.

HAUTEUR
30 à 150 cm.

ÉTALEMENT
60 à 90 cm. Les hybrides vont de taille très haute à miniature.

FLORAISON
Fin du printemps et été.

AUTRES NOMS COMMUNS
Lis d'un jour, lis de la Saint-Jacques.

HÉMÉROCALLE

L'HÉMÉROCALLE EST UNE PLANTE DE LONGUE DURÉE DE VIE ET D'ENTRETIEN FACILE. SES HYBRIDES SPECTACULAIRES COMPTENT PARMI LES VIVACES LES PLUS POPULAIRES.

Description Chaque fleur ne dure qu'une journée, mais vu le nombre de boutons, la floraison peut s'étendre sur plus d'un mois. Les fleurs varient en couleur et en forme. Si l'espèce fleurit surtout orange ou jaune et montre des fleurs à larges pétales et à sépales étroits, les hybrides modernes existent en toutes sortes de couleurs.

Emplacement idéal De plein soleil à ombre légère. La plupart des hybrides modernes nécessitent 8 heures de soleil direct au moins pour bien fleurir. L'espèce, et certaines des sélections plus anciennes, fleurit à mi-ombre.

Nature du sol De fraîcheur constante, moyen à humifère.

Conseils de culture Plantez des hémérocalles achetées en pot ou à racines nues au printemps ou en automne. Placez les collets juste sous la surface du sol. Ces plantes mettent un an à s'installer, puis s'étendent rapidement en touffes denses. La plupart peuvent rester en place, intouchées, pendant des années. Les pédoncules sont parfois si serrés que cela nuit à la beauté de la plante. Divisez alors tous les 3 ans. Supprimez régulièrement les fleurs fanées pour que vos hémérocalles soient plus décoratives. Le feuillage reste généralement beau toute l'année. Si une feuille jaunit, saisissez-la et tirez d'un coup sec pour qu'elle se détache de la base.

VIVACES 223

Des informations sur le mode de culture pour vous permettre d'obtenir le meilleur de vos plantes.

Une couleur différente par chapitre, pour une consultation plus pratique.

Première partie

Connaître son jardin

BEAUTÉ FUGACE

Certaines vivaces, comme les ancolies (*Aquilegia* subsp.), ont une courte durée de vie mais forment de nouvelles plantules en se ressemant.

Fidèles vivaces

Quel plaisir de jardiner avec les vivaces ! Que votre jardin soit grand ou petit, ensoleillé ou ombragé, humide ou sec, il peut en accueillir toute une palette dont les couleurs l'embelliront des années durant.

Qu'est-ce qu'une vivace ?

Une vivace est une plante qui fleurit plus de deux saisons de suite. Une vivace bien rustique, plantée en un site qui lui convient, peut souvent vivre une dizaine d'années ou plus sans que l'on ait à replanter au printemps. Même certaines espèces à vie courte ont leur intérêt. La gaillarde (*Gaillardia* × *grandiflora*), par exemple, qui persiste rarement plus de deux ans, a l'avantage de fleurir vigoureusement une bonne partie de l'été.

Il peut arriver qu'une plante bisannuelle comme la digitale (*Digitalis purpurea*) for-

NUÉES DE COULEUR

La gracieuse anémone du Japon (*Anemone* × *hybrida*) fait partie de ces vivaces qui peuvent être multipliées par boutures de racine ou par division.

mant son feuillage la première année et fleurissant la seconde, survive une année de plus. Ces plantes, malgré leurs durées de vie différentes, sont toutes appelées vivaces.

Les vivaces sont des herbacées, c'est-à-dire des plantes ne développant pas de tiges ligneuses. Aussi arbres et arbustes ne font-ils pas partie des vivaces.

La plupart du temps, la partie aérienne des vivaces disparaît pendant la période de repos. Quelques espèces, par exemple l'arabette (*Arabis* subsp.), présentent cependant un feuillage persistant.

La floraison des vivaces, contrairement à celle des annuelles, est le plus souvent de courte durée mais reprend d'elle-même l'année suivante. Moins chères à l'achat que les arbres et les arbustes, les vivaces sont faciles à déplacer, permettant ainsi des changements de décor au jardin. Ces plantes, dont la grande variété enchante le jardinier confirmé, sont un choix facile et sûr pour le débutant.

UNE VIVACE POUR CHAQUE EXPOSITION

Sachant maintenant ce qu'est une vivace, voyons comment mettre à profit les diverses

REMARQUABLES BRACTÉES

Quelle variété chez les vivaces ! *Eryngium giganteum* est une plante peu durable mais étonnante, avec des bractées décoratives entourant les fleurs.

TOUT FEU TOUT FLAMME

Les hémérocalles sont des plantes rustiques aux fleurs éclatantes qui réussissent en bien des climats.

NOTE COLORÉE DURABLE
Centaurea dealbata 'Steenbergii' est un cultivar de bleuet qui fleurit longtemps et se plaît au soleil.

GRAMINÉE DÉCORATIVE
Avec son beau port retombant, *Miscanthus sinensis* permet, en compagnie de plantes vivaces, de composer de belles plates-bandes.

PAS TOUJOURS POUR LES FLEURS !
On cultive le caladion pour ses belles feuilles. Il faut supprimer toutes les petites fleurs qui paraissent en été.

caractéristiques de ces plantes au jardin. Comme il en existe des milliers d'espèces et de cultivars, vous n'aurez aucun mal à trouver celles dont la forme, la texture des feuilles et la couleur des fleurs se prêtent au jardin de vos rêves. Un site, quel qu'il soit, sera toujours embelli par la présence de vivaces. Les vivaces ont de nombreux atouts : elles peuvent égayer une partie du jardin, apporter des touches colorées, mettre en valeur certains recoins, voire occuper tout l'espace si les espèces sont suffisamment nombreuses et variées.

Préférez les vivaces qui, par leur couleur, leur texture et leur port, confèrent de l'originalité à l'ensemble de votre terrain. En les combinant à des annuelles, des bisannuelles, des arbustes et des arbres, vous composerez un jardin où chaque espèce aura son rôle à jouer. Plantez par exemple des vivaces fleurissant tôt dans l'année comme les iris et les pivoines en compagnie d'annuelles comme les cléomes (*Cleome* subsp.) et les cosmos, qui fleurissent en début d'été et jusqu'aux gelées.

À certains endroits stratégiques, pour marquer le départ d'un sentier ou auprès d'une porte, ou encore dans le champ de vision d'une fenêtre, placez des touffes plus basses de vivaces spectaculaires. Dans

un sous-bois, vous pouvez marquer l'amorce d'un sentier par trois plants d'hostas panachés (*Hosta* 'Gold Standard', par exemple). Autre suggestion : ponctuer le sommet d'une voie d'accès d'une touffe de tritome grandiflora, appelée également faux-aloès grandiflora (*Kniphofia uvaria* 'Grandiflora').

FIERS IRIS

Un groupe d'iris, surtout s'ils fleurissent dans un camaïeu de couleurs, forme au jardin un décor spectaculaire.

CONNAÎTRE LE NOM DES VIVACES

Pour réussir un jardin de vivaces, il est important de connaître précisément le nom des plantes. C'est leur nom botanique qui permet d'être sûr d'avoir affaire à la plante désirée.

FLEURS D'AUTOMNE
Comme l'indique son nom botanique, *Helenium autumnale* fleurit en automne. Elle convient parfaitement aux sols frais à exposition ensoleillée.

LE NOM BOTANIQUE

Le nom botanique comprend généralement deux termes. Le premier désigne le nom du genre, lequel regroupe plusieurs plantes apparentées. Le second indique l'espèce, c'est-à-dire une plante précise au sein du genre. Il arrive que l'on cultive différentes espèces d'un même genre. *Achillea mille-*

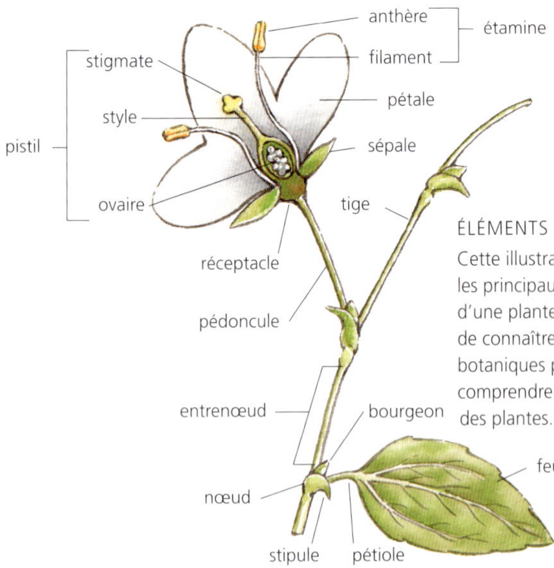

ÉLÉMENTS D'UNE PLANTE
Cette illustration présente les principaux éléments d'une plante. Il est utile de connaître quelques termes botaniques pour mieux comprendre les descriptions des plantes.

LE BUGLE EST TAPISSANT
Ajuga reptans est une plante tapissante. *Reptans* signifie « rampant » en latin.

folium et *Achillea tomentosa*, par exemple, appartiennent toutes deux au genre *Achillea*, mais la première est une achillée à feuillage plumeux tandis que la seconde présente des feuilles pubescentes.

Pour les horticulteurs et les botanistes, il existe deux autres classifications: les variétés et les cultivars. Les plantes qui varient naturellement de l'espèce forment ce que l'on appelle des variétés dont le nom s'ajoute à l'appellation botanique après l'abréviation « var. ». Le nom des cultivars apparaît entre des guillemets simples à la fin de l'appellation botanique. Il s'agit soit de plantes sélectionnées et multipliées systématiquement, soit de mutations aléatoires apparues au jardin.

On trouve également des hybrides, résultat d'un croisement entre deux espèces ou, plus rarement, de deux genres. C'est le cas par exemple de *Anemone* × *hybrida*, le signe « × » indiquant qu'il s'agit d'un hybride.

Dans cet ouvrage, vous rencontrerez des noms communs et des noms botaniques. L'abréviation « subsp. » désigne des espèces apparentées d'un même genre. *Iris* subsp., par exemple, recouvre les iris barbus, les iris de Sibérie et ceux du Japon.

LA LOGIQUE DES NOMS

Les noms botaniques nous révèlent certaines caractéristiques à propos des plantes qu'ils désignent. Voici quelques mots latins que vous rencontrerez souvent:

Albus: blanc
Argenteus: argenté
Aureus: jaune d'or
Caeruleus: bleu
Luteus: jaune
Niger: noir
Palustris: des marais
Perennis: vivace
Prostratus: prostré
Reptans: rampant
Roseus: rosé
Ruber: rouge
Spinosus: épineux
Variegatus: panaché
Vulgaris: commun

ASSOIFFÉS

Les delphiniums supportent difficilement les étés brûlants et périclitent après une ou deux saisons, alors que, à mi-ombre et en sol frais, ils restent beaux durant des années.

HEUREUX À L'OMBRE

Les espèces qui apprécient la fraîcheur, comme les astilbes, les primevères et les hostas, prospèrent en climat humide connaissant d'importantes précipitations annuelles.

CLIMAT

Les conditions climatiques – température, humidité, précipitations, etc. – jouent évidemment un grand rôle dans la croissance des vivaces, et cela selon les diverses expositions du jardin.

TENIR COMPTE DE LA TEMPÉRATURE

Pour des plantes vivant plus d'une saison, il faut tenir compte des minima et des maxima annuels de votre région. Ce sont les plantes naturellement adaptées à ces températures qui offrent bien sûr la meilleure chance de réussite.

Essayez de limiter votre choix à des espèces absolument rustiques sous votre climat. Sinon, elles survivront quelques années mais ne deviendront jamais vraiment belles. De plus, le premier coup de froid exceptionnel aura raison d'elles.

Les températures maximales sont aussi un facteur qui limite le nombre d'espèces cultivables. Même si certaines tolèrent la forte chaleur, vous devrez beaucoup les arroser sans pour autant les voir prospérer.

Précipitations

Tout comme la température, les précipitations sont un facteur déterminant pour le choix des plantes dans un climat donné. Si, vivant en climat sec, vous tenez à cultiver quelques espèces pour climat humide, installez-les tout près de la maison, de façon à les arroser plus facilement. Mais si vous cherchez l'économie de temps, d'argent et de ressources naturelles, choisissez là aussi des plantes naturellement adaptées à votre jardin. Les espèces à feuillage petit, argenté ou pubescent s'accommodent particulièrement bien d'un jardin sec.

Microclimats

Un microclimat est un site restreint où les conditions de culture diffèrent de la norme. Ce peut être un angle formé par deux murs, protégé du vent et irradiant suffisamment de chaleur pour vous permettre d'y installer une plante de rusticité moyenne qui survivrait péniblement en site exposé. Ce peut aussi être une zone à l'ombre d'un gros arbre ou rafraîchie par un ruisseau qui viendrait courir dans un coin du jardin.

BESOINS VARIABLES

Certaines hémérocalles se plaisent en climat chaud, tandis que d'autres ne les tolèrent pas. Demandez conseil à un pépiniériste.

ACHILLÉE ARGENTÉE

Les plantes au feuillage argenté sont souvent adaptées au climat sec et chaud.

Topographie

La topographie de votre terrain sera l'élément déterminant pour créer le plan de votre jardin. Quelle que soit la topographie d'un lieu, elle présente toujours avantages et inconvénients.

UNE PLANTE COLONISANTE
Le physostégia est idéal pour les endroits très humides en jardin de vallée. Il aime l'eau et le plein soleil ou l'ombre légère.

Jardin sur une hauteur

Ce cas topographique entraîne des conditions de culture bien particulières. L'érosion s'y manifeste souvent : la couche de terre est alors peu épaisse et le drainage, excellent. Ce genre de site est souvent venteux, ce qui représente un danger pour les espèces hautes. Il vous faudra soit tuteurer vos grandes vivaces soit en choisir de plus basses. Le vent peut être un facteur de dessèchement et il faudra alors arroser davantage. Un brise-vent, clôture, haie ou treillis planté de grimpantes, placé entre le jardin et le vent dominant, peut s'avérer utile.

UN COIN ENSOLEILLÉ
Tout comme un groupe d'arbres, un mur peut créer un microclimat hors gel, idéal pour les espèces qui apprécient la chaleur.

Jardin en vallée

Dans les creux, les jardins de vivaces sont plus menacés par les gels de printemps et d'automne, car l'air froid s'y concentre, formant les redoutables poches de gel. Les espèces hâtives ou tardives peuvent y laisser leurs fleurs, alors qu'en hauteur les mêmes seront épargnées. Dans ce type de site, il vaut mieux attendre un peu pour se débarrasser des paillis d'hiver.

Selon le même phénomène, l'humidité s'accumule en bas des pentes. Les vallées regorgent d'eaux de ruissellement en abondance qui forment mares et ruisseaux. Elles bénéficient aussi de la terre de surface des

À TOUS LES COUPS ON GAGNE !

Le bugle et l'hosta sont deux vivaces faciles appréciant l'humidité pour jardins d'ombre nécessitant peu d'entretien.

pentes avoisinantes, mais si celle-ci est argileuse, cela peut être problématique. En cas de mauvais drainage, le mieux est de planter les vivaces en plates-bandes surélevées. Dans les cas extrêmes, il faudra installer un système pour canaliser et évacuer l'eau superflue. Dans les vallées et les terrains plats, la meilleure solution reste encore de tirer parti de la forte humidité présente autour des points d'eau, en les plantant de vivaces qui se plaisent en terrains humides. Ornez les berges de belles assoiffées aux couleurs éclatantes comme *Primula japonica*, *Lobelia cardinalis* ou *Rodgersia pinnata*.

Jardin en pente

Avec un peu de travail et d'imagination, ce type de terrain, qui pourrait être un véritable casse-tête, peut s'avérer particulièrement intéressant. Une pente étant difficile à tondre et à désherber, le mieux est d'y

PLATES-BANDES SURÉLEVÉES

Les jardins de vallées reçoivent souvent l'eau de ruissellement des sites voisins. Si le drainage se fait mal, essayez de planter en plates-bandes surélevées.

CASCADES DE COULEURS
Généralement bien drainée, une pente se prête tout naturellement à un jardin de rocaille. Choisissez des espèces telles que l'arabette (*Arabis caucasica*).

STABILISATEUR DE PENTE
Le bugle, *Ajuga reptans*, est une plante tapissante formant rapidement couvre-sol. Il est parfait à l'ombre pour un jardin en pente.

faire pousser des plantes ne réclamant quasiment pas d'entretien.

Nous avons ici affaire à un site plein de possibilités où se manifestent aussi des microclimats. En général, le drainage y est satisfaisant, mais la couche de terre superficielle, à cause de l'érosion, est parfois peu épaisse. L'air froid tendant à se concentrer en fond de vallée et l'air chaud à remonter le long du versant, les jardins pentus sont moins exposés au gel de fin de printemps et de début d'automne.

Les pentes sont parfaitement adaptées aux jardins de rocaille. Si la vôtre n'est pas naturellement rocheuse, vous pourrez y installer des enrochements ou des empilements de pierres plates rappelant des affleurements naturels. Veillez à ménager des poches de terre entre les pierres pour y installer de petites vivaces comme des violettes (*Viola odorata*), des primevères (*Primula* subsp.) et des corbeilles d'argent (*Iberis sempervirens*), en compagnie de petites bulbeuses et de conifères nains.

Si votre pente est abrupte, réfléchissez bien avant d'éliminer la couver-

AMÉNAGER UNE PENTE
Cuvettes peu profondes ou terrasses sont un moyen de conserver l'humidité et de freiner l'érosion. Si la pente est douce, on peut aussi y installer des vivaces tapissantes comme le phlox mousse.

ture végétale pour installer un jardin de vivaces. L'érosion risquerait de s'en prendre à la couche de terre superficielle avant que les racines n'aient eu le temps de la stabiliser. Une des possibilités qui s'offrent à vous consiste à planter des vivaces capables de coloniser le terrain comme l'hémérocalle ou le lis-d'un-jour (*Hemerocallis* subsp.), le bugle (*Ajuga reptans*) ou les géraniums botaniques (*Geranium* subsp.). Pour un effet plus rapide, n'espacez pas trop les plants. Vous pouvez utiliser du jute ou de la paille en couvre-sol jusqu'à ce que les racines soient devenues opérationnelles.

COULEUR ET ROBUSTESSE
Bon couvre-sol, *Geranium ibericum* forme des touffes de grandes fleurs bleu violet en début d'été. Il nécessite un sol uniformément frais.

Si vous pensez que deux précautions valent mieux qu'une, vous pouvez aménager des terrasses ou créer un mur de retenue, afin de casser la pente. Bien réussi, en bois, en pierres naturelles ou en dalles agglomérées, celui-ci deviendra un élément décoratif et permettra la culture de vivaces ne produisant pas des racines suffisamment robustes pour survivre en terrain pentu.

SOLAIRE ACHILLÉE

L'achillée à feuilles fines, *Achillea filipendulina*, aime le plein soleil et préfère donc une exposition sud, pour un maximum de lumière et de chaleur.

EXPOSITION

Le terme d'exposition fait référence à la quantité d'ombre et de soleil que reçoit un site, quantité déterminée par la position de celui-ci par rapport à la maison, aux arbres, aux clôtures et aux autres éléments structurant l'environnement du paysage.

SITES EXPOSÉS AU SUD

Ils reçoivent le plus de lumière. Les vivaces tolérant chaleur et sécheresse y prospèrent, telle *Oenothera fruticosa* subsp. *glauca*.

SITES EXPOSÉS À L'EST

Ils reçoivent le frais soleil du matin et jusqu'à une demi-journée de lumière directe. Ils sont protégés du soleil brûlant de l'après-midi. Les plantes comme l'alchémille (*Alchemilla mollis*) et les géraniums botaniques (*Geranium* subsp.) s'y plaisent.

SITES EXPOSÉS À L'OUEST

Frais et ombragés le matin, la température y monte drastiquement sous le soleil de l'après-midi. Des vivaces bien robustes, comme l'hémérocalle, tolèrent de telles conditions.

SITES EXPOSÉS AU NORD

Les jardins exposés au nord reçoivent moins de lumière et leur sol reste frais. Un emplacement clair, gardant un taux d'humidité uniforme, est idéal pour les vivaces d'ombre comme hostas, fougères, primevères et certaines espèces d'iris.

EXPOSITION SUD

Dans l'hémisphère Nord, un site exposé au sud a les mêmes caractéristiques (lumière maximum, chaleur maximum en été) que les sites exposés au nord dans l'hémisphère Sud. Si vous vous trouvez dans l'hémisphère Sud, inversez tout simplement les données, sud pour nord et nord pour sud.

RUDE... BECKIA !

Le rudbeckia à fleur pourpre (page ci-contre) peut être cultivé en site exposé à l'ouest.

Soleil ou ombre ?

Comment déterminer si un emplacement est en plein soleil ou à l'ombre, partielle ou totale ? Ce n'est pas juste une question d'exposition par rapport au soleil, car l'ombre peut aussi être due à d'autres éléments comme arbres, arbustes, haies, clôtures, etc.

COULEURS DE L'OMBRE
Il existe nombre de vivaces belles et colorées, telle l'astilbe, qui prospèrent à l'ombre.

Cheminement du soleil et de l'ombre

Pour bien connaître votre site, observez-le une journée entière en notant, toutes les heures environ, s'il se trouve au soleil ou à l'ombre. En fonction de l'ensoleillement, vous pourrez classer les zones dans diverses catégories : zone à l'ombre, recevant moins de six heures de lumière directe par jour ; zone à mi-ombre, ne recevant que quelques heures de soleil le matin ou en fin d'après-midi (mais pas de soleil direct à midi) ; zone d'ombre légère, peu de soleil direct mais beaucoup de lumière filtrante ou réfléchie (comme sous certains arbres caducs).

LA CLÉ DU SUCCÈS
Pour réussir un jardin de vivaces, il faut choisir des espèces adaptées à l'environnement qu'on leur destine, puis savoir les combiner.

HEUREUSES HOSTAS

Il existe toute une gamme d'hostas de divers ports et couleurs. Ces vivaces robustes demandent peu d'entretien et prospèrent à l'ombre.

PLANTES D'OMBRE

Actée blanche,
Actaea alba
Ancolie du Canada,
Aquilegia canadensis
Bugle rampant,
Ajuga reptans
Astilbe,
Astilbe × arendsii
Lamier tacheté,
Lamium maculatum
Tiarelle,
Tiarella cordifolia
Hybrides d'hosta
Smilaire à grappes
Smilacina racemosa
Tritome grandiflora ou
faux-aloès grandiflora
Uvularia grandiflora

En fonction de cette classification, vous pourrez identifier les parties du jardin qui correspondent à un type de plante particulier, par exemple, les vivaces héliophiles, qui nécessitent au moins six heures de soleil direct, devront être plantées dans une zone ensoleillée.

Ces zones changent au cours de l'année, car l'angle du soleil varie et les arbres grandissent et perdent leurs feuilles. Un site ensoleillé l'été peut se trouver à l'ombre au printemps, ou au contraire, un site à l'ombre peut se retrouver au soleil lorsque l'ombre dense d'un arbre disparaît une fois qu'il a perdu ses feuilles. Mais il existe une solution pour chaque configuration, par exemple, nombreuses sont les espèces de printemps (telle *Mertensia pulmonarioides*) qui fleurissent sous les arbres avant l'apparition des feuilles, ce qui permet de bénéficier d'un printemps haut en couleur avant de profiter du beau feuillage de l'arbre.

AUBRIETTE

Une vivace idéale pour les jardins et murets de rocaille bien ensoleillés.

Composition du sol

C'est en apprenant à connaître les caractéristiques de votre sol que vous saurez l'entretenir au mieux. Et si le sol est sain, le jardin sera sain lui aussi, et tout naturellement plus beau.

UN BON DRAINAGE POUR LA PIVOINE

La pivoine se plaît dans une terre enrichie en matière organique. Pour éviter le pourrissement des racines, il lui faut aussi un bon drainage.

Qu'est-ce que le sol ?

De même que l'air que nous respirons est un mélange de plusieurs gaz, le sol du jardin est un mélange de solides, d'organismes vivants et de « pores ». Environ 97 % des solides proviennent de roches anciennes réduites en particules minuscules au cours de millions d'années. Les quelque 3 % restants sont de la matière organique faite de déchets végétaux et animaux en décomposition. Au sein de ces solides, matières minérales et organiques, et pour un volume presque égal, se trouvent des interstices, ou pores, contenant de l'air et de l'eau.

Tous ces éléments – minéraux, organiques, air et eau – font vivre une population d'organismes vivants comptant algues et champignons, vers de terre et petits mammifères. Mais pour le jardinier, le sol est avant tout le support des racines, à la fois ancrage physique et milieu nourricier. Aussi va-t-il veiller à créer et à conserver un juste équilibre de tous ses composants.

SABLE, ARGILE, LIMON

Le sol sableux (à gauche) a tendance à être sec et pauvre en nutriments ; le sol argileux (au centre) peut être collant lorsqu'il est humide, et dur lorsqu'il est sec ; le sol limoneux est fin et pulvérulent, et peut devenir compact comme le sol argileux.

DES PLANTES EXUBÉRANTES

Lorsque vous connaîtrez les caractéristiques de votre site, vous pourrez choisir des vivaces qui, à l'instar de ces sauges et de ces rudbeckias jaunes, ne demanderont qu'à prospérer.

Structure du sol

Le sol est constitué de sable, d'argile et de limon. C'est le sable qui présente les particules minérales les plus grossières, allant de pair avec de gros espaces poreux qui laissent passer eau et nutriments. Les sols sableux sont souvent secs et peu fertiles.

Les particules d'argile sont plus de mille fois plus fines que celles du sable. Elles s'amalgament en un sol compact, retenant l'eau et les nutriments, mais mal oxygéné. À mi-chemin entre sable et argile, le limon présente des particules de taille moyenne et tient à la fois du sable et de l'argile.

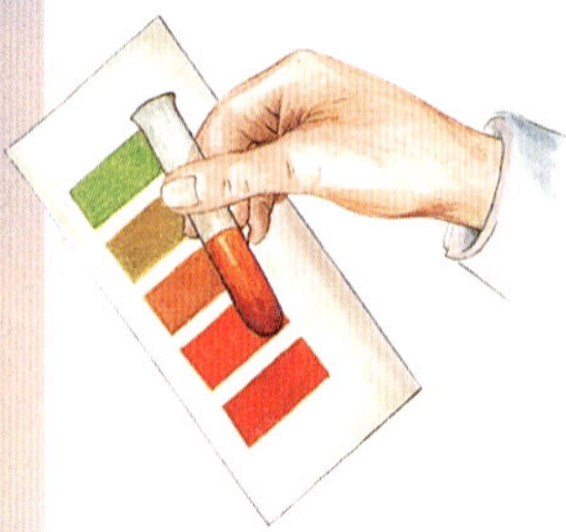

PH DU SOL

Le pH du sol, c'est-à-dire la mesure de son acidité ou de son alcalinité, est encore un facteur qui peut vous aider à choisir les plantes qui conviennent. En effet, le pH agit sur la faculté d'assimilation de nutriments du sol. Au-dessous de 7, le sol est acide. Au-dessus, il est alcalin. Pour la plupart des plantes à fleurs, le pH idéal se situe entre 5,5 et 6,5.

CONNAÎTRE SON SOL

La structure d'un sol se définit selon la façon dont ses éléments, sable, limon et argile, se forment en agrégats. Sableux ou argileux, il sera soit trop poreux soit trop compact pour permettre une bonne croissance des racines. Un sol bien équilibré présente des mottes souples, s'émiettant aisément. Il est donc aussi facile à travailler.

La matière organique est un composant de première importance. Un sol sain en contient au moins 5 % (sol riche en humus). C'est une terre noire, bien aérée, finement émiettée et de bonne odeur.

La matière organique est un amendement du sol. Elle crée un milieu favorable aux vers de terre et autres organismes vivants qui, à leur tour, fournissent des nutriments et favorisent la croissance des racines.

La profondeur du sol a un impact sur la croissance racinaire ce qui détermine fina-

SOL RICHE EN HUMUS

L'humus, ou matière organique partiellement décomposée, améliore la qualité d'un sol. La ligulaire apprécie un sol frais et riche en humus.

FLEUR CARDINALE

Lobelia cardinalis se plaît en sol riche, à la fraîcheur constante. Si l'hiver est froid, paillez.

TESTS DE TEXTURE

Pour savoir si votre sol est argileux, formez une boule de terre humide et essayez d'en faire un petit « boudin ». Si vous y parvenez, c'est que la terre contient plus de 15 % d'argile. Plus vous réussissez à affiner le « boudin » sans le casser, plus la terre est argileuse. Pour savoir si votre sol est sableux, mettez-en un peu dans votre main et versez de l'eau jusqu'à former une flaque. Frottez du bout du doigt: si c'est râpeux, le sol est sableux, si c'est lisse, il est limoneux.

LABOUREURS DES SOLS

Les vers de terre creusent de petits tunnels dans le sol, dégradent de la matière organique et produisent des déjections riches en nutriments.

lement quelles plantes, à racines profondes ou superficielles, se plairont dans votre jardin. Si vous réussissez à creuser le sol avec une bêche jusqu'à 60 cm sans rencontrer de rocher ou une couche de terre dure et compacte, c'est que vous pourrez y cultiver des vivaces à racines profondes.

Un sol sain abrite une vie incroyable. On y trouve des bactéries qui, tout en décomposant éléments organiques et minéraux, libèrent des matières nutritives assimilables par les plantes. Au contraire, un sol compact, pauvre en microéléments, est pauvre en organismes souterrains.

Pour qu'un sol soit fertile, il faut non seulement qu'il renferme des nutriments mais que ceux-ci soient assimilables. Pour croître, les plantes font appel à de grandes quantités de matières nutritives et d'oligoélements qui se diffusent principalement par décomposition des roches chargées en minéraux. Une analyse du sol vous permettra de savoir s'il est équilibré et s'il se prête à la culture.

Deuxième partie

Penser son jardin

Faire le plan de son jardin

PAS SEULEMENT DES PLANTES
Ne vous croyez pas obligé de vous cantonner aux plantes. Pensez à des éléments décoratifs, telle cette vasque.

JAMAIS TROP PETIT
Les anémones du Japon (*Anemone × hybrida*) aiment l'ombre légère en sol frais.

Ne vous lancez pas dans la culture de vivaces sans avoir établi un plan de votre jardin. En suivant les quelques principes de base que nous allons vous donner, vous pourrez créer un beau jardin équilibré, en harmonie avec votre cadre et peu exigeant en entretien.

Observez votre paysage

Avant toute chose, arpentez votre terrain et regardez-le sous tous les angles. Demandez-vous à quel endroit un massif de vivaces pourrait l'embellir. Ce pourrait être le long des bordures arbustives ou tout autour du patio ou encore dans la perspective d'une porte ou d'une baie vitrée. Bref, que vos plantes aient une raison d'être!

Mettez vos idées sur le papier

Une fois que vous aurez déterminé un emplacement et un style de plantation, vous pouvez passer au plan sur papier. Mesurez la longueur et la largeur du terrain que vous voulez y consacrer. Choisissez une échelle qui soit adaptée à la taille de votre jardin. Pour un petit jardin prenez 2 cm sur le papier pour 50 cm sur le terrain. Ainsi, si vous optez pour une plate-bande de vivaces de 2 m de large sur 6 m de long, vous tracerez sur du papier millimétré un rectangle à l'échelle de 8 cm de large sur 24 cm de

DESSINEZ VOS IDÉES

Dès que vous savez quel effet vous voulez obtenir et avec quelles plantes, vous pouvez mettre sur le papier la première projection de votre jardin.

ÉTABLISSEZ DES PRIORITÉS

Passer de l'idée à la réalisation est une question de temps et de budget. N'essayez pas de transformer tout votre terrain. Donnez la priorité aux emplacements qui vous tiennent le plus à cœur. Commencez par les travaux de plus longue haleine, cela vous laissera plus de temps à consacrer aux petites difficultés des saisons suivantes.

long. Pour un jardin plus vaste, 2 cm sur le papier peuvent représenter 1,5 m sur le terrain. Attention, une échelle trop réduite (par exemple, 1 cm sur le papier pour 5 m sur le terrain) ne permet plus d'inclure sur le plan des détails indispensables.

Reportez sur le papier les spécificités de votre jardin, ses constructions, ses arbres, ses arbustes et ses sentiers. Notez les conditions du sol à l'emplacement prévu (souvent humide? souvent sec ou constamment frais?) et l'ensoleillement qu'il reçoit (plein soleil? quelques heures de soleil matinal? ou pas du tout de soleil direct?). Si vous avez en tête plusieurs projets, vous pouvez par exemple poser une feuille de papier calque sur votre papier millimétré et envisager ainsi différentes versions de votre jardin idéal, ce qui vous permettra de choisir.

UNE TACHE DE COULEUR

Même une petite plantation, comme ce massif d'œillets et d'oreilles d'ours, apporte une jolie note de couleur.

À TOUTES SAISONS
Stachys byzantina, ou oreille d'ours, fleurit au printemps mais ses feuilles veloutées restent belles toute l'année.

UNE MASSE DE COULEUR
Rien de tel que les asters pour produire des quantités de fleurs de vives couleurs en fin d'été et en automne.

Vous voilà prêt à choisir des vivaces dont la couleur, la texture et le port vont mettre votre jardin en valeur.

Beau à voir toute l'année

Une bonne sélection de vivaces fleurissant au printemps, en été et en automne, sans oublier quelques espèces persistantes d'intérêt hivernal vous permettront de profiter d'un spectacle qui vous enchantera toute l'année.

Avant tout, bien sûr, il faut associer les plantes qui se relaient pour fleurir. Mais feuillage et port sont également des éléments décoratifs. Du printemps jusqu'en automne, beaucoup de vivaces offrent des feuilles de formes et de couleurs intéressantes, comme le géranium sanguin *Geranium sanguineum*, aux feuilles dentelées, d'un beau rouge profond.

Nombre de fleurs sauvages et de vivaces d'ombre fleurissent à l'apparition des feuilles d'arbres. Profitez donc du printemps pour attirer l'attention sur des emplacements qui ne seront plus tard qu'ombre et verdure. Accompagnez vos vivaces fleurissant au printemps de vos arbustes et arbres préférés.

Lorsque le printemps sent déjà l'été, beaucoup de vivaces traditionnelles, comme la pivoine, l'iris et l'ancolie, sont au summum de leur beauté et se prêtent à bien des scènes fleuries.

Au fur et à mesure de l'été, ce sont les vivaces à fleurs de marguerite, la gaillarde (*Gaillardia* × *grandiflora*) et le coréopsis (*Coreopsis* subsp.), par exemple, qui prennent la vedette alors que le feuillage des vivaces hâtives est encore présentable. Les feuillages argentés mettent parfaitement en valeur toutes les couleurs, qu'elles soient chaudes ou froides.

LES DIGITALES

Plantées en masse le long d'un mur ou d'une clôture, Ces vivaces d'été peu exigeantes font beaucoup d'effet.

De la couleur toute l'année

Choisissez les vivaces de printemps, d'été et d'automne pour avoir des fleurs toute l'année. Pour le printemps, plantez des fleurs « sauvages »; pour l'été, des pivoines et des ancolies. Pour l'automne, asters et boltonias sont incontournables. Choisissez pour l'hiver des vivaces à réceptacles de graines spectaculaires, comme astilbes et rudbeckias.

Asters, boltonias et eupatoires (*Eupatorium* subsp.) fleurissent encore lorsque les premiers gels ont eu raison des annuelles. Puis les fleurs sont remplacées par des feuilles colorées. Celles des pivoines et des œnothères prennent de belles teintes rouges, celles des *Amsonia* subsp. deviennent jaune fort et nombre de graminées ornementales tournent à l'or pâle. L'actée blanche (*Actaea alba*) et l'arisème (*Arisaema triphyllum*) laissent voir en automne des fruits spectaculaires qui persistent parfois tout l'automne.

Après la disparition des feuilles, ce sont les espèces persistantes qui captent l'attention, ainsi que celles qui portent des gousses, des capsules ou des baies intéressantes.

EFFET GARANTI

En été, les feuilles pointues et les épis fleuris de *Liatris spicata* ne passeront pas inaperçus.

BESOINS COMMUNS
Phlox, *Amsonia* subsp. et monarde se tiennent volontiers compagnie. Tous trois se plaisent en sol frais, bien drainé, riche en humus, à exposition bien ensoleillée.

SUCCÈS FACILE
Pour obtenir des plantes pleines de santé sans trop de travail, regroupez les espèces qui ont les mêmes exigences de culture.

Parmi les vivaces à belles gousses hivernales, on peut citer le faux-indigotier (*Baptisia australis*), les rudbeckias (*Rudbeckia* ou *Echinacea* subsp.), de couleur jaune ou pourpre, l'iris tigré (*Belamcanda chinensis*) et les astilbes.

Plante adaptée au site

Partez de ce que vous savez à présent sur votre site pour choisir vos vivaces. À vous de voir si c'est la plante qui doit être adaptée au site ou le site à la plante.

Dressez une liste de vos espèces favorites. Notez l'époque de floraison, la couleur des fleurs, leur forme, leur hauteur, la forme des feuilles. Notez aussi les conditions de culture qu'elles nécessitent pour les regrouper selon leurs besoins. Attribuez à chaque emplacement les plantes qui lui correspondent. Essayez d'organiser le jardin pour un résultat optimum, en gardant à l'esprit les diverses couleurs, hauteurs et périodicités des vivaces. Le jardinage sera plus facile et plus satisfaisant si vous parvenez à trouver la bonne plante pour un site donné.

Si votre terrain est à peu près plat et que son sol est frais et bien drainé, il pourra

CONTRASTES
Le feuillage du stachys forme un beau contraste de couleurs et de textures avec les généreux épis floraux de la véronique ; en plus, elles nécessitent les mêmes conditions de culture.

accueillir un grand choix de vivaces. N'oubliez pas pour autant les autres conditions de culture : ensoleillement, exposition, rusticité. Si vous rencontrez un emplacement difficile, pente ou sol mouillé, vous pouvez soit le laisser carrément de côté soit relever le défi en y installant des vivaces qui acceptent ces conditions problématiques. Peut-être serez-vous surpris de constater que des plantes judicieusement choisies peuvent transformer un coin ingrat en un jardinet de charme.

Les principales vivaces en un clin d'œil

Le secret d'un beau jardin réside dans le choix judicieux des espèces. Pointez dans la liste de vos vivaces favorites celles qui sont adaptées à votre climat. Regroupez-les selon l'exposition qui leur convient, la couleur de leurs fleurs et l'époque de floraison. Vous pouvez alors commencer à planifier votre jardin. Le tableau suivant donne des informations de base concernant 60 vivaces très populaires.

NOM BOTANIQUE	FLORAISON	COULEUR	EXPOSITION	ZONES
Achillea filipendulina	été	jaune	soleil/ombre	3 à 9
Aconitum carmichaelii	fin été/automne	bleu	soleil/ombre	3 à 7
Agapanthus africanus	été/automne	bleu	soleil/ombre	8 à 10
Ajuga reptans	fin printemps/été	bleu	soleil/ombre	3 à 9
Alcea rosea	été/automne	variée	soleil/ombre	2 à 8
Alchemilla mollis	été/automne	jaune	soleil/ombre	2 à 8
Alstroemeria aurea	été	jaune, orange	soleil/ombre	7 à 10
Anemone × hybrida	fin été/automne	blanc à rose	soleil/ombre	5 à 8
Hybrides de *Aquilegia*	printemps/été	variée	soleil/ombre	3 à 9
Arabis caucasica	fin hiver/printemps	rose, blanc	soleil/ombre	3 à 7
Armeria maritima	fin printemps/été	rose	soleil	4 à 8
Aruncus dioicus	fin hiver/printemps	blanc	soleil/ombre	3 à 7
Aster novae-angliae	fin été/automne	variée	soleil/ombre	3 à 8
Aster × frikartii	milieu été/automne	bleu-violet	soleil/ombre	5 à 8
Aubrieta deltoidea	début printemps	blanc, rose, violet	soleil/ombre	4 à 8
Begonia groupe Tuberhybrida	été/automne	variée	mi-ombre	10
Boltonia asteroides	fin été/automne	blanc et jaune	soleil/ombre	3 à 9
Brunnera macrophylla	début printemps	bleu	ombre	3 à 8
Caltha palustris	début-milieu printemps	jaune	soleil/ombre	2 à 8
Campanula glomerata	fin printemps/été	bleu, violet	soleil/ombre	3 à 8
Campanula persicifolia	été	bleu	soleil/ombre	3 à 8
Centaurea dealbata	fin printemps/été	rose	soleil	3 à 7
Cerastium tomentosum	fin printemps/été	blanc	soleil	2 à 7
Ceratostigma plumbaginoides	été	bleu	soleil/ombre	5 à 9
Coreopsis verticillata	été	jaune	soleil/ombre	3 à 9
Cyclamen hederifolium	début automne	rose, blanc	mi-ombre	5 à 9
Delphinium groupe Elatum	fin printemps/été	blanc, bleu, violet	soleil	4 à 7
Dendranthema × grandiflorum	fin été/automne	variée	soleil/ombre	3 à 9

NOM BOTANIQUE	FLORAISON	COULEUR	EXPOSITION	ZONES
Dianthus plumarius	début-milieu été	blanc, rose	soleil	3 à 9
Dicentra spectabilis	début printemps/été	rose	mi-ombre	2 à 9
Echinacea purpurea	milieu-fin été	rouge, rose	soleil	3 à 8
Gaillardia × grandiflora	été	jaune et orange	soleil	4 à 9
Gaura lindheimeri	été	blanc	soleil	5 à 9
Geranium endressii	début-milieu été	rose	soleil/ombre	4 à 8
Helenium autumnale	fin été/automne	jaune	soleil/ombre	3 à 8
Heliopsis helianthoides	début-milieu été	jaune	soleil/ombre	3 à 9
Helleborus niger	début hiver/printemps	blanc	ombre légère	3 à 8
Hybrides de *Hemerocallis*	fin printemps/été	variée	soleil/ombre	3 à 9
Heuchera sanguinea	fin printemps/été	blanc, rose, rouge	soleil/ombre	3 à 8
Impatiens hybrides de Nouvelle-Guinée	été	variée	soleil/ombre	5 à 10
Iris sibirica	début été	variée	soleil/ombre	3 à 9
Kniphofia uvaria	fin printemps/été	jaune, blanc, rouge	soleil	5 à 9
Leucanthemum × superbum	été	blanc	soleil	3 à 10
Liatris spicata	milieu été	violet	soleil	3 à 9
Lobelia cardinalis	fin été/automne	rouge	soleil/ombre	2 à 9
Lupinus polyphyllus	printemps/été	bleu, jaune	soleil/ombre	3 à 7
Mertensia pulmonarioides	printemps	bleu	soleil/ombre	3 à 9
Monarda didyma	été	rouge	soleil/ombre	4 à 8
Nepeta × faassenii	printemps/milieu été	bleu/violet	soleil/ombre	3 à 8
Hybrides de *Paeonia lactiflora*	printemps/été	variée	soleil/ombre	2 à 8
Papaver orientale	début été	rouge	soleil/ombre	2 à 7
Phlox paniculata	milieu-fin été	variée	soleil/ombre	3 à 8
Platycodon grandiflorus	été	bleu	soleil/ombre	3 à 8
Rudbeckia fulgida	milieu-fin été	jaune/orange	soleil/ombre	3 à 9
Salvia × superba	début-milieu été	bleu-violet	soleil/ombre	4 à 7
Scabiosa caucasica	été	bleu	soleil/ombre	3 à 7
Sedum spectabile	milieu-fin été	rose	soleil	3 à 9
Stokesia laevis	été	bleu	soleil/ombre	5 à 9
Thalictrum aquilegiifolium	fin printemps/été	lavande	soleil/ombre	5 à 8
Tiarella cordifolia	printemps	blanc	ombre	3 à 8
Viola odorata	printemps	violet	soleil/ombre	6 à 9

CONCEPTION DU JARDIN

On peut dire qu'un jardin réussi est avant tout un agencement d'associations de plantes choisies tout autant pour la couleur et la texture de leur feuillage que pour leurs fleurs.

ASSOCIATIONS DE COULEURS

Chaque couleur a une connotation psychologique. Les couleurs chaudes, variantes de rouge, orange et jaune, apparaissent fortes, ardentes. Stimulantes, elles sont perçues comme plus proches. On ressent comme plus paisibles les couleurs froides, les violets, bleus ou verts, qui semblent aussi plus éloignées. Les couleurs pures, jaune ou bleu vrais, par exemple, sont plus vibrantes que leurs versions plus claires ou plus foncées. En mêlant couleurs chaudes et couleurs froides, on accroche le regard tout en obtenant un effet de profondeur.

Il n'est pas plus compliqué d'associer les couleurs au jardin que dans son habillement, même si l'arrière-plan vert des feuillages se marie avec des tons forts que vous ne songeriez probablement pas à porter sur vous. Si certains types et associations de couleurs créent immanquablement certains effets, c'est en dernier ressort à vous de décider si ces effets vous plaisent.

Associer des couleurs apparentées donne une impression d'harmonie. Essayez les associations rouge-orange-jaune, jaune-vert-bleu ou bleu-violet-rouge. Sont également apparentées des couleurs ayant le même degré de clarté ou d'obscurité. Des couleurs pastel différentes ont plus d'affinités que des couleurs pures différentes. Si vous

IMPRESSIONNANTS ÉPIS
Difficile de trouver plus impressionnant que les grands épis colorés de la liatride, une plante spectaculaire.

ASSOCIATION RÉUSSIE
Un bassin à oiseaux apporte une note de couleur à ces chrysanthèmes.

FLEURS ET FEUILLAGES
Le feuillage léger de l'absinthe se marie heureusement avec beaucoup de fleurs et reste beau longtemps.

recherchez les contrastes, réalisez-les dans des teintes complémentaires comme le jaune et le violet ou le rouge et le vert. Ou encore, associez une note claire à une note vive ou foncée dans la même gamme de couleur.

Le blanc et le gris jouent un grand rôle au jardin. Le blanc peut être aussi stimulant qu'apaisant. Un blanc éclatant est une couleur très forte qui se détachera même dans un groupe de fleurs pastel. Un accent de blanc pur dans une palette de couleurs harmonieuses est du meilleur effet. Les feuillages argentés ou gris sont plus efficaces encore que les verts pour créer une transition douce entre deux couleurs vives ou complémentaires. Associés à des feuillages verts, les gris prennent beaucoup de relief.

Trois règles de composition

1. Veiller à l'équilibre du jardin. Planter des espèces de couleur et de taille différentes et les mélanger.
2. Créer un rythme, ou une sensation de continuité dans tout le jardin. Pour cela, utiliser régulièrement les mêmes plantes ou des plantes de couleur et de forme similaires.
3. Mettre en place un point focal. Ce peut être tout simplement une vivace spectaculaire fleurissant longtemps.

COULEURS À L'OMBRE

Vous pouvez réveiller les jardins d'ombre avec des espèces à feuillage panaché et fleurs de couleur vive comme cette échelle de Jacob.

ASSOCIATIONS PÉTILLANTES

Si vous recherchez un effet de contraste, choisissez des teintes complémentaires comme le jaune et le violet.

ARAIGNÉES VÉGÉTALES

Ces chrysanthèmes originaux montrent comment obtenir de beaux contrastes de formes, de couleurs et de nuances.

Contraste et complémentarité

Dans un jardin bien pensé, il y a équilibre entre les contrastes et les similarités. Des contrastes de couleurs, de tailles ou d'autres caractéristiques donnent une impression d'intensité. Jouez de contraste lorsque vous voulez attirer l'attention sur un emplacement donné. Mais attention, l'excès peut donner une impression de chaos.

La similarité, ou absence de contraste, augmente la sensation d'harmonie. Pour créer des scènes toutes de douceur, composez des camaïeux de couleurs et des variations de taille imperceptibles. Trop de similarité engendrant l'ennui, équilibrez le tableau par de petites touches contrastées.

La répétition forme une bonne transition entre similarité et contraste. En répétant les mêmes éléments, on crée une impression d'unité. La répétition d'une même plante à des intervalles réguliers donne un design formel au site. Dans un jardin informel, associez des plantes différentes présentant certaines ressemblances et vous obtiendrez une bonne cohésion tout en restant dans le naturel.

TEXTURE ET FORME

Tout aussi efficacement que la couleur, la texture et le port d'un végétal permettent de faire des associations intéressantes et de créer des effets paysagers. Une masse de feuillage uni peut assourdir des couleurs agressives, tandis qu'une plante de port original peut réveiller un groupe de fleurs pastel. Voici quelques trucs pour obtenir des scènes réussies :

- Pour un bon équilibre, plantez des plantes élancées comme les molènes (*Verbascum* subsp.), les digitales (*Digitalis* subsp.) et la liatride (*Liatris spicata*) en compagnie d'espèces formant des touffes comme les grandes marguerites (*Leucanthemum* × *superbum*) et les coréopsis.
- Opposez aux feuilles velues de l'oreille d'ours (*Stachys byzantina*) ou des pulmonaires, les feuilles brillantes de l'acanthe (*Acanthus mollis*) et de l'asaret (*Asarum europaeum*).
- Jouez le contraste des larges feuilles lisses des hostas, par exemple, avec celles très découpées des fougères.
- Incluez des feuillages en glaive comme celui des iris de jardin ou de l'iris tigré (*Belamcanda chinensis*) : ils resteront visibles à travers des touffes de plantes ayant depuis longtemps fini de fleurir.
- Si vous avez un petit jardin que l'on voit de loin, jouez des couleurs et des textures frappantes : il paraîtra plus grand et plus proche.

MÉTALLIQUE
Ce cultivar d'aconit 'Stainless Steel' offre des fleurs d'une couleur extraordinaire. Il fait merveille en association avec des espèces de couleurs contrastées.

CRÉER UNE UNITÉ
Une masse de plantes d'une même couleur permet de créer une cohésion dans une ambiance sereine, évitant en cela les taches de couleurs agressives.

STYLES

STRUCTURE SOUPLE

Ce jardin plein de charme concilie l'ambiance bon enfant d'un jardin de curé et la structure d'une double plate-bande.

BORDURE FLORALE

La corbeille d'argent (*Iberis sempervirens*), une vivace semi-ligneuse très florifère, est parfaite en bordure de plantations formelles, de chemins ou de murs.

Citons parmi tous les styles de plantations possibles : le jardin formel, le jardin informel comme le jardin « de curé », la plate-bande herbacée, le massif de fleurs, le jardin à bouquets, ainsi que d'autres jardins spécialisés.

JARDIN FORMEL

Jadis, les jardins formels faisaient partie de grands domaines. Aujourd'hui, on peut donner ce style à de petits terrains que l'on structure le plus souvent en carrés ou en rectangles bordés de buis taillé, de houx ou d'autres persistantes.

Tracez des formes symétriques contenant les mêmes associations de vivaces et d'espèces de bordure. Créez votre propre motif en combinant les lignes droites, les angles et les lignes courbes. Attention au choix des plantes ! Limitez-vous à des espèces de même hauteur et qui pourront rester en place. Essayez des nouveautés : le coréopsis à feuilles linéaires (*Coreopsis verticillata* 'Moonbeam') et l'hémérocalle 'Stella d'Oro'.

COULEUR ET MOUVEMENT
Arbres, massifs et plates-bandes peuvent être associés de manière informelle. Le jardin gagne alors en intérêt et en mouvement.

JARDIN INFORMEL

Le côté naturel du jardin informel vient du fait qu'il est composé tout en courbes. À côté des vivaces, on y trouve toutes sortes de végétaux, des arbres, des arbustes, des annuelles, des simples et des grimpantes. C'est un jardin gai et fantaisiste.
Comme les plantes peuvent s'y développer à leur guise et déborder sur les espèces voisines, il ne demande pas un entretien constant. Il n'y a pas de bordures à tailler et quand bien même quelques mauvaises herbes apparaîtraient, elles ne compromettraient pas l'ensemble.

Le jardin informel par excellence est le jardin de curé dans lequel vivaces, annuelles, simples et rosiers croissent en un séduisant désordre. Étant, du moins en partie, clos, il fait un parfait jardin de ville ou de lotissement.

Pour plus d'unité, pensez à le construire autour d'un élément central, un sentier, par exemple, menant à une porte, un patio ou un banc.

PLANTES DE CURÉ

Dans le joyeux désordre d'un jardin de curé, chaque espèce tient son rôle. Les fleurs vedettes ont des formes originales, tels l'esthétique lupin ou la généreuse pivoine, ou des couleurs fortes. Les fleurs de « remplissage » sont plus discrètes, comme la gypsophile. Les fleurs de bordure sont basses (thym et népéta), utilisées au premier plan des massifs ou pour noyer les contours de sentiers.

MASSIFS ARRONDIS

Les massifs se prêtent bien aux plantations informelles mais veillez à leur donner une forme arrondie.

PROGRAMME DU SPECTACLE

Chacun peut décider que plates-bandes et massifs fleuriront à une époque donnée ou que les floraisons s'enchaîneront. Si vous avez la place d'en créer plusieurs, vous pouvez vous amuser à faire fleurir massifs et plates-bandes à une époque différente. Dans un petit jardin, il vaut mieux créer un centre d'intérêt pour chaque époque de l'année et associer des vivaces fleurissant au printemps, en été et en automne.

COULEURS VIVES

L'*Alstroemeria*, avec ses couleurs vives, est une espèce parfaite pour massif et plate-bande.

PLATES-BANDES DE VIVACES

Une plate-bande de vivaces est généralement destinée à être vue par-devant, les espèces basses au premier plan et les plus hautes à l'arrière.

On leur donne souvent la forme d'un rectangle allongé. Notez cependant que si vous augmentez la largeur, vous avez intérêt à augmenter aussi la longueur. Cela dit, on est libre de choisir ses dimensions. Si vous voulez une plate-bande très large, ménagez un passage permettant l'entretien. Si le manque de place ne vous permet qu'une petite plate-bande, installez-la près de la maison et plantez-la de petits groupes de plantes. Préférez des espèces à floraison longue et à feuillage décoratif.

MASSIFS

Un massif est fait pour être contourné et vu de tous côtés. Placé à part des structures du jardin, il jouit d'une bonne circulation d'air et d'un ensoleillement important. Les plantes y sont donc saines et leur entretien d'autant plus facile.

Comme pour la plate-bande, créez un lien entre le massif et les structures exis-

POUR TERRAIN FRAIS
Aconitum subsp. est une plante parfaite pour jardin informel en terrain frais. Les épis de fleurs encapuchonnées sont du meilleur effet.

tantes. Pour un effet naturel, faites-le trois fois plus long que large. S'il est visible de tous côtés, mettez les plantes les plus hautes au centre. En revanche, s'il est vu surtout sous un angle donné, placez-les à l'arrière du champ de vision. Remplissez ensuite le centre du massif.

Attirer les papillons

Si vous disposez d'un jardin informel, peut-être souhaiterez-vous installer une prairie fleurie. Si vous manquez de place, plantez

À BOIRE ET À MANGER

Attirez les papillons en leur offrant de l'eau et un choix de plantes à nectar.

DÉLICES DES PAPILLONS

Astilbe
Monarde
Gaillarde
Baptisie
Boltonia
Œillet mignardise
Érigéron
Achillée
Lupin
Phlox
Aster de Nouvelle-Angleterre
Rudbeckia jaune
Rudbeckia pourpre
Scabieuse
Valériane rouge
Grande marguerite
Grand sédum
Eupatoire
Liatride

des vivaces très « naturelles » comme les asters et les rudbeckias jaunes ou pourpres. Vous pouvez les distribuer sur tout le terrain ou les regrouper par couleur, les papillons les repérant plus facilement si elles forment des taches importantes.

Il existe bien d'autres façons d'attirer les papillons : vous pouvez placer des pierres plates dans un endroit ensoleillé et abrité, car celles-ci offriront une source de chaleur à ces petits animaux frileux, créer un bassin peu profond (bac, baignoire d'oiseaux, etc.) au moyen d'un film de plastique pour leur servir d'abreuvoir, préserver un coin de jardin où la végétation les protégera des prédateurs et enfin, pratiquer un jardinage sans pesticide en vous débarrassant des parasites au jet d'eau ou à la main.

PLAÎT AUSSI AUX PAPILLONS

Non seulement le rudbeckia jaune égaie le jardin, mais il offre son nectar aux papillons.

Jardin de simples vivaces

Réalisez votre jardin de simples comme une plate-bande de vivaces. Vous pouvez opter pour des plates-bandes surélevées séparées par des sentiers. Si vous préférez un style plus formel, lancez-vous dans les formes géométriques, rayons de roue ou guirlandes. Si vous n'avez pas assez de place pour un jardin consacré aux simples, incluez vos espèces favorites dans vos massifs et plates-bandes de vivaces. La plupart des simples ne déparent pas un décor formel et sont comme chez elles en jardin informel.

La plupart des simples se plaisent au soleil. À mi-ombre, votre choix sera plus limité mais vous aurez une bonne chance de réussite avec les menthes, la mélisse et l'aspérule odorant.

Jardins humides

Il existe des vivaces aimant l'humidité qui prospéreront au bord d'une mare ou en terrain marécageux. Celles qui se plaisent dans les creux humides sont légion. Notons entre autres : l'iris japonais (*Iris ensata*), *Aruncus dioicus*, les galanes (*Chelone* subsp.), le

SIMPLES MAIS BELLES

Entre elles ou en associations avec d'autres plantes, les simples font toujours bel effet.

BORDURE POUR JARDIN DE SIMPLES

L'herbe-aux-chats (*Nepeta* × *faassenii*) forme une belle bordure cascadante.

À BOIRE, À BOIRE

Beaucoup d'iris se plaisent en terrain humide. Si leurs fleurs s'illuminent en début d'été, leurs feuilles en glaive restent belles jusqu'en hiver.

ODORANTE

Les feuilles de monarde (*Monarda didyma*) possèdent un délicat parfum citronné. La plante vient bien dans un sol restant frais.

souci d'eau (*Caltha palustris*) et le lobélie à fleur rouge (*Lobelia cardinalis*).

Si vous avez déjà une mare ou un emplacement humide, plantez-le d'espèces adéquates. Si vous n'en avez pas mais que vous raffolez des plantes de terrain humide, créez votre « marécage ». Creusez une tranchée d'au moins 30 cm de profondeur et doublez-la d'une bâche solide pour bassin. Placez une arrivée d'eau sur la bâche et rebouchez la tranchée avec de la terre riche en humus. L'extrémité raccordable du tuyau doit affleurer la terre de façon qu'il soit possible de renflouer en eau le « marécage », ce que vous devrez faire suffisamment souvent pour que la terre reste bien humide.

Jardin de vivaces odorantes

Pour la plupart d'entre nous, jardin parfumé est synonyme de fleurs. Si pivoines et lis sont les espèces les plus connues, il en existe bien d'autres très odorantes. Pour mieux en profiter, cultivez-les près de la maison, d'une table ou des endroits où l'on se tient habituellement.

Chez nombre de plantes, c'est le feuillage qui est odorant, mais il faut le froisser

OMBRE ET EAU

Les rodgersias se plaisent en jardin humide et au bord de l'eau. Plantez-les avec hostas, iris, astilbes, fougères et ligulaires (*Ligularia* subsp.).

VIVACES ODORANTES

Iris barbu
Herbe-aux-chats (feuilles)
Œillet de poète
Pivoine herbacée
Hémérocalle (surtout à fleur jaune)
Sceau-de-Salomon odorant
Phlox
Lavande (feuilles et fleurs)
Muguet
Valériane rouge

PARFUM PUISSANT

Ses jolies fleurs et son parfum exquis font de la lavande une espèce très populaire.

pour le savoir. Plantez la lavande et la monarde de façon à les frôler au passage, et la mélisse (*Melissa officinalis*) auprès d'un banc qui invitera à froisser ses feuilles au parfum délicieusement citronné.

Pour être sûr que votre jardin odorant vous plaise, analysez bien le parfum des plantes avant de faire votre choix. En concevant votre jardin, assurez-vous que seules une ou deux espèces seront en fleur en même temps. Vous irez ainsi de parfum en parfum sans risque d'être incommodé par des mélanges hasardeux.

JARDIN À BOUQUETS

On n'a pas toujours assez de place pour installer le jardin de fleurs à couper loin des regards, mais bien sûr, plus il sera loin, moins vous devrez vous inquiéter de son apparence. Certains jardiniers consacrent une partie de leur potager aux fleurs à bouquets. Un potager, grâce à ses plantations de dahlias et de glaïeuls, devient ainsi un

jardin nourricier et… bouquetier! D'autres créent pour elles des plates-bandes à part, dans un endroit discret, au pied d'un garage, dans un coin ensoleillé ou derrière la maison.

Quel que soit l'emplacement choisi, il faut qu'il soit facile d'accès et d'entretien. Pour une abondante production de fleurs, il faut aussi que les plantes croissent dans un environnement qui leur convient.

Choisissez vos fleurs à bouquets comme vous le feriez de vivaces ordinaires

COULEUR ÉBLOUISSANTE
Alstroemeria 'orange glory' crée un effet étonnant, tant en plantation qu'en bouquet.

CUEILLETTE MATINALE
Cueillez vos fleurs avec un sécateur bien aiguisé, le matin, avant épanouissement total. Plongez les tiges dans un seau d'eau tiède.

PAS DE CHICHIS

Pas de design particulier pour un jardin de fleurs à couper. Choisissez un site adéquat et plantez en rangées comme pour des légumes. Mettez des tuteurs simples ou en « cerceau » aux vivaces cassantes comme les delphiniums. Ajoutez des annuelles et des bulbeuses pour des bouquets plus variés.

mais en tenant compte des quelques points suivants :

- Si l'espace est limité, cantonnez-vous aux plantes qui fleurissent dans vos teintes favorites. Avec un espace plus grand, multipliez les couleurs pour plus de variété dans vos arrangements floraux.
- Choisissez des vivaces de formes et de ports divers : des fleurs en épis pointus et des feuillages en hauteur, des fleurs plates ou rondes et des feuillages formant masses, et de petites fleurs légères pour combler les vides dans les bouquets.
- Privilégiez les vivaces à longue tige. Les cultivars compacts font merveille en plantation mais leurs tiges sont souvent trop courtes pour les vases.
- Ne négligez pas les espèces à feuillage qui donnent du corps aux bouquets. Choisissez des gris et des verts en demi-teinte, plus subtils. Les feuillages panachés permettent des arrangements intéressants. Pour des bouquets originaux, incluez des annuelles, des graminées et des bulbeuses rustiques dans votre jardin de fleurs coupées. Les graminées ornementales se marient parfaitement avec fleurs et feuillages.

DURABLE
Cette centaurée musquée (*Centaurea moschata* 'Sweet Sultan') tient longtemps en bouquet frais ou sec.

GAMME DE COULEURS
Les plantations de fleurs bleues et violettes engendrent calme et quiétude. Si vous appréciez ces couleurs, choisissez en conséquence vos fleurs pour bouquet. Vous en profiterez ainsi jusque dans la maison.

Vivaces pratiques

Le groupe des vivaces offre une grande diversité et vous y trouverez sûrement votre bonheur. Vous pouvez en planter pour cacher le bas des murs, en plate-bande d'entretien facile ou en pot.

SPECTACLE PERMANENT
En compagnie de bulbeuses rustiques, plantez des vivaces à feuillage persistant comme *Bergenia cordifolia* afin que la scène soit plaisante toute l'année.

Au bas des murs

On en vient de plus en plus à utiliser des vivaces, en compagnie d'autres plantes colorées, pour cacher les fondations d'une maison et créer des abords agréables.

Seules ou en association avec des bulbeuses rustiques, des arbres, des grimpantes et des arbustes, les vivaces représentent une belle alternative à la sempiternelle haie taillée de persistants.

Bien choisies, elles ne sont pas trop envahissantes et ne souffriront pas des paquets de neige glissant du toit, car à cette époque, elles sont encore en dormance. De plus, elles se transforment tout au long de l'année, ce qui n'est vraiment pas le cas des espèces persistantes employées généralement pour garnir le bas des murs.

Une plantation de vivaces au pied des murs d'une maison ne diffère pas beaucoup de n'importe quelle plantation de vivaces. Il peut cependant arriver que, à la base des murs, les conditions de culture soient difficiles, et il faut s'en souvenir au moment de l'achat. Ne pas oublier non plus qu'à chaque mur de la maison correspond parfois un microclimat et un ensoleillement différents.

Il faut toutefois vérifier la qualité de la terre, car près des fondations subsistent souvent quelques gravats et restes de construction. Déblayez soigneusement l'emplacement

JOYEUSES HOSTAS
L'hosta existe en diverses tailles et couleurs. Son port compact en fait une espèce idéale pour cacher le bas des murs à l'ombre.

MAISON ET JARDIN
En choisissant vos plantes, pensez à les assortir aux couleurs de la maison.

choisi et n'hésitez pas à faire des apports massifs de terreau ou de terre de bruyère.

Il n'y a pas de règles pour composer une plate-bande au pied d'un mur. Il suffit que les espèces choisies vous plaisent et soient adaptées aux conditions données.

Ce peut être une bonne idée d'y inclure des plantes odorantes comme pivoines et œillets mignardise. Pour une réalisation formelle, un pavage de briques ou de dalles de pierre taillées formera une finition bien rectiligne. Si l'on souhaite plus de souplesse, on tracera une bordure incurvée qui permettra aux plantes du premier plan de se répandre un peu sur le chemin d'accès.

Fondations hautes

Pour cacher des fondations hautes, plantez de grandes vivaces qui restent intéressantes même lorsqu'elles sont en sommeil. Les haricots gris du faux-indigotier (*Baptisia australis*), par exemple, sont décoratifs tout l'hiver. Certaines graminées ornementales restent belles même lorsqu'elles sont sèches. Ne les rabattez qu'en début de printemps, juste avant l'apparition des nouvelles feuilles.

MÉLANGE DES FORMES
Associez des fleurs rondes et des fleurs en épis, cela rendra la scène plus intrigante. Et ne résistez pas au plaisir des espèces odorantes.

FACILES ET COMPACTES
Si vous aimez les campanules, n'hésitez pas à planter *Campanula portenschlagiana*, une espèce naine persistante peu exigeante.

Jardin d'entretien facile

Cette notion d'entretien facile évoque trop souvent des images d'espaces gravillonnés ou envahis d'un même et triste couvre-sol. Pourtant, entretien facile n'implique pas qu'il faille se passer de fleurs. Cela nécessite en revanche une bonne dose de réflexion préalable. Ici encore, c'est le choix des espèces qui importe : elles ne doivent réclamer ni tuteurage, ni stockage à l'intérieur en hiver, ni taille fréquente. Place aux plantes qui se moquent de la chaleur, se gaussent de la sécheresse et rient au nez des parasites. Bien sûr, voilà qui élimine pas mal d'espèces mais il en reste toujours plus que vous ne pourrez jamais en cultiver.

Vous vous éviterez bien du travail en renonçant à des espèces hautes et cassantes comme les delphiniums hybrides et la gypsophile. Laissez également de côté des vivaces non rustiques comme le canna (*Canna* × *generalis*) et les dahlias dont il faut rentrer les tubercules en hiver. À moins que vous ne souhaitiez peupler un vaste espace, ne plantez pas d'espèces envahissantes comme l'oreille d'ours (*Stachys byzantina*) et l'herbe-aux-goutteux (*Aego-*

Soleil sans entretien

Les espèces suivantes sont peu exigeantes, sauf sur la quantité de soleil :
Rudbeckia jaune, *Rudbeckia* subsp.
Rudbeckia pourpre, *Echinacea purpurea*
Coréopsis, *Coreopsis* subsp.
Lis de la Saint-Jacques, Hémérocalle, *Hemerocallis* subsp.
Grand sédum, *Sedum spectabile*
Armérie maritime, *Armeria maritima*

ÉTONNAMMENT FACILE
Salvia superba montre de spectaculaires et durables épis de fleurs bleu-violet qui font d'excellentes fleurs coupées.

podium podagraria). Oubliez celles qui disparaissent au bout de quelques années comme c'est le cas pour beaucoup d'asters vivaces, et ignorez celles qui sont très attaquées dans votre région, à moins de disposer d'un cultivar résistant.

Que reste-t-il ? Beaucoup de plantes et, pour commencer, les rustiques bulbes de printemps, les iris, par exemple, si la mouche de l'iris ne sévit pas chez vous, les hémérocalles (il en existe des milliers de variétés) et, pour l'ombre, les hostas. Découvrez les cultivars bas de platycodon (*Platycodon grandiflorus*), les campanules et autres espèces « sauvages », parfaits surtout dans un jardin de style naturel. N'oubliez pas des plantes de grand-mère comme le cœur de Marie, appelé également cœur de Jeannette (*Dicentra* subsp.). Les graminées ornementales comme *Pennisetum alopecuroides* et la fétuque bleue (*Festuca glauca*) offrent des feuillages très décoratifs et de belles capsules de graines.

Vous trouverez d'autres idées en visitant des jardins de paresseux, mais avant toute acquisition, assurez-vous que votre site offre les conditions requises par les plantes en question.

ESPACE VITAL

Veronica spicata est une bonne espèce pour un grand jardin un peu sauvage. Rabattez-la une fois par an si elle devient envahissante.

IRIS, ZÉRO PROBLÈME

Les iris fleurissent pendant des années sans devoir être divisés et se marient fort bien avec d'autres espèces faciles comme la pivoine, l'hosta et l'astilbe.

VIVACES EN POT

POT DÉBORDANT
En pot, *Geranium cinereum* 'Ballerina' forme de ravissantes cascades et son feuillage reste beau toute l'année.

VIVRE EN CONTENEUR
Beaucoup de belles vivaces, comme les campanules et les asters, s'adaptent bien à la vie en pot.

En cas de site problématique – que ce soit à cause de la nature du sol, du climat ou de la topographie –, tout peut être résolu par l'utilisation de pots.

LES POTS, UNE VÉRITABLE AUBAINE !

Avec un peu d'imagination, vous trouverez mille façons d'utiliser des conteneurs partout où le jardin s'avérera problématique. Cultivées en grands bacs surélevés, les plantes seront à la bonne hauteur si vous avez du mal à vous baisser. Si votre sol est trop dur ou trop caillouteux, faites pousser vos fleurs dans des tonneaux coupés en deux.

Un coin à l'ombre manque cruellement de couleur? Vous pouvez créer un décor modulable au moyen d'annuelles ou de vivaces en pots. Lorsque les fleurs perdront leur éclat, vous mettrez le conteneur au soleil et le remplacerez par un autre venant du soleil. Pour un apport éclair de couleur, vous pouvez aussi glisser quelques pots dans une plantation un peu triste. Et enfin, si vous n'avez que très peu d'espace, installez un jardin en pot sur votre terrasse ou votre balcon.

Si les pots permettent de remédier à des situations difficiles, ils peuvent aussi servir à essayer des associations de vivaces, avant de se risquer à les mettre en pleine terre. Si le résultat ne vous plaît pas, il suffit de séparer les pots et d'essayer d'autres combinaisons. Un conteneur unique placé de façon stratégique constitue aussi une belle ponctuation. Dans un jardin formel,

ACCROCHER LE REGARD
Un pot judicieusement placé et des plantes bien choisies peuvent donner une dimension nouvelle à un coin tristounet du jardin.

choisissez une vivace très esthétique comme *Yucca filamentosa* ; dans un décor plus rustique, plantez-le d'un mélange de fleurs en cascade. On peut obtenir tous les effets désirés avec des pots.

Le choix du conteneur

Les possibilités sont presque infinies. Vous pouvez opter pour des conteneurs en plastique ou en terre cuite, à moins que vous ne préfériez improviser avec de vieux tonneaux, baignoires ou autres seaux. Les grands conteneurs, avec leur importante quantité de terre, d'eau et de nutriments, offrent de meilleures conditions de culture mais ils sont aussi fort lourds et difficiles à déplacer.

Un pot de 20 cm de profondeur environ contient assez de terre sans être pour autant trop lourd. Si vous êtes sûr de le laisser en place, le conteneur peut être aussi grand que vous voulez. Faites preuve d'imagination, tout peut devenir un merveilleux conteneur à vivaces tant qu'il est possible d'y faire des trous au fond, de la tuile creuse au vieux sabot !

Les conteneurs à parois étanches, tels les pots en plastique, retiennent l'eau plus longtemps que les poreux pots de terre cuite. C'est le meilleur matériau pour les étés chauds et secs. S'ils sont aussi plus légers à transporter, ils risquent plus que les pots en terre d'être bousculés par le vent. Videz ou rentrez vos pots en terre cuite avant les premiers gels : en gelant, la terre se dilate et le pot peut se fendre.

POT MULTICOLORE
Faites un mélange intéressant de couleurs en plantant différentes espèces dans un même pot.

PLANTE DE GRAND-MÈRE
Le cœur de Marie (*Dicentra* subsp.), tant aimé de nos grands-mères, est d'un bel effet en pot.

POINT FOCAL
Un grand et beau conteneur peut constituer un élément central du jardin. Les pots en terre cuite, d'allure naturelle, s'y prêtent élégamment.

FLEURS EN MASSE
Une jardinière regorgeant de gypsophile, ici, *Gypsophila muralis* 'Gypsy', est non seulement fort décorative mais permet également les bouquets.

Entretien des plantes en pot

La clé du succès réside dans un arrosage bien dosé. Pour cela, il faut choisir judicieusement un substrat qui retient l'eau, mais pas trop. Optez pour un mélange comportant une moitié de terre de jardin, un quart de compost de tourbe et un quart de perlite, ou rabattez-vous tout simplement sur des mélanges synthétiques stérilisés garantis sans maladie du sol et beaucoup moins lourds.

Pour un bon équilibre, vous devez également arroser régulièrement. Certaines plantations exigent un arrosage quotidien, d'autres un par semaine. La règle de base veut qu'on attende pour arroser que les deux premiers centimètres de terre soient secs. Donnez alors de l'eau jusqu'à ce qu'il en ressorte par les trous de drainage.

Dans l'espace limité d'un conteneur, les plantes ont besoin de plus d'engrais qu'en pleine terre. Un mois après plantation environ, donnez-leur un engrais liquide dilué tous les quinze jours. Vous avez le choix entre des produits à base de poisson ou d'algue, ou un engrais organique équilibré. Suivez attentivement les instructions indiquées sur le paquet. Trop d'engrais « brûle » la plante, n'ayez donc pas la main trop lourde !

Cultivable en pot

Presque toutes les vivaces se plairont en pot. Installez-en plusieurs dans un seul pot ou regroupez plusieurs petits pots. Optez pour des espèces à floraison longue comme l'hémérocalle jaune orangé 'Stella d'Oro', ou, pour des espèces dont le feuillage est décoratif : *Alchemilla mollis*, *Bergenia cordifolia*, lamier tacheté (*Lamium maculatum*), hostas et graminées ornementales. Un beau feuillage prolonge la période pendant laquelle la plante est intéressante.

Sol : problèmes et solutions

FOLLE DE CALCAIRE
La délicate anémone du Japon (*Anemone × hybrida*), s'étend par rhizomes souterrains et se plaît en sol alcalin.

Le jardinage serait plus facile si le sol était toujours le même. Mais le sol est un ensemble complexe de substances : le jardin du paradis n'est pas de ce monde !

Sol alcalin

La plupart des plantes tolèrent un sol légèrement alcalin, mais dès que le pH dépasse 8, cela devient problématique. Les sols trop alcalins souffrent de malnutrition chronique et ne sont pas faciles à acidifier. Le phosphore et la plupart des microéléments, insolubles en sol calcaire, ne sont pas redistribués aux plantes. En revanche, sodium et sélénium, trop abondants, peuvent devenir toxiques. Un tel sol ne peut guère accueillir que des espèces tolérant un pH élevé.

Le moyen le plus efficace pour baisser le pH d'un sol est d'y ajouter du soufre élémentaire (500 g pour 100 m^2), permettant de baisser le pH d'un point. Incorporez-le par enfouissement ou ratissage, puis faites en sorte que la terre reste humide. L'ajout de

Plantes pour sol de pH 7 ou plus

- Gypsophile, *Gypsophila paniculata*
- Bergénia, *Bergenia* subsp.
- Heuchère, *Heuchera* subsp.
- Anémone du Japon, *Anemone × hybrida*
- Molène, *Verbascum* subsp.
- Pivoine, *Paeonia* subsp.
- Œillet, *Dianthus* subsp.

ADAPTABLE PHLOX
Le phlox tolère les sols alcalins tant que le drainage est bon et qu'on y apporte de la matière organique.

matière organique peut aussi contribuer à baisser le pH ou à l'empêcher de remonter après un apport de soufre. Évitez les engrais qui alcalinisent comme la cendre, la poudre d'os, le phosphate minéral et le guano.

PLANTE DE SOL ACIDE
Les chrysanthèmes fleurissant en fin d'été et en automne apprécient les sols bien drainés de pH inférieurs à 6,5, en plein soleil ou légèrement à l'ombre.

Sol acide

Il est aisé de remédier à un excès d'acidité du sol. Si votre sol est légèrement acide, réjouissez-vous car la plupart des plantes vont s'y plaire. Mais dès un certain degré d'acidité, la plupart des nutriments deviennent inassimilables et quelques minéraux – l'aluminium, le fer et le manganèse – y sont si solubles qu'ils en deviennent toxiques. À cela s'ajoute que les organismes du sol sont peu actifs, de sorte que la matière organique ne se décompose que très lentement.

Un sol dont le pH est inférieur à 6,2 est trop acide pour bien des végétaux mais il existe des plantes qui apprécient ces conditions. Si votre sol est naturellement très acide, cultivez-y des espèces adaptées comme les chrysanthèmes de jardin (*Dendranthema* subsp.) et le muguet (*Convallaria majalis*). Observez ce qui vient bien dans la campagne et les jardins avoisinants.

AUGMENTER LE PH
Pour augmenter le pH d'un sol acide, intégrez de la chaux en la ratissant ou en l'enfouissant.

SABLE OU LIMON

Le céraiste est une vivace formant des coussins et fleurissant au printemps. Il tolère le sol sableux ou limoneux.

PLANTES POUR SOL SABLEUX

Tison de Satan, *Kniphofia uvaria*
Coréopsis lancéolé, *Coreopsis lanceolata*
Santoline, *Santolina chamaecyparissus*
Céraiste velu, *Cerastium tomentosum*
Gaura, *Gaura lindheimeri*
Achillée, *Achillea* subsp.
Yucca, *Yucca* subsp.
Lavande de mer, *Limonium latifolium*

SOL SABLEUX

Les sols sableux sont légers, ne collent jamais même lorsqu'ils sont mouillés et sont donc faciles à travailler. Ils sont bien aérés. Ils se réchauffent vite au printemps. Et, sans le tampon de réserves acides ou alcalines, il n'est pas difficile de modifier leur pH. Mais le sable ne contient que très peu d'argile ou d'humus pour retenir l'eau et les minéraux. Et ce sol qui manque de structure s'échauffe pendant la journée pour se refroidir tout aussi vite la nuit.

En comparaison avec les autres problèmes de sol, l'excès de sable est facile à pallier. Il suffit d'apporter de la matière organique à tour de bras ! Le sol restera drainant, facile à travailler et retiendra mieux l'eau et les minéraux. Il ne sera évidemment plus aussi rapide à se réchauffer, mais par ailleurs, il ne deviendra plus aussi brûlant l'été, ce qui vaut mieux pour les plantes.

Les sols sableux étant aussi bien aérés, l'activité micro-organique y est intense. Ce qui, d'une certaine façon, est positif puisque l'humus s'y forme plus vite, mais qui peut aussi s'avérer négatif parce que la matière organique porteuse de nutriments n'y séjourne pas longtemps. Il faut donc apporter à la fois des éléments organiques lents et rapides. Le fumier, les résidus de tonte et

TOLÉRANTE ARMÉRIE

Armeria maritima tolère les sols pauvres, sableux, drainant rapidement.

SPÉCIAL SOLS PAUVRES
Les sols sableux sont généralement peu fertiles et c'est cela qu'apprécie le coréopsis. Trop de nitrate affaiblit ses tiges.

le compost se décomposent rapidement en formant de l'humus qui permet au sol de retenir l'eau et les nutriments. Une autre bonne source de matière organique est l'engrais vert qu'on laissera en terre tout l'hiver.

Les sols sableux sont si poreux qu'une fois les premiers centimètres secs, la couche du dessous ne tarde pas à l'être aussi. Il n'est pas besoin de grandes quantités d'eau pour qu'elle parvienne sous les racines (au niveau où l'humidité en favorise le développement), mais il faut arroser souvent.

MASSIFS ROCAILLEUX
Utilisez les blocs de pierre présents sur votre terrain en bordure de rocailles surélevées. Recouvrez-les de terre et, pour planter, utilisez les crevasses et les poches de terre.

SOL PIERREUX

Inutile de conseiller à un jardinier se trouvant devant une fine couche de terre recouvrant le rocher d'arroser en profondeur, d'aérer la sous-couche et de procéder à un double bêchage. Les sols pierreux ont beaucoup d'inconvénients. Les racines ont du mal à s'y développer. L'eau et les substances nutritives ne trouvent guère de substrat auquel s'accrocher. Binage, bêchage et plantation y sont malaisés. Le remède habituel – l'apport généreux de matière organique – est une bonne chose mais ne suffit pas.

La meilleure façon d'aborder ce genre de site est d'y planter des espèces naturalisées ou des végétaux spécifiques des terres pierreuses, tout en ajoutant de la terre à certains endroits. Les plantes originaires de régions rocheuses se sont adaptées à des conditions de sécheresse, de pauvreté et

VIVACES POUR PRAIRIES ROCAILLEUSES

Corbeille d'or, *Aurinia saxatilis*
Herbe-à-la-ouate, *Asclepias tuberosa*
Armérie maritime, *Armeria maritima*
Absinthe, *Artemisia absinthium*
Cupidone, *Catananche caerulea*
Aubriette, *Aubrieta deltoidea*
Campanule, *Campanula portenschlagiana*

DÉBORDANTE DE COULEUR
L'aubriette 'Blue Cascade' est un choix parfait pour les rocailles ensoleillées.

PETITES ÉTOILES DES ROCHERS
Androsace subsp. est une plante basse peu exigeante au feuillage vert clair ou argenté.

GRAMINÉES
Si vous disposez d'un emplacement frais dans votre rocaille, plantez une graminée ornementale pour créer du relief.

d'exiguïté. Elles ont généralement un système racinaire superficiel qui réussit à se faufiler dans la moindre fissure.

Mieux vaut commencer avec des plants les plus jeunes possible et idéalement, à partir de la graine. Mais certaines espèces germant difficilement, il est plus facile d'avoir recours à des plantules. Au cours de leur développement, celles-ci seront capables de contourner les obstacles, alors qu'un système racinaire plus important ne pourrait pas s'adapter à ces conditions difficiles.

Le sol pierreux sèche rapidement et exige des arrosages courts et fréquents. Si vous avez opté pour des plantes spécifiques, l'arrosage peut s'avérer inutile une fois qu'elles seront installées.

Les prairies fleuries comportent généralement des fleurs de plein soleil durables. Créez-en une sur une partie de votre terrain. Cherchez dans les livres ou auprès d'associations les espèces adaptées qui poussent le mieux dans votre région.

Une fois les espèces choisies, préparez un bon lit de semis. Les premières années, faites en sorte que le sol reste frais et bien désherbé. Une fois la prairie de fleurs installée, il suffira de tondre une fois par an à la fin de l'hiver pour limiter le développement des plantes ligneuses. Le reste du temps, vous pourrez laisser les vivaces croître et se mélanger à leur guise.

Troisième partie

Réaliser son jardin

PETITS BESOINS

Si vous avez un très petit jardin, vous n'aurez besoin que d'une petite pelle, d'un transplantoir et d'une griffe à main.

OUTILS ET ÉQUIPEMENT

L'entretien du jardin est généralement plus facile lorsqu'on dispose de bons instruments. S'il vaut toujours mieux utiliser l'outil adéquat, devant un mur où s'alignent des quantités d'outils, on se demande parfois lequel choisir.

LES INDISPENSABLES

En règle générale, on se débrouille avec quelques outils de base. Une pelle-bêche, pour faire des trous, retourner la terre, enfouir l'engrais vert ou incorporer les amendements. Un râteau en éventail pour aplanir le terrain, une binette pour désherber, un plantoir pour planter et transplanter. Et enfin, pour tailler les vivaces, un bon sécateur.

ENTRETIEN DES OUTILS

Au bout d'une longue journée de travail, on est tenté de ranger ses outils sans les nettoyer. Mais la terre humide qui y adhère va finir par les faire rouiller. Grattez-les avec

TRANSPORT DE TERRE

Si vous avez pas mal de terre à transporter, une bonne brouette vous sera nécessaire et épargnera votre dos.

COMBIEN D'OUTILS ?

Il existe tellement d'outils que l'on pourrait en faire collection, mais si vous êtes débutant ou si votre budget est limité, contentez-vous de quelques outils de base.

une planchette ou une cuiller en bois ou bien encore, frottez la partie métallique dans un bac de sable placé à cet effet. Vous pouvez également les laver avec un tuyau d'arrosage, mais dans ce cas prenez soin de les faire sécher totalement.

Votre pelle-bêche et votre binette seront plus efficaces si elles sont toujours affûtées. Des affûtages courts et fréquents valent mieux qu'une longue séance en fin de saison. Une simple lime, de la forme du contour de la partie tranchante de l'outil, suffit généralement. Le but est de conserver l'angle du tranchant existant en l'affinant un peu et en supprimant les ébréchures. Si vous avez beaucoup d'outils à affûter, vous perdrez moins de temps en utilisant une meule. Mais vous pouvez aussi donner vos outils à aiguiser à un professionnel.

En fin de saison, procédez à un nettoyage plus poussé de chacun de vos outils et rangez-les en toute tranquillité pour l'hiver.

LE RÂTEAU À TOUT FAIRE

Le râteau en éventail est un des outils de jardin indispensables. Il permet de rassembler cailloux, feuilles et bouts de bois, de les éliminer des massifs et de réaliser un sol plat et lisse.

CHOISIR ET ACHETER DES PLANTES

La première chose à faire pour avoir un jardin sain est d'acquérir des plantes en bonne santé. Elles s'installeront plus vite et n'apporteront ni parasites ni maladies qui pourraient se transmettre aux autres végétaux.

INSPECTER LE SYSTÈME RACINAIRE

Il faut s'assurer avant tout que les racines sont vigoureuses et saines. Si la plante est en conteneur, ôtez celui-ci avec précaution pour pouvoir les inspecter. La pelote doit être bien blanche, humide, sans cassures, gonflements ou taches brunes. Quelques fines racines peuvent être apparentes mais en aucun cas présenter une pelote inextricable ou commune au plant d'à côté. En désolidarisant les plants, on risque d'abî-

EFFET INSTANTANÉ
Les roses de noël, *Helleborus orientalis*, sont souvent vendues en fleur et sont donc immédiatement décoratives.

BON DÉBUT
Planter des vivaces vigoureuses, ici des lupins, permet de commencer sur de bonnes bases et d'obtenir un jardin sain, débordant de belles fleurs.

Plante malsaine

- Feuilles : trouées ou à bords abîmés ; fanées et recroquevillées ou décolorées ; tachées et décolorées ou fanées
- Traces brillantes laissées par les gastéropodes.
- Toiles d'araignée sur feuilles ou tiges.
- Œufs minuscules sur feuilles ou tiges.
- Déjections brunes ou verdâtres.
- Parties de plante mortes.
- Moisissures.
- Feuilles, racines ou tiges paraissant molles.

FAITES LA DIFFÉRENCE

Différenciez plantes saines et plantes étiolées ou malades, qui seront peut-être moins chères mais ne vaudront pas l'économie réalisée à l'achat.

mer les racines et le choc de la séparation peut retarder la reprise de plusieurs semaines.

Vérifier la couleur de la plante

Sauf feuillage particulier, les jeunes plants en bonne santé sont d'un vert soutenu. S'ils présentent des feuilles uniformément pâlichonnes, c'est souvent signe de malnutrition. Si vous hésitez sur l'aspect normal d'une plante, recherchez sa photo dans un livre ou un catalogue. Vous saurez alors si ces drôles de raies, de taches ou de panachures sont normales ou si elles dénotent un problème.

Bien regarder avant d'acheter

Examinez de près les plants de vivaces que vous souhaitez acheter et rejetez ceux qui montrent des signes de maladie ou de présence de parasites. Regardez les feuilles à l'endroit et surtout à l'envers, car c'est là que se cachent les ravageurs.

Vente par correspondance

Souvent, par correspondance, les plantes sont vendues racines nues pour gagner de la place et réduire les frais de port. Ouvrez le colis dès réception pour aérer le contenu. Ne vous inquiétez pas des longues racines tentaculaires et de la minuscule touffe de feuillage. Humidifiez le matériau protégeant les racines jusqu'au moment de planter.

CE QUE CACHE LE POT

Faites glisser la plante hors du pot pour vérifier l'état des racines avant achat. N'achetez pas de plante dont les racines forment une masse, comme ci-dessous.

BELLE PELOTE

Un plant de bonne qualité montre un réseau de jeunes racines blanches auxquelles il reste encore de la terre comme ici, à droite.

Vivaces en conteneur

Les vivaces sont le plus souvent vendues en conteneur, ce qui est pratique et permet de les manipuler facilement. On peut les laisser dans leur pot à la lumière jusqu'au moment de les planter. Il est ensuite facile d'en sortir la plante sans traumatisme pour les racines. Mais là, il y a un hic. On a observé que les racines ont tendance à rester dans le substrat d'origine très léger (et souvent synthétique) au lieu de s'aventurer dans la pleine terre. Pour éviter ce problème, émiettez délicatement l'extérieur de la pelote et étalez soigneusement les racines dénudées sur le sol en plantant.

Les vivaces se présentent en conteneurs plus ou moins grands, dont le prix augmente avec la taille. Si l'on souhaite que la plante fasse un effet immédiat, l'achat d'une plante déjà grosse peut se justifier. Mais les vivaces en godet ou en plaque de minipots sont vraiment bon marché et réussissent fort bien, pour peu que l'on ait la patience d'attendre une saison ou deux qu'elles arrivent à maturité. Il est d'ailleurs prouvé que les petits plants s'installent plus vite et ne tardent pas à rattraper les gros.

Vivaces à racines nues

Au début du printemps, vous trouverez dans le commerce nombre d'espèces en

TROIS POSSIBILITÉS

Les vivaces en conteneur (à gauche) sont plus chères mais font un effet immédiat au jardin. Les plantes de jauge (au milieu) s'adaptent vite à leur nouveau site. Les plantes à racines nues (à droite) demandent un peu plus de précautions mais sont souvent moins chères.

dormance, à racines nues. Ne soyez pas surpris par l'aspect de certaines plantes. En période de repos végétatif, elles se présentent pour la plupart sans feuillage puisqu'elles concentrent leurs réserves dans leur système racinaire.

Vous en trouverez d'autres en fin d'été ou début d'automne, le cœur de Marie (*Dicentra spectabilis*), par exemple, ou les pivoines. Moins coûteuses que les plantes en grands conteneurs, ces vivaces qui ont l'air plus mortes que vives ne le sont, heureusement, qu'en apparence.

Lors de l'achat, les racines doivent être enveloppées dans un matériau de protection que l'on maintient humide. Faites tremper ces racines dans un seau d'eau tiède pendant les quelques heures qui précèdent la plantation. Si vous devez attendre avant de planter, mettez les racines en pot jusqu'au jour j.

Vivaces de jauge

En manipulant la pelote avec précaution, vous pourrez planter les vivaces de jauge alors que la saison est avancée, parce que les racines seront restées jusqu'au moment de l'achat dans le substrat protecteur de la jauge. Placez-les immédiatement dans la terre d'un conteneur plat, recouvrez d'un torchon, de sphaigne ou de compost humides. Mettre en jauge signifie mettre les vivaces à végéter dans un trou jusqu'à la plantation.

ROSES TRÉMIÈRES

Dans le cas des roses trémières, il importe de mettre en culture de jeunes plants sains, proies moins faciles pour les maladies.

PRÉPARER LE TERRAIN

PARURE COLORÉE
Avec quelques soins, même en sol pauvre, on peut obtenir de belles fleurs comme ces asters.

SOIGNÉS AVEC AMOUR !
Ces achillées et ces asters pleins de santé sont le résultat d'un sol grumeleux, de bonne qualité. Il vaut la peine de bien préparer le terrain, vos plantes vous le rendront bien !

La préparation du sol est essentielle pour le succès de votre jardin de vivaces. Plus vous y mettrez de soin, mieux les plantes s'installeront et moins vous aurez de désherbage à faire plus tard.

QUAND ?

Préparez le terrain une saison ou une année avant de planter, pour laisser au sol le temps de reposer. Si le printemps est trop humide pour le travail de la terre, faites-le en automne. Si vous n'avez pas pu préparer le terrain à l'avance, il est bien sûr possible de le faire puis de planter dans la foulée.

COMMENT ?

Dans une pelouse, ôtez les mottes engazonnées à la pelle-bêche en procédant par bande. Travaillez dans la largeur. Glissez la pelle sous les morceaux de bande pour les détacher du sol et ôtez-les. Vous pouvez aussi tuer l'herbe en la couvrant de bâche plastique noire mais, selon la température

LA PRÉPARATION
Un jardin bien préparé est un jardin plein de belles plantes comme ce cœur de Marie (*Dicentra spectabilis* 'Alba') au beau feuillage et à la floraison abondante.

(plus il fait chaud, plus c'est rapide), cela peut prendre des semaines. Incorporez l'herbe en décomposition.

À présent, vous devez griffer le sol. Pour une petite plate-bande, aérez-le sur 15 cm de profondeur ou, si vous procédez à un double bêchage, sur 30 cm. Apportez du compost et mélangez-le à la terre. Pour un sol argileux lourd comme pour un sol sableux, léger et pauvre, apportez une couche de 10 cm de compost sur tout l'emplacement et incorporez-la en surface, sur 20 cm de profondeur. Si vous projetez de planter des vivaces de terrain sec, apportez moins de compost. En climat chaud, apportez-en plus pour contrebalancer la décomposition rapide.

PRÉPARER UNE NOUVELLE PLATE-BANDE

1. Définir les contours au cordeau.
2. Ôter les mottes engazonnées à la pelle-bêche pour dénuder le sol.
3. Chauler si la terre est trop acide.
4. Répartir une couche de compost sur toute la surface et l'incorporer.

DOUBLE BÊCHAGE

Le double bêchage demande du travail, mais cela en vaut la peine si votre terrain est lourd et argileux ou si vous jardinez en climat sec et que vous voulez aider les vivaces à s'enraciner profondément. Ôtez avant tout les mottes engazonnées et les racines des adventices. Puis, en commençant à une extrémité de la plate-bande, faites une tranchée de 30 cm de large et aussi profonde que la lame de la pelle. Travaillez dans la largeur de la future plate-bande. Mettez toute la terre de surface que vous ôtez dans une brouette que vous placerez à l'extrémité opposée de la plate-bande. Aérez maintenant le sous-sol exposé à la bêche ou à la pelle-bêche. Revenez à votre point de départ et pratiquez une seconde tranchée de 30 cm de large. Remplissez la première tranchée avec la terre ôtée de cette seconde tranchée, additionnée de compost ou autre matière organique, puis travaillez la nouvelle bande de sous-sol dénudé. Continuez ainsi jusqu'à ce que vous ayez atteint l'extrémité de la plate-bande. Dans la dernière tranchée, mettez la terre de surface qui se trouve dans la brouette. Aplanissez le terrain au râteau et évitez de marcher dessus pour ne pas compacter le sol, ce qui réduirait vos efforts

AMENDEMENTS
La cendre de bois (à gauche), riche en potasse, permet d'augmenter le pH mais ne convient donc pas aux espèces acidophiles. Le gypse (à droite) est source de calcium et de soufre.

REMÈDE POUR SOL PAUVRE
Si le sol est pauvre, le double bêchage est la meilleure solution pour offrir à vos vivaces de bonnes conditions de croissance.

ENRICHIR OU PAS

Campanula portenschlagiana apprécie un sol de moyen à riche et un bon drainage. Testez votre sol avant d'y apporter un supplément de matière nutritive, ce qui n'est pas forcément utile.

Utilisation du compost

Si vous créez une plate-bande, apportez du compost en travaillant le sol. Dans un jardin déjà installé, utilisez le compost comme paillis. Épandez une couche de 5 cm d'épaisseur en entretien annuel. Pour des sols frais ou pour empêcher la pousse des adventices, épandez une couche plus épaisse. Utilisez-en moins pour les sols secs et moins fertiles. Le compost se décompose peu à peu. Ajoutez-en selon les besoins.

à néant. Si la plate-bande est trop large pour que vous puissiez planter jusqu'au fond, mettez en travers une planche sur laquelle vous marcherez. Enlevez-la le travail achevé.

Apport de matière nutritive organique

S'il s'agit, par exemple, d'une nouvelle plate-bande, répartissez-y les amendements (engrais, compost, chaux ou soufre) que vous incorporerez avant de planter. Si vos vivaces sont déjà installées, distribuez puis incorporez les nutriments à la base de chaque plante ; vous procéderez de même pour les paillis de feuilles ou de compost. Si vos vivaces ont besoin d'un coup de fouet à la mi-été, pulvérisez-les avec un engrais liquide à base de compost ou d'algue.

ASCÉTIQUES

Certaines vivaces, comme cette camomille *Anthemis tinctoria*, aiment les sols peu riches.

PLANTER

CHRYSANTHÈMES
Les espèces à racines fibreuses se développent rapidement et, pour rester vigoureuses, doivent être divisées tous les ans ou tous les deux ans.

FACILE À VIVRE
La gaillarde, *Gaillardia × grandiflora*, est l'une des espèces de jardin les plus rustiques.

Vous avez sûrement hâte de planter mais, attention, ne vous y prenez pas trop tôt. Attendez-vous à un travail de longue haleine, qui n'épargne ni les genoux ni le dos. Travaillez lentement et installez vos plantes avec soin.

QUAND PLANTER ?

Le sol est prêt : vous allez pouvoir mettre vos vivaces en terre. Mais pour qu'elles aient un bon démarrage, il importe de bien choisir le moment de la plantation.

Faites en sorte de planter par temps doux et humide – c'est-à-dire généralement au printemps ou en automne. En climat frais, essayez au maximum de faire vos plantations au printemps pour que les végétaux aient le temps de développer un fort système racinaire avant l'hiver. Dans le cas de vivaces très rustiques, ou qu'on ne trouve qu'à cette époque dans le commerce, vous pouvez essayer de planter en fin d'été. En climat plus chaud à hiver doux, plantez en automne, de façon que les vivaces s'installent avant le long et chaud été. Dans les régions où les étés ne sont pas trop chauds ni les hivers trop froids, vous pouvez planter en automne comme au printemps. Évitez en tout cas les périodes de sécheresse et assurez-vous que la température est comprise entre 4 et 20 °C.

DÉMARRAGE EN FLÈCHE
En préparant le sol dans les règles et en plantant soigneusement, vos vivaces démarreront facilement et formeront de vigoureuses touffes.

Vivaces en conteneur

Si vous plantez une vivace en conteneur, faites un trou correspondant à la hauteur du pot. Remplissez-le d'eau.

À présent, préparez la plante. Faites-la glisser hors du pot. Cassez avec précaution les parois de la motte, de manière que les racines soient en contact avec la terre de la plate-bande. Si les racines sont enchevêtrées, vous serez peut-être obligé de les démêler un peu.

Une fois les plantations achevées, veillez à tasser doucement le sol autour de la plante, arrosez généreusement et paillez. Un paillis de matières organiques comme du compost, de la paille ou des feuilles broyées retiendra bien l'humidité et freinera l'envahissement par les adventices. Il faut savoir que les plates-bandes nouvellement créées sont particulièrement menacées par les mauvaises herbes, parce que le travail du sol expose leurs graines à la lumière.

PLANTE EN CONTENEUR

1. Faire un trou plus grand que la motte et arroser.
2. Sortir avec précaution la plante de son pot et émietter un peu la motte.
3. Placer la plante dans le trou, compléter avec de la terre et tasser doucement.

ESPACEMENT

Si vous plantez trop serré, les plantes seront grêles et peu résistantes. Placez-les sur le sol avant de les planter pour voir l'effet qu'elles font. Laissez suffisamment de place pour qu'elles puissent atteindre leur plein développement.

ESPACE VITAL

En plantant, n'oubliez pas d'espacer régulièrement vos plantes ; c'est à ce prix seulement qu'elles pousseront à foison.

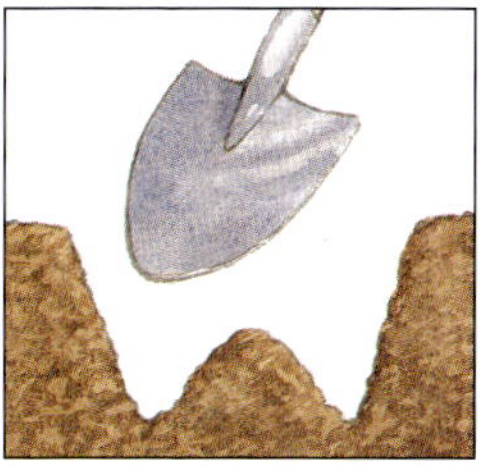

VIVACES À RACINES NUES

1. Faire un trou assez grand pour que les racines n'y soient pas serrées et laisser un monticule au centre.
2. Placer le collet au centre, les racines disposées tout autour du monticule.
3. Combler avec de la terre, tasser doucement et arroser.

VIVACES DE JAUGE

Les plantes de jauge dont les racines sont encore bien enrobées de terre sont à installer dans un trou de la taille de la pelote. Si celle-ci a perdu une partie de sa terre, le trou devra être un peu plus grand pour que les racines s'y répartissent commodément. Inondez le trou et placez la plante à la profondeur où elle poussait en jauge. En rebouchant le trou, veillez à bien enterrer toutes les racines puis tassez.

VIVACES À RACINES NUES

Les plantes à racines nues sont plus longues à s'installer. Faites-les tremper dans l'eau tiède pendant quelques heures. Notez le niveau de la terre de jauge. Dans votre jardin, la terre devra venir un peu moins haut.

Faites un trou assez large et profond pour que le collet de la plante soit au niveau du sol et que l'on puisse étaler les racines. Formez un petit monticule au fond du trou. Placez la pelote racinaire dessus, collet bien au milieu. Étalez les racines dans toutes les directions et remplissez de terre. Tassez doucement, arrosez et paillez. Le sol doit rester humide pendant quelques semaines.

Quatrième partie

Entretenir les vivaces

PAILLER

Quel que soit le climat, le paillage est primordial. Le paillis fait office de bouclier contre les mauvaises herbes et protège le sol. Les paillis organiques sont source de nutriments et de matière organique.

QUAND, COMMENT PAILLER ?

Si vous paillez un sol gelé, en hiver, il va rester uniformément gelé et ne connaîtra pas l'alternance gel/dégel qui peut être dommageable pour les racines et faire remonter le collet des plantes. En climat à été chaud, pailler permet de ralentir la décomposition de matière organique, de sorte que chaque apport d'amendement agit plus longtemps. Quel que soit le climat, vous pouvez choisir une méthode de paillage qui non seulement sera bénéfique pour vos plantes, mais les mettra visuellement en valeur.

CONSERVER L'HUMIDITÉ
Les digitales aiment les sols frais : paillez-les en été pour ralentir l'évaporation et conserver l'humidité du sol plus longtemps après arrosage.

TEMPÉRATURE CONSTANTE
Une couche généreuse de paillis organique, permet non seulement de conserver l'humidité du sol, mais contribue aussi à en modérer la température.

À VOUS DE CHOISIR

On trouve toutes sortes de matériaux de paillage, parmi lesquels les feuilles broyées, le compost et l'écorce.

Pailler avec du compost est une bonne méthode pour dispenser à la terre des substances nutritives. Cela peut même suffire à fertiliser des plantes peu gourmandes comme le coréopsis (*Coreopsis* subsp.), l'achillée (*Achillea* subsp.) et l'armérie (*Armeria maritima*). Un paillis de compost permet de conserver l'humidité mais n'est pas très efficace contre les adventices.

Quel paillis ?

On peut pailler de bien des façons, au jardin de vivaces. Les feuilles broyées sont un matériau adéquat et généralement gratuit. Le compost bien décomposé, fin et noir, donne au sol un air sain tout en augmentant sa fertilité. Les résidus de tonte ou la paille ne sont peut-être pas très décoratifs et, si l'écorce ou les particules de bois encadrent bien les grandes plantes, elles risquent de noyer les petites vivaces.

Évitez de choisir un paillis qui va s'agglomérer en couches compactes. C'est ce qui peut arriver avec les résidus de tonte sur lesquels l'eau glisse sans pénétrer dans le sol. Si vous optez pour ce type de paillis, mélangez-le avec un matériau très aéré comme des feuilles broyées.

Attention !

Le paillage, aussi utile soit-il, peut dans certaines circonstances avoir des inconvénients. Si chez vous escargots et limaces pullulent, un paillis organique leur offrira un abri inespéré. Si votre terrain est argileux et lourd, il en ralentira l'évaporation. En climat froid, paillez en été lorsque le sol s'est réchauffé mais ôtez et compostez le paillis lors des nettoyages d'automne, afin de préparer la terre à l'hiver.

DURABLE PAILLIS DE FEUILLES

Les feuilles broyées se décomposent lentement et n'ont pas besoin d'être renouvelées très souvent.

Arroser

Modulez vos arrosages selon plusieurs facteurs : la quantité de pluie qui tombe dans votre région, les espèces que vous cultivez et la phase de croissance dans laquelle les vivaces se trouvent.

PRIORITÉ AUX FLEURS
Pendant la saison de croissance et de floraison, le jardin a besoin d'humidité de façon constante. Si celle-ci manque, fleurs et boutons floraux sont les premiers à souffrir.

PETITS MOYENS
Pour les petits jardins, l'arrosoir est souvent le choix le plus approprié.

La terre retient-elle l'humidité ?

Pour le savoir, arrosez à fond une partie de votre jardin. 48 heures plus tard, faites un petit trou de 15 cm de profondeur. Si la terre retient suffisamment l'eau, le fond du trou sera humide. Si ce n'est pas le cas, vous pouvez améliorer la situation en incorporant une bonne quantité de compost. Le compost, ou une autre sorte de matière organique, fait office d'éponge et vous n'aurez plus à arroser aussi souvent. Cependant, lorsque vous le ferez, veillez à saturer d'eau la matière organique.

Mesurer les précipitations

Sachez précisément quelle quantité de pluie est tombée et modulez vos arrosages en conséquence. Un arrosage excessif peut être aussi catastrophique qu'un manque d'eau, surtout en sol lourd. Un pluviomètre vous dira exactement combien il est tombé d'eau,

SOBRES
L'achillée se plaît en sol léger, bien drainé, sans arrosage régulier.

mais vous pouvez aussi installer une boîte de conserve propre dans un emplacement découvert du jardin et regarder une fois par semaine la quantité d'eau qu'elle contient.

QUELLE QUANTITÉ D'EAU ?

La règle d'or veut qu'un jardin de vivaces reçoive quelque 25 mm d'eau par semaine. Cette quantité humidifie le sol en profondeur et encourage les racines à s'enfoncer. Bien sûr, certaines espèces ont besoin de plus d'humidité que d'autres et vous devrez tenir compte de ces différences en répartissant l'arrosage.

PLANTES ET BESOINS DIFFÉRENTS

Certaines vivaces prospèrent en sol frais, comme les delphiniums, astilbes et primevères japonaises (*Primula japonica*), tandis que d'autres s'étiolent ou pourrissent en cas d'humidité abondante. Si vous cultivez un sol de fraîcheur constante, veillez à arroser fréquemment.

En cas d'espèces appréciant la sécheresse, comme la lavande, l'ibéris et le tison de Satan (hybrides de *Kniphofia*), laissez le sol ressuyer entre deux arrosages. Ces vivaces ne nécessitent pas plus de 12 mm d'eau par semaine.

Jusqu'à ce que les racines se soient suffisamment développées pour approvisionner la plante en eau, les vivaces récemment plantées demandent pas mal d'attention. S'il fait chaud et sec, vous devrez peut-être arroser tous les jours, le temps qu'une bonne averse vous relaie. S'il fait frais et pluvieux, laissez à la nature le soin d'arroser.

ARROSAGE
Le géranium botanique *Geranium endressii* se plaît en sol humifère et frais. Arrosez souvent pour que l'humidité reste constante.

Fertiliser

Pour qu'elles restent en bonne santé, il est important de dispenser aux vivaces des substances nutritives. La quantité d'engrais à apporter dépend de la fertilité naturelle du sol et des espèces que l'on y cultive.

Sols et engrais

Ce sont la structure et la fertilité naturelles de votre sol qui déterminent la quantité et la fréquence des apports d'engrais. Un sol sableux retient moins bien les nutriments qu'un sol argileux ou un sol riche en matière organique. Il faut donc fertiliser davantage. Un sol soigneusement préparé avant la plantation peut se passer d'engrais pendant au moins un an.

Besoins différents

Les besoins en engrais des vivaces varient fortement selon les espèces. Certaines ont un petit appétit, telles *Helenium autumnale*, *Heliopsis helianthoides* ou *Erigeron speciosus*. Une fine couche de compost une ou deux fois l'an suffit à leur bonheur. D'autres, comme le delphinium, l'astilbe et le phlox, sont plus voraces. Il leur faut des fertilisations plus fréquentes pour rester au mieux de leur forme. Il peut être utile de dispenser de l'engrais pour stimuler ou régénérer une plante. Faites-le au printemps, à la reprise de la croissance, après plantation ou division et après avoir supprimé les fleurs fanées ou avoir rabattu la plante.

Fertilisation

Vous pouvez fertiliser efficacement au moyen d'engrais liquide ou sec, ou bien

FERTILISER

Faites des trous dans la terre et remplissez-les de granulés d'engrais (en haut). Vous pouvez aussi en saupoudrer tout autour de la plante (au centre). L'engrais liquide est facile à vaporiser sur le feuillage (en bas).

UNE FOIS L'AN

Dans la plupart des cas, une application annuelle d'un engrais approprié suffit à la bonne santé des vivaces.

INFUSION DE COMPOST

Pour transformer votre compost en un engrais liquide à action rapide, mettez une ou deux pelletées de compost (ou de fumier de ferme) dans un sac (de jute ou autre). Attachez-le solidement à un arrosoir ou à un seau de façon qu'il trempe complètement dans l'eau. Laissez macérer une semaine, puis ôtez le sac. Pour vaporiser directement le liquide sur le feuillage, diluez le contenu de l'arrosoir jusqu'à ce que sa couleur soit légèrement brune. Vous pouvez aussi l'utiliser tel quel en arrosage au pied des plantes.

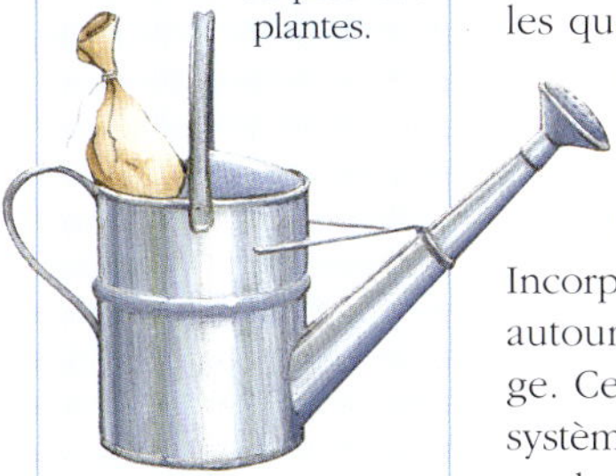

sous ces deux formes. Dans ce dernier cas, faites attention de ne pas forcer la dose. Souvenez-vous que trop d'engrais peut être aussi néfaste que trop peu. Tiges faibles, port tombant et maladies peuvent être la conséquence d'une fertilisation trop importante.

Les engrais liquides les plus communs comptent des substances à base de poisson, d'algue ou de l'infusion de compost. Pour un petit coup de fouet, une application suffit ; pour une cure d'énergie, fertilisez tous les quinze jours. On peut vaporiser directement sur les plantes : les substances nutritives sont absorbées par le feuillage.

L'engrais sec diffuse plus lentement. Incorporez-le en griffant le sol humide tout autour de la plante, à l'aplomb du feuillage. Cette méthode favorise l'extension du système racinaire et permet une fertilisation graduelle.

Fabriquer et utiliser le compost

COMPOSTAGE EXPRESS À CHAUD

1. Constituer un tas de compost avec un mélange de matériaux riches en carbone et en nitrate, disposés en couches.

2. Au fur et à mesure de l'ajout des déchets, asperger d'eau pour favoriser la décomposition.

3. Aérer le tas de compost en le retournant à la fourche à intervalle de quelques jours, afin de stimuler l'activité microbienne.

Quel que soit le type de jardinage pratiqué, le compost est synonyme de succès. Le compost est un mélange équilibré de déchets provenant du jardin ou de la cuisine qui, en se décomposant, forment de la matière organique aérée et de couleur foncée.

Composter à chaud

Le compostage à chaud permet, en quelques semaines, d'obtenir un compost de qualité. Il y a différentes méthodes mais, d'une façon générale, il s'agit de former un tas composé de strates de différents éléments auxquels on ajoute de la terre ou du compost mûr pour s'assurer de la présence des bactéries indispensables à la décomposition. Il faut aussi retourner le tas à quelques jours ou quelques semaines d'intervalle pour accélérer le processus.

Pour un compostage à chaud, associez des déchets végétaux herbacés (riches en azote) et des déchets ligneux (riches en carbone). Les déchets verts fournissent aux bactéries l'azote dont elles ont besoin pour dégrader les matériaux riches en carbone.

Débitez les ingrédients en petits morceaux et formez un tas de 1 m de hauteur et de largeur environ, composé d'un tiers de déchets riches en nitrate, et pour le reste de déchets riches en carbone. Ajoutez une pelletée de terre ou de compost mûr entre chaque couche et arrosez de façon que le tas reste humide. Retournez à la fourche régulièrement pour faire entrer de l'oxygène. Lorsque le compost a refroidi et que la plupart des ingrédients ne sont plus reconnaissables, il est prêt à l'emploi.

Composter à froid

Le compostage à froid est plus facile, mais prend plus de place et est plus long à réaliser, parfois jusqu'à 1 an. Les substances nutritives risquent d'être lavées par les pluies. La température n'y monte pas aussi haut que dans le compostage à chaud, si bien que les graines des adventices ou les organismes pathogènes ne sont pas détruits. Aussi ne faut-il y mettre ni mauvaises herbes montées à graine ni végétaux malades.

Choisissez un emplacement ombragé et bien drainé et entassez les déchets jusqu'à former un tas de 1 m de hauteur sur 1 m de large. Faites ensuite un nouveau tas ailleurs. Un an plus tard, les éléments du premier tas devraient être décomposés, peut-être de façon assez grossière. Vous pouvez utiliser le compost tel quel ou le tamiser et remettre à composter les gros morceaux.

VOLÉES DE CLOCHETTES
Meilleure qualité du sol et plantes plus saines : vous ne regretterez pas le temps passé à fabriquer et à épandre du compost.

SILO À COMPOST
Quatre cadres en bois tendus de grillage, que l'on peut fabriquer soi-même, empêchent le tas de compost de se répandre alentour.

RECYCLAGE DES DÉCHETS
Une bonne part des déchets de cuisine peut aller au compost. À éviter : les os, la viande et la graisse.

TUTEURER ET TAILLER

LUPINS QUI FLANCHENT
Tuteurs et ficelle permettent aux grosses touffes de lupins de rester bien droites.

Le tuteurage, la coupe des fleurs fanées, le pinçage et le rabattage sont autant de techniques destinées à obtenir des vivaces belles et vigoureuses.

LES SECRETS DU TUTEURAGE

Tuteurez vos plantes dès le début de leur croissance, n'attendez pas que les tiges s'affalent. Pour ne pas oublier, notez-le sur votre calendrier! Si le feuillage de vos vivaces n'est pas suffisamment touffu pour cacher les tuteurs, camouflez-les à l'aide d'annuelles ou de vivaces basses.

SUPPRIMER FACILEMENT LES FLEURS FANÉES

Que vous le fassiez d'un coup d'ongle ou à l'aide d'un sécateur, coupez toujours au-dessus d'une feuille, d'un bouton ou d'une tige secondaire. Dans le cas de vivaces à

DÈS LE DÉBUT
Installez vos tuteurs dès le début de la saison. Pour les espèces touffues, prévoyez des tuteurs en cerceau qu'elles camoufleront en se développant.

COUPER NET

Un sécateur est l'outil qu'il vous faut pour supprimer les fleurs fanées des espèces à tiges dures.

FLORAISON PLUS ABONDANTE !

Voici quelques espèces qui fleurissent plus longtemps ou refleurissent plus abondamment lorsque l'on supprime au fur et à mesure leurs fleurs fanées : gypsophile, campanule des Carpates, coréopsis, valériane rouge, hémérocalle, delphinium, œillet, digitale, gaillarde, phlox, sauge et achillée.

fines tiges résistantes, et dans ce cas seulement, supprimez toute la couche supérieure de fleurs au taille-haie lorsque celles-ci fanent.

PINCER

En supprimant le bourgeon terminal ou la pointe d'une tige, on tarit la source hormonale qui la fait pousser en longueur. Cela permet à des bourgeons se trouvant plus bas sur la tige de former des tiges secondaires et à la plante de se ramifier. On voit alors des vivaces dégingandées devenir compactes et touffues. Il devient aussi moins nécessaire de tuteurer.

À RABATTRE

Magnifiques lorsqu'elles sont en fleur, les ancolies sont moins décoratives ensuite. Rabattez-les pour les encourager à remonter.

RABATTRE ET ÉCLAIRCIR

En rabattant les longues tiges grêles, on obtient une plante plus nette et on suscite de vigoureuses pousses nouvelles. La plante réagit en fait comme lorsqu'on supprime les fleurs fanées, mais la méthode est plus radicale.

Éclaircir, c'est raccourcir des tiges et améliorer ainsi la circulation de l'air au sein de la plante. On supprime entre un tiers et une moitié de leur longueur.

ADVENTICES

Un jardin bien entretenu voit apparaître nombre d'adventices. La meilleure méthode consiste à prendre le problème en amont, avant qu'elles ne se développent et ne deviennent des rivales pour les espèces cultivées, leur prenant espace, lumière, eau et substances nutritives.

SANS ATTENDRE

Éliminer les mauvaises herbes en début de croissance ou même les empêcher d'apparaître simplifie grandement l'entretien du jardin.

QU'EST-CE QU'UNE ADVENTICE ?

L'adventice se différencie de la plante cultivée par la rapidité de son développement. En supprimant les racines des adventices vivaces lors de la préparation du terrain de plantation, on limite leur apparition. Paillage et désherbage réguliers contribuent aussi à les décourager. Si toutefois vous perdez le contrôle de la situation, repartez de zéro. Déterrez vos vivaces cultivées et mettez-les de côté jusqu'à ce que vous ayez accès à toute la plate-bande et puissiez supprimer les racines de toutes les adventices. Si les racines des adventices annuelles sont moins envahissantes, elles se ressèment, vite et loin. Il faut donc les éliminer avant qu'elles ne montent en graine. Coupez-les, déracinez-les à la binette ou au sarcloir à main.

S'il est possible d'arracher à la main les adventices annuelles, mieux vaut supprimer les adventices vivaces en les bêchant, en espérant que tous les morceaux de racine ont bien été sortis du sol. Sinon, l'adventice risque de ressortir. Lorsque les mauvaises herbes sont trop nombreuses pour être éliminées une à une à la main, une binette bien affûtée est le meilleur recours. Parfaite pour les annuelles ou les

ADVENTICES ENVAHISSANTES

Nombre d'adventices vivaces, tel le liseron, ont des rhizomes envahissants, capables de noyer les plantes cultivées.

HUILE DE COUDE

Un ou deux binages en début de saison permettent de contrôler les adventices jusqu'à ce que les vivaces occupent les lieux.

DANGER, PISSENLIT

Pour vous débarrasser d'adventices tenaces comme ces pissenlits poussant entre les pavés, il faut parfois aller jusqu'à les arroser d'eau bouillante.

jeunes herbes vivaces, elle permet aussi de supprimer la partie aérienne des adventices vivaces installées, qui devront ainsi faire appel à leurs réserves nutritives souterraines pour la remplacer. Binez une fois par semaine ou par quinzaine, et supprimez tiges et feuilles avant que celles-ci ne contribuent à l'augmentation des réserves racinaires.

L'un des problèmes communs d'envahissement au jardin de vivaces est l'herbe de la pelouse qui s'infiltre dans les plantations. Recoupez régulièrement la bordure au moyen d'une pelle-bêche bien affûtée et supprimez tout plant d'herbe baladeur. Vous pouvez aussi anticiper le problème au moment de la création de la plate-bande. Installez tout le long une barrière de métal, de bois, de pierre ou de brique enterrée à une profondeur de 10 à 15 cm pour faire barrage aux racines envahissantes.

PRÉVENTION

Désherbez en préparant vos nouvelles plates-bandes. Éliminez les racines des adventices ; même des petits tronçons pourraient donner naissance à de nouvelles plantes. Une fois vos vivaces installées, luttez contre les mauvaises herbes en paillant et en désherbant les deux premières années. Dès la troisième année, les plantes cultivées auront investi toute la place.

PRÉVENIR MALADIES ET RAVAGEURS

L'équilibre d'un jardin ne se fait pas en une ou deux opérations. Chacune des options que vous prendrez, ou ne prendrez pas, se répercutera dans le résultat final.

OUVRIR L'ŒIL

Les hostas sont de robustes vivaces d'ombre mais limaces et escargots en raffolent alors, ouvrez l'œil avant qu'il ne soit trop tard !

LE JARDIN SAIN, PAS À PAS

Un jardin riche en espèces diverses offre des habitats à toute une gamme d'insectes et d'animaux. Or les prédateurs et les parasites ont un rôle à jouer dans le contrôle des populations de ravageurs.

De bonnes conditions de culture assurent aux vivaces un bon départ. N'achetez donc que celles dont vous pouvez satisfaire les besoins. Si l'une de vos plantes végète, changez-la de place ou supprimez-la.

Des apports de matière organique améliorent le sol et contribuent au développement de micro-organismes bénéfiques.

EN JARDIN SAIN, PLANTES SAINES !

Des plantes vigoureuses cultivées en sol fertile attirent moins les ravageurs et sont moins sensibles aux agents pathogènes que celles qui poussent en sol pauvre. Plantez des sujets sains en conditions appropriées et restez vigilant. Ces règles simples vous éviteront bien des tracas, car mieux vaut prévenir que guérir.

VIVE LA DIVERSITÉ

Créez un jardin intéressant, riche d'espèces diverses, il attirera de surcroît toutes sortes d'insectes bénéfiques.

FLEURS DE CONCOURS
C'est la qualité constante du sol qui assure une croissance harmonieuse des plantes. Les tiges sont solides, le feuillage est luxuriant, les racines sont vigoureuses et les fleurs sont belles, à l'image de ces asters.

Une fois par semaine, inspectez vos vivaces, afin de repérer les problèmes potentiels avant qu'ils ne deviennent incontrôlables. Apprenez à distinguer les maladies et les insectes, ravageurs ou bénéfiques. Familiarisez-vous avec les méthodes de contrôle à votre disposition avant d'avoir à y recourir.

Notez quand et où un problème s'est présenté, et ce que vous avez fait pour y remédier. Mettez par écrit ce qui a réussi et ce qui a échoué.

RAVAGEURS

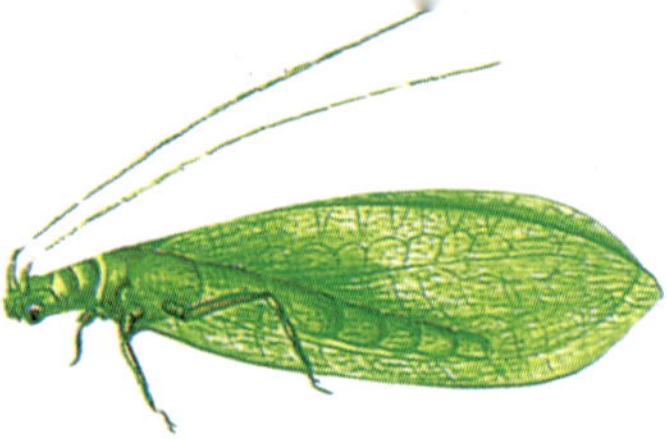

Les ravageurs sont plus faciles à éliminer si on les repère avant que la situation ne devienne incontrôlable. Inspectez donc votre jardin régulièrement, de façon à constater les problèmes à temps. Il faut ensuite identifier les ravageurs pour traiter efficacement

QUELQUES RAVAGEURS COURANTS

Les pucerons sont de minuscules insectes sans carapace qui provoquent déformations et flétrissures. Ils excrètent une substance sucrée, le miellat. Les scarabées japonais sont des insectes à carapace d'un bleu-vert métallique. Les mineuses foliaires sont les larves de petites mouches. Les acariens sont de minuscules insectes, ressemblant aux araignées, qui sévissent surtout lorsqu'il fait chaud et sec, les acariens jaunes s'attaquant au revers des feuilles pour en sucer la sève. Certaines punaises font des trous irréguliers ou des dépressions brunes au milieu des feuilles. Les limaces et les escargots sont souvent un problème partout où le sol reste mouillé. Les thrips abîment les feuilles en les décolorant.

CONTRÔLER LES RAVAGEURS

Si vous rencontrez quelques insectes ravageurs, ôtez-les à la main.

Sinon, placez des pièges ou des barrières pour les décourager. Dans le commerce, il existe des pièges à phéromones synthétiques qui attirent les pucerons et les punaises ternes dans une « colle » qui les engluent. Contre les limaces, placez des coupelles pleines de bière de façon que le bord soit au niveau du sol. Elles ne résistent pas à cette boisson.

BÉNÉFIQUES CHRYSOPES
Une fois adulte, les chrysopes se nourrissent surtout de nectar et de miellat mais leurs larves raffolent des insectes ravageurs.

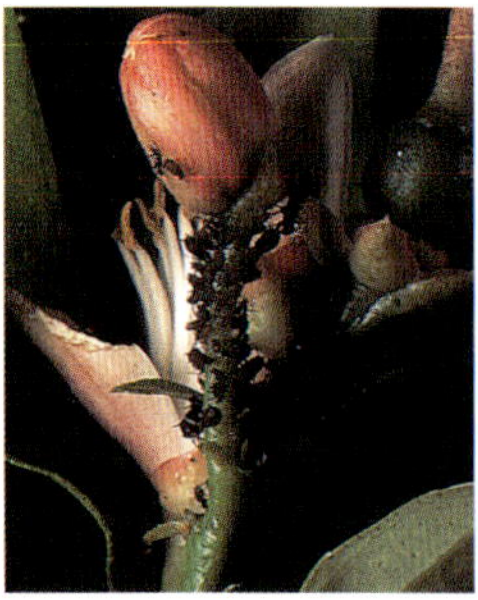

INVASION DE PUCERONS
S'il n'est pas question de tailler, essayez de venir à bout des pucerons avec un savon insecticide.

INSECTICIDE NATUREL
Les plantes abritent des espèces bénéfiques, telles les coccinelles, qui lutteront contre les ravageurs à votre place.

REPÉRAGE

En inspectant votre jardin, regardez si vous constatez des dégâts sur les plantes ; attention, les ravageurs ne sont pas loin.

PHYTOTHÉRAPIE

Certains insecticides sont issus des plantes. Le pyrèthre agit sur de nombreux ravageurs, tels pucerons, punaises et chenilles. La roténone contrôle foreurs, pucerons, acariens jaunes et certains coléoptères. Le ryania agit sur chenilles et coléoptères. La sabadilla ne s'utilise qu'en dernier recours contre les ravageurs du type thrips. Les insecticides d'origine végétale, au large champ d'action, attaquent tous les insectes, bénéfiques comme ravageurs.

Il existe aussi des moyens biologiques de se défendre contre certains ravageurs, comme le *Bacillus thuringiensis* (BT), une bactérie entomopathogène qui s'attaque surtout aux chenilles.

Dans un biotope équilibré, les insectes bénéfiques ont un rôle non négligeable à jouer dans le contrôle des ravageurs.

Les savons insecticides sont efficaces contre des insectes sans carapace comme les pucerons. On peut aussi vaporiser des huiles spéciales sur les feuilles des plantes pour étouffer pucerons, mineuses foliaires, cicadelles et cochenilles. Appliquez par temps frais et lorsque aucun risque de pluie ne menace.

MALADIES

Si votre jardin est bien entretenu et si vous avez judicieusement choisi vos espèces, une grande partie du travail de prévention est déjà faite. Pour éviter de créer des foyers de maladie, ne laissez pas traîner les feuilles mortes et les fleurs fanées.

ATTENTION, VIRUS
L'œillet, *Dianthus* subsp., le chrysanthème, la pivoine, le delphinium et le pavot sont sujets à la mosaïque, une maladie virale.

QUELQUES MALADIES COURANTES

Les vivaces peuvent être la proie de maladies fongiques. La pourriture se manifeste au niveau des racines, du collet, des tiges et des fleurs, les rendant molles et les réduisant en bouillie. Cette maladie affecte souvent les rosiers plantés en sol lourd et mouillé, ou le collet des végétaux plantés trop profondément. Le botrytis s'en prend aux fleurs s'ouvrant par temps humide. Elles noircissent et s'enroulent vers le bas. Les taches foliaires dues à des champignons parasites esquintent les feuillages et finissent par faire tomber les feuilles. Les rouilles brunissent les feuilles, inhibent leur croissance et les déforment.

Il existe aussi des maladies bactériennes au cours desquelles les plantes se fanent et pourrissent : des taches noires apparaissent sur les feuilles, les fleurs et les tiges des plantes.

Les maladies virales provoquent le jaunissement des feuilles et des fleurs. La croissance est inhibée, la floraison est pauvre ou encore toute la plante fane et meurt.

POUDRE BLANCHE
L'oïdium, maladie fongique, provoque l'apparition d'une poudre blanchâtre sur les feuilles et peut même les faire tomber.

TRAITEMENT DES MALADIES

Si dans votre région les maladies du sol sont très présentes, cultivez vos vivaces en ter-

DE L'AIR

Éclaircissez les touffes de vivaces trop compactes, ici *Helenium autumnale*, pour que l'air circule mieux et qu'elles soient plus résistantes aux maladies.

PRÉVENTION

Pour prévenir le mildiou, la rouille ou les taches foliaires, saupoudrez le feuillage avec de la fleur de soufre. Pour traiter l'oïdium, faites des pulvérisations de bicarbonate de soude ou de décoction de prêle sur les parties atteintes dès le début de l'infestation. Ou encore, pulvériser de l'engrais à base d'algue et de l'infusion de compost. Si la maladie s'est installée et que les pulvérisations n'ont pas d'effet, il faudra peut-être remplacer l'espèce atteinte par une plante moins fragile, une autre espèce ou un cultivar résistant.

rain bien drainé pour réduire le risque d'atteinte aux racines. Prenez garde également à ne pas blesser les racines lorsque vous travaillez le sol ou désherbez.

Éviter d'arroser les feuilles des plantes, l'humidité étant propice au développement des spores des champignons parasites. En marchant dans les feuillages humides ou en travaillant le sol, vous risquez aussi de propager la maladie. Apportez de l'eau au niveau du sol et ne travaillez pas au jardin lorsque les plantes sont mouillées. Surtout, nettoyez soigneusement vos outils.

Si une maladie se déclare, jetez sans délai les parties malades aux ordures. Si vous avez des doutes, débarrassez-vous de toute la plante ou isolez-la. Si à la fin de la saison elle semble en bon état, replantez-la. Sinon, arrachez-la définitivement.

DÉCONCERTÉ ?

Les taches foliaires peuvent résulter d'atteintes fongiques ou bactériennes. Supprimez les feuilles malades pour circonscrire le mal. Si vous ne reconnaissez pas une maladie, renseignez-vous auprès d'un pépiniériste ou dans une bonne jardinerie.

Semer

Produire vous-même vos plants peut vous permettre de cultiver des espèces peu courantes et des variétés que l'on ne trouve pas dans le commerce. Choisissez des graines de qualité et vérifiez la date limite de germination.

DEDANS OU DEHORS
Les chardons bleus peuvent être semés à l'extérieur en automne ou à l'intérieur, après stratification.

Faire un semis

Vous pouvez imiter le processus naturel des vivaces et semer directement en pleine terre, dans un sol bien préparé. Recouvrez ainsi la graine d'une couche de terre légère comme indiqué sur le paquet et gardez le sol humide jusqu'à la levée.

Mais si cette méthode est la plus aisée, ce n'est pas la plus sûre. Dehors, la semence est très vulnérable. Vous obtiendrez une levée plus régulière en semant à l'intérieur en lumière artificielle ou sur un appui de fenêtre ensoleillé.

Semez les espèces germant facilement de 6 à 12 semaines avant les dernières gelées, selon la taille et la vitesse de croissance des graines. En climat chaud, semez en été les espèces germant rapidement et mettez les plantules en terre en automne et hiver, lorsque la température a baissé.

Certaines semences de vivaces mettent longtemps à lever. Il est parfois nécessaire de leur faire passer un moment au réfrigérateur (il s'agit de la « stratification »). Lorsqu'un tel traitement doit être appliqué, l'indication figure sur le paquet.

SEMIS NATURELS
Pour peu que vous ne supprimiez pas ses fleurs fanées en automne, le rudbeckia à fleur jaune se ressème généreusement.

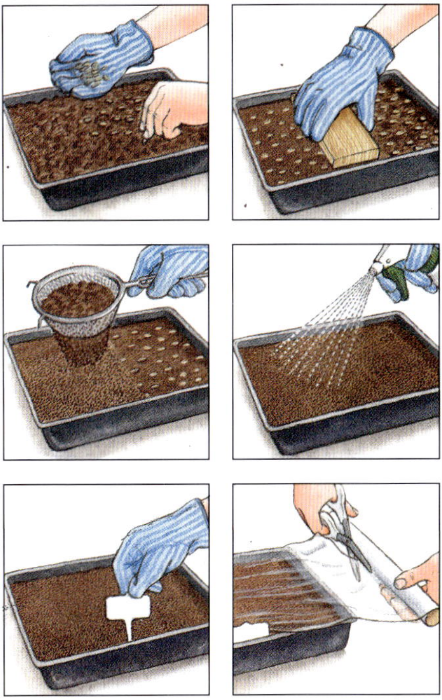

FAIRE UN SEMIS

1. Répartir la semence régulièrement à la surface d'un terreau de tourbe bien humide et stérile.
2. Tasser les graines légèrement. Enfoncer les graines plus grosses à une profondeur égale à leur circonférence.
3. Recouvrir comme indiqué sur le paquet et tasser fermement.
4. Vaporiser au jet très doux.
5. Étiqueter le conteneur.
6. Couvrir d'un film plastique transparent pour conserver l'humidité jusqu'à germination.

CULTURE DES PLANTULES

Lorsque les plantules apparaissent, placez-les en pleine lumière et ôtez le plastique. Mettez le conteneur dans un bac rempli d'eau pour que la terre s'imprègne d'humidité par le fond, puis maintenez humide.

Lorsque les plantules ont leurs cotylédons et deux paires de vraies feuilles, vous pouvez les transplanter dans des pots de 10 cm s'ils sont destinés à être mis en pleine terre bientôt, ou dans des pots plus grands si ce n'est pas le cas. Donnez un peu d'engrais. Si le froid ou la chaleur sont vifs, laissez les jeunes plants à l'intérieur à la lumière artificielle ou près d'une fenêtre ensoleillée. Si le temps est doux, mettez-les sous châssis ou autre emplacement abrité.

REMPOTAGE DES PLANTULES

1. Rassembler tout le matériel dans un endroit ombragé et propre.
2. Mettre du terreau humide dans le fond d'un pot.
3. Appuyer doucement sur les parois du conteneur pour décompacter la motte et faciliter la transplantation.
4. Faire glisser le plant avec précaution pour ne pas abîmer les racines.
5. Installer le plant au milieu du pot et le remplir de terreau humide mais non mouillé.

DIVISER

ATTENTION AUX RACINES
Divisez *Platycodon grandiflorus* au printemps ou en début d'automne. En sortant la motte, creusez profondément pour éviter d'endommager les racines.

LES GRANDS MOYENS
Pour diviser une motte importante, essayez de faire levier avec deux bêches à dents. Si cela ne suffit pas, utilisez la scie ou la hache.

CURE DE JOUVENCE
Après division, une touffe d'iris ancienne produit nombre de jeunes plants vigoureux.

La division est une manière facile, rapide et sûre de multiplier les plantes. C'est aussi une façon de régénérer des plantes un peu vieilles et de limiter le développement de certaines vivaces.

QUAND ?

Tout dépend de votre objectif. S'il s'agit de multiplier la plante, il faut savoir combien de nouveaux sujets vous désirez obtenir et quelle est la vitesse de croissance de l'espèce concernée. Divisez une fois par an la monarde (*Monarda didyma*), le physostégia (*Physostegia virginiana*) et toutes les achillées qui sont des espèces à développement rapide. Si votre but est de rajeunir la plante, divisez lorsqu'elle devient moins florifère. Pour rester beaux, les asters doivent être divisés tous les ans ou tous les deux ans. Certaines vivaces, comme les pivoines, les hémérocalles, les iris de Sibérie (*Iris sibirica*) et les astilbes peuvent passer des années sans être divisées.

Comment ?

Commencez par sortir la motte. Secouez-la pour faire tomber la terre, ôtez feuilles et tiges sèches. Pour avoir une idée précise de l'état des racines et des bourgeons, vous pouvez vous débarrasser de toute la terre en trempant la motte dans l'eau.

Les vivaces à racines fibreuses comme les chrysanthèmes et les asters se prêtent parfaitement à la division. Cassez la motte à la main ou coupez-la à la pelle. Certaines, comme l'hémérocalle et l'astilbe, deviennent ligneuses avec l'âge. Il faut parfois les déterrer à la barre à mine ou au moyen de deux bêches tenues dos à dos, puis débiter les racines à la scie ou à la hache. Ne réutilisez pas les portions ligneuses, elles auraient du mal à raciner.

Pour rajeunir une plante, divisez-la en deux, trois ou quatre morceaux, supprimez les parties centrales, ligneuses, et replantez les vigoureuses pousses périphériques.

Si vous désirez disposer d'un grand nombre de plants, vous pouvez diviser vos vivaces en petites portions. Il suffit de vous assurer que chacune comporte bien plusieurs pousses ou bourgeons végétatifs qui peuvent se situer le long des racines ou être regroupés au collet.

Apportez du compost, ou autre amendement, avant de replanter les plants divisés. Installez-les à la même profondeur que la motte d'origine.

DIVISION, MODE D'EMPLOI

1. Séparer la touffe en plusieurs morceaux.
2. S'assurer que chaque morceau possède des racines et une partie aérienne.
3. Replanter chaque morceau immédiatement, arroser généreusement et apporter une bonne couche de paillis.

BOUTURES DE RACINE

On multiplie l'anémone du Japon (*Anemone × hybrida*) en prélevant des boutures de racine en automne, lorsque la plante est en dormance.

PRÉLEVER DES BOUTURES HERBACÉES

1. Choisir une pousse jeune et vigoureuse et couper net juste sous le nœud.
2. Supprimer les feuilles en bas de la tige en dénudant deux ou trois nœuds, et planter dans un conteneur rempli de terreau de rempotage humide.
3. Couvrir d'un bocal pour conserver l'humidité. Placer à la lumière hors soleil direct.

BOUTURER ET MARCOTTER

Multiplier par bouturage, c'est-à-dire par fragment de tige ou de racine, est plus délicat que par marcottage, où l'on fait raciner une ou plusieurs tiges de la plante.

BOUTURAGE

Prélevez les boutures herbacées au printemps ou après floraison. Lorsqu'une pousse apparaît, ôtez le plastique et placez-les en pleine lumière. Pour savoir si la bouture a raciné, tirez sur la tige avec précaution. Si vous sentez une résistance, c'est le cas. Transplantez en conteneur plus grand.

Prélevez les boutures de racines de l'automne au début du printemps, pendant que la plante est en dormance. Déterrez la motte et rincez les racines à l'eau. Coupez des racines de l'épaisseur d'un crayon près de la couronne. Recoupez-les en tronçons de 5 à 10 cm en faisant une coupe droite pour la partie supérieure et une coupe en biseau pour la partie inférieure. Plantez en pot contenant un mélange stérile et humide. Placez en châssis puis, lorsque la bouture a pris, dans un pot plus grand et finalement, au jardin.

MARCOTTAGE,
TOUT SIMPLEMENT

1. Choisir une tige souple et la diriger vers le sol.
2. La maintenir au moyen d'une attache métallique et la recouvrir de terre. Tuteurer la tige si besoin est.
3. Déterrer la marcotte racinée et la transplanter si besoin.

CANDIDATES AU MARCOTTAGE
L'œillet, l'aubriette et le céraiste sont des plantes qui marcottent facilement.

Marcottage

Le marcottage exige de la place, fournit peu de plants et peut demander des semaines ou même des mois, mais c'est une méthode facile et la plante obtenue est une reproduction exacte de son parent.

Laissez les trois groupes de feuilles supérieures sur la tige mais ôtez les autres sur les 5 à 20 cm suivants. Il faut dénuder au moins deux nœuds, sans endommager les bourgeons dormants. Aérez le sol là où la tige vient en contact et arrosez. Enterrez la tige à 5 ou 7 cm de profondeur, la pointe feuillée bien dégagée, et tassez la terre.

Paillez l'emplacement et maintenez-le humide. Le mieux est de laisser le tout en place jusqu'au printemps suivant. Si vous êtes pressé, découvrez la tige, regardez si vous voyez apparaître des racines ou tirez doucement pour savoir si elle s'est enracinée. Une fois que les racines ont atteint plus de 2 cm, vous pouvez séparer la tige de la plante mère. Laissez les racines se développer pendant plusieurs semaines, puis déterrez et transplantez le nouveau sujet.

Cinquième partie

Répertoire des plantes

RUSTICITÉ
Zones 8 à 10.

HAUTEUR
75 à 120 cm.

ÉTALEMENT
90 cm.
Forme des touffes importantes.

FLORAISON
Fin du printemps ou été.
Les fleurs s'ouvrent sur l'épi de bas en haut.

AUTRE NOM COMMUN
Acanthe molle.

ACANTHE

VOUS POUVEZ CULTIVER L'ACANTHE AU PIED D'UN MUR OU EN SUJET ISOLÉ EN JARDIN FORMEL OU INFORMEL.

Description Plante robuste formant des racines charnues, à feuilles à bords dentés, brillantes, vert soutenu. Originales, les fleurs de 2,5 cm à trois pétales blancs surmontés d'un capuchon rose pourpré sont portées en grands épis.

Emplacement idéal Plein soleil à ombre partielle. Souffre du gel hivernal et de la forte chaleur humide. En climat frais, les feuilles se développent mais les boutons floraux gèlent.

Nature du sol Sol humifère restant frais. Les feuilles sont plus petites en sol sec.

Conseils de culture Paillez au premier gel pour protéger le collet et supprimez le paillis peu à peu au printemps. Le sol doit rester frais.

Multiplication Divisez à l'apparition des feuilles au printemps ou prélevez des boutures de racines au printemps ou en fin d'automne. Les racines restées dans le sol formeront de nouvelles pousses. Vous pouvez aussi multiplier par semis.

Maladies et ravageurs Attirez les limaces avec des coupelles de bière ou entourez la plante de substances agressives ou irritantes comme de la poudre d'algue, de la chaux ou des coquillages écrasés.

Ôtez d'éventuelles chenilles à la main ou pulvérisez avec *Bacillus thu-*

Acanthus spinosus.

ringiensis (voir page 103), un agent bactérien qui tue les chenilles. En cas d'oïdium, détruisez les feuilles atteintes et évitez de mouiller la plante en l'arrosant.

Suggestions Réservez aux grandes plates-bandes cette plante formant de grosses touffes. Pour un effet de contraste, associez-la à des espèces à feuillage fin comme l'achillée. Frais ou secs, les épis floraux font de beaux bouquets.

L'acanthe diffuse des substances qui inhibent le développement du concombre, du radis et du chou, et ne doit pas être cultivée auprès de ces légumes.

Autres espèces *Acanthus spinosus* (ci-dessus) présente de grandes feuilles très découpées, plus étroites que celles de *A. mollis,* tandis que les épis floraux sont semblables et peuvent dépasser 1 m de haut.

A. hungaricus qui apprécie une situation très ensoleillée peut atteindre 1,50 m de hauteur.

Achillea filipendulina ASTÉRACÉES

RUSTICITÉ
Zones 3 à 9.

HAUTEUR
90 à 120 cm.

ÉTALEMENT
90 cm.
La plante forme des touffes denses.

FLORAISON
Été.
Les fleurs durent plusieurs semaines.
La plante refleurit si on supprime les fleurs fanées.

ACHILLÉE

ESPÈCE TRADITIONNELLEMENT UTILISÉE DANS LES PLATES-BANDES, L'ACHILLÉE EST PARFAITE DANS UN JARDIN DE STYLE « NATUREL » ET EN MASSIF.

Description Cette plante naissant de racines fasciculées, au feuillage aromatique, vert olive, très découpé, offre de nombreuses inflorescences de 10 à 12 cm de diamètre, composées de petites fleurs serrées, jaune d'or, portées sur de hautes tiges.

Emplacement idéal Plein soleil à ombre légère. Se plaît l'été en terrain sec ou un peu frais.

Nature du sol Sec à frais, bien drainé. Une terre trop riche donne de belles plantes, mais les tiges sont alors trop molles.

Conseils de culture L'achillée est une vivace robuste et peu exigeante. Elle s'étend rapidement et doit être divisée souvent. Déterrez et divisez tous les 3 ans pour que la plante reste belle.

Multiplication Prélevez des boutures herbacées au printemps ou en début d'été. Divisez au début du printemps ou en automne. Replantez les portions de racines saines dans une terre enrichie en matière organique.

Maladies et ravageurs L'achillée est une plante plutôt sensible : sujette à l'oïdium, notamment dans les endroits où les nuits sont humides et chaudes, il faut bien la surveiller. Il arrive que le pourridié noircisse les tiges et fasse dépérir toute la plante. Détruisez

Achillea millefolium.

toutes les parties atteintes et traitez-les au soufre. Pour prévenir, cultivez l'achillée en sol drainant.

Suggestions En plate-bande de vivaces formelle, plantez au premier plan ou vers le centre. En jardin informel, associez à des graminées. L'achillée convient aussi aux plates-bandes de style « naturel » et aux prairies fleuries. Elle a également sa place au jardin de simples et de fleurs à bouquet. La plante refleurit si on rabat après floraison.

Cultivars 'Gold Plate' offre des inflorescences de 15 cm de diamètre sur des tiges de plus de 1 m de haut. 'Parker's Variety' expose sur des tiges solides, un peu moins hautes, des fleurs jaune d'or.

Autres espèces *Achillea millefolium*, l'achillée mille-feuille, montre un feuillage vert profond, très découpé, et de nombreuses inflorescences plates de 5 à 7 cm diamètre de très petites fleurs roses, blanches ou rouges, portées sur des tiges solides. Fleurissant l'été plusieurs mois durant, elle atteint 30 à 75 cm de hauteur et 90 cm d'étalement. Elle s'étend rapidement et peut devenir envahissante.

À l'intérieur, semez-la au début du printemps en enterrant peu les graines ; à l'extérieur, attendez la fin du printemps. Divisez les touffes installées au début du printemps ou en automne.

Vous pouvez opter pour de nouveaux cultivars dénommés : 'New White', 'Cerise Queen', 'Fire King' ou 'Terracotta'. Ce dernier (page 118)

Achillea filipendulina (suite)

Achillea millefolium 'Terracotta'.

montre une floraison magnifique, d'abord orange puis jaune en fanant. Les nouvelles achillées de la série Galaxy résultent du croisement avec *A. aegyptiaca* (syn. *A. taygetea*) et ressemblent à l'achillée mille-feuille. Leurs inflorescences ont entre 5 et 7 cm de diamètre et leurs tiges sont robustes. Les couleurs vont du jaune crème au rose saumon et rouge brique. Les fleurs éclaircissant avec l'âge, la plante offre une floraison multicolore.

A. 'Moonshine' est un cultivar d'origine hybride haut de 30 à 60 cm, à feuillage plumeux, bleu gris, et fleurs jaune soufre.

RUSTICITÉ
Zones 3 à 7.

HAUTEUR
60 à 90 cm.

ÉTALEMENT
60 cm.
Plante parfois peu compacte, surtout à l'ombre.

FLORAISON
Fin été et automne.

ACONIT

EN PLATE-BANDE, PLANTEZ AU CENTRE OU À L'ARRIÈRE-PLAN, EN COMPAGNIE D'AUTRES VIVACES FLEURISSANT EN AUTOMNE.

Description Plante gracieuse à feuilles trilobées, profondément découpées, luxuriantes, tiges épaisses et fleurs bleu intense à capuchon. Toutes les parties sont toxiques.

Emplacement idéal Plein soleil à ombre partielle. En climat chaud, l'aconit doit être placé à l'ombre l'après-midi. La plante apprécie les étés chauds et secs à nuits fraîches.

Nature du sol Fertile, humifère, frais mais bien drainé.

Conseils de culture Une fois installé, n'aime pas être changé de place. Espacez les plants de 60 à 90 cm, placez le collet à peine au-dessous du niveau du sol. Divisez lorsque les plantes sont trop serrées.

Multiplication Par division au début du printemps ou en automne. Replantez les parties saines en terre enrichie de matière organique.

Maladies et ravageurs Si le sol est mouillé et qu'il fait chaud, les collets pourrissent. Choisissez un emplacement adapté.

Suggestions Associez à des graminées ornementales ou à des arbustes formant des fruits colorés comme la viorne (*Viburnum* subsp).

Actaea alba RANUNCULACÉES

RUSTICITÉ
Zones 3 à 9.

HAUTEUR
60 à 120 cm.

ÉTALEMENT
60 à 120 cm.
Les massifs matures peuvent atteindre 90 cm d'étalement.

FLORAISON
Printemps.
Les fruits paraissent en fin d'été et automne.

ACTÉE BLANCHE

INSTALLÉE AU BORD D'UN SENTIER DE SOUS-BOIS OU DANS UN LIEU DE PASSAGE OMBRAGÉ, L'ACTÉE BLANCHE FAIT UN EFFET SPECTACULAIRE.

Description C'est en automne que les touffes matures d'actée blanche attirent tous les regards. Les fruits ovales, blancs à pédoncules rouges, toxiques pour l'homme mais appréciés des oiseaux, lui font une parure magnifique. Petits (6 mm), ils sont perchés sur de hautes tiges. Les fleurs, modestes, offrent de grandes étamines blanches.

Emplacement idéal Ombre partielle à dense. En climat chaud, veillez à ce que l'actée soit à l'ombre l'après-midi. Elle apprécie des conditions fraîches et humides.

Nature du sol Frais, humifère.

Conseils de culture Surfacez les touffes avec du compost ou des feuilles broyées au printemps ou en automne. La division de cette actée est rarement nécessaire.

Multiplication Semis de graines fraîches extraites des baies mûres dans la première moitié de l'automne.

Maladies et ravageurs Pas de menace particulière.

Suggestions Qu'elle soit plantée en masse en compagnie de fougères ou en association avec le cœur de Marie (*Dicentra spectabilis*) et la violette, l'actée blanche contribue à former des scènes ravissantes.

RUSTICITÉ
Zones 8 à 10.

HAUTEUR
60 à 120 cm.

ÉTALEMENT
30 cm.

FLORAISON
Milieu du printemps au début de l'été.

AUTRE NOM COMMUN
Tubéreuse bleue.

AGAPANTHE

L'AGAPANTHE EST UNE MAGNIFIQUE PLANTE, TOUT AUSSI BELLE À L'ARRIÈRE-PLAN QU'EN BORDURE.

Description L'agapanthe porte ses fleurs sur des tiges dressées hautes de 90 cm. De belles feuilles rubanées persistantes, vert foncé, naissent de courts rhizomes aux racines charnues. Elle laisse voir des ombelles de 20 à 50 fleurs qui attirent les abeilles. Certaines espèces fleurissent bleu pâle, d'autres, bleu intense et il existe aussi des cultivars blancs.

Emplacement idéal Plein soleil à ombre partielle. L'agapanthe apprécie la chaleur ainsi qu'un peu d'humidité. La plante peut survivre à un gel occasionnel. Pour une belle floraison, le plein soleil est indispensable. Il faut protéger la plante des vents froids en hiver, ou mieux : la mettre en situation abritée.

Nature du sol Sec à frais, avec un bon drainage. Grâce à leur solide réseau racinaire, les agapanthes sont utilisées pour fixer la terre de sites pentus ou problématiques en exposition ensoleillée.

Conseils de culture Supprimez les tiges florales fanées avant maturation de la graine, si vous n'avez pas l'intention de multiplier par semis. Pour que la plante reste décorative, ôtez les feuilles mortes à la base. Pour éviter que les plantes ne soient trop serrées et fleurissent moins bien, divisez tous les 4 ou 5 ans et taillez tout arbuste qui ferait de l'ombre, néfaste elle aussi à une belle floraison.

Agapanthus africanus (suite)

Agapanthus campanulatus.

Multiplication Divisez en fin d'hiver les plantes ayant au moins 4 ou 5 ans. Les gros agglomérats de racines sont parfois difficiles à sectionner. Semée en automne, la graine fraîche, mature, germe facilement. En emplacement frais, certaines plantes vont jusqu'à se ressemer spontanément et peuvent devenir assez envahissantes. Les sujets nés de la graine mettent souvent 3 ans à fleurir.

Maladies et ravageurs Pas de menace particulière.

Les escargots et les limaces choisissent parfois les feuilles épaisses de l'agapanthe comme cachette, mais elles ne semblent cependant pas s'en nourrir. Piégez à l'aide de quelques coupelles emplies de bière et placées près de la tige.

Suggestions Parfait pour les pentes d'herbe ou de cailloux, l'agapanthe vient bien en région côtière. Il fait également merveille en grand conteneur. Les fleurs tiennent jusqu'à une semaine en vase.

Cultivars 'Loch Hope' est un agapanthe qui fleurit tard. Il atteint 1,20 m de hauteur et présente de grandes inflorescences bleu foncé.

'Irving Cantor' et 'Storm Cloud' sont des cultivars hybrides.

Les hybrides Headbourne sont vigoureux et rustiques. Hauts de 90 cm, ils fleurissent dans une vaste gamme de couleurs.

Il existe de petits agapanthes pour jardin exigu : 'Baby Blue', haut de 45 à 60 cm, formant de délicates feuilles rubanées persistantes, fleurit bleu

Agapanthus praecox subsp. *orientalis* 'Albus'.

pâle et 'Peter Pan', de même taille, fleurit bleu moyen. Certaines variétés naines fleurissent blanc. Zones 8 à 10.

Autres espèces *Agapanthus campanulatus* (page 122) est le plus rustique des agapanthes. *A. campanulatus* var. *patens* présente des feuilles et des fleurs plus petites. *A. inapertus* offre des fleurs bleu intense, qui pendent à maturité et ne semblent pas s'ouvrir ni se tourner vers le soleil, comme le font les autres espèces. Zones 8 à 10.

A. praecox, qui est sans nul doute l'agapanthe la plus cultivée, s'orne de magnifiques inflorescences sphériques de fleurs en trompette d'un bleu lavande soutenu.

A. praecox subsp. *Orientalis* 'Albus' (ci-dessus) est à fleurs blanches et apprécie beaucoup le soleil et un sol frais. L'agapanthe se naturalise facilement, formant vite de grosses touffes.

RUSTICITÉ
Zones 3 à 9.

HAUTEUR
10 à 25 cm.

ÉTALEMENT
20 à 25 cm.
Un seul plan peut coloniser des dizaines de mètres carrés.

FLORAISON
Fin du printemps à début d'été.

AUTRE NOM COMMUN
Herbe de Saint-Laurent.

BUGLE RAMPANT

LE BUGLE RAMPANT EST UN COUVRE-SOL SANS PROBLÈME QUI POUSSE PARFAITEMENT SOUS LES ARBRES ET LES ARBUSTES. BIEN QUE PARENTE DE LA MENTHE, SON FEUILLAGE N'EST PAS AROMATIQUE.

Description Couvre-sol bas s'étendant par tiges radicantes pour former des tapis de rosettes denses. Les feuilles en cuiller sont persistantes en climat doux. Il montre des verticilles de petites fleurs bleu intense.

Emplacement idéal Plein soleil à ombre légère. Tolère chaleur, humidité et froid.

Nature du sol Moyen à humifère, frais mais bien drainé. La plante ne tolère ni sécheresse prolongée ni humidité excessive.

Conseils de culture Plantez-la au printemps ou en automne. S'étend rapidement en un couvre-sol dense, sans laisser aucune chance aux adventices. Peut s'avérer envahissant.

Multiplication Par division, à n'importe quel moment de la période de croissance ou par semis au printemps.

Maladies et ravageurs Un bon drainage et une bonne circulation de l'air préservent du pourridié et de l'oïdium.

Suggestions Plantez-la en bordure ou en couvre-sol, en massif et plate-bande.

Cultivars 'Catlin's Giant' (ci-dessus) forme de grandes feuilles bronze.

'Atropurpurea' présente des feuilles caractéristiques, violet bronze.

RUSTICITÉ
Zones 2 à 8.

HAUTEUR
60 à 240 cm.

ÉTALEMENT
60 à 90 cm.

FLORAISON
Été et début d'automne. Fleurit souvent deux mois durant.

AUTRE NOM COMMUN
Passerose.

ROSE TRÉMIÈRE

PLACEZ LA ROSE TRÉMIÈRE À L'ARRIÈRE-PLAN D'UNE PLATE-BANDE, DES VIVACES TOUFFUES CAMOUFLANT SON FEUILLAGE.

Description Haute vivace de courte durée de vie à feuilles ovales ou lobées. Les fleurs s'ouvrent sur le pédoncule de bas en haut. Les couleurs s'étendent du blanc au jaune pâle et au rose pâle pour atteindre le rose soutenu et le rouge.

Emplacement idéal Plein soleil à ombre partielle. Affectionne les nuits fraîches.

Nature du sol Moyen à humifère, bien drainé.

Conseils de culture Plantez au printemps ou en automne. La rose trémière est rustique mais a besoin d'un tuteur en région venteuse.

Multiplication Semez à l'intérieur en hiver pour une floraison dans l'année, ou dehors l'été pour une floraison l'été suivant.

Maladies et ravageurs En cas d'attaque de rouille, traitez le feuillage au soufre. Contre les acariens, traitez au savon insecticide.

Suggestions Placez-la près d'un abri de jardin, une clôture ou un mur.

Cultivars 'Charter's Double' se pare de fleurs doubles dans une gamme de couleurs unies ou mélangées.

'Farmyard Strain' offre de belles et grandes fleurs simples.

Alchemilla mollis

ROSACÉES

RUSTICITÉ
Zones 2 à 8.

HAUTEUR
30 à 45 cm.

ÉTALEMENT
60 cm.

FLORAISON
Été et début d'automne.

AUTRES NOMS COMMUNS
Patte-de-lion, manteau de Notre-Dame.

ALCHÉMILLE

AU JARDIN, LES FLEURS LUMINEUSES DE L'ALCHÉMILLE SONT UN ÉLÉMENT ORIGINAL DU DÉCOR.

Description Formant des monticules, les feuilles plissées de l'alchémille (10 à 15 cm) sont couvertes d'une pubescence sur laquelle les gouttes d'eau brillent comme des perles sur le velours. Elle offre des bouquets mousseux de petites fleurs jaune-vert.

Emplacement idéal Plein soleil à mi-ombre. Trop de chaleur et d'humidité peuvent endommager le feuillage.

Nature du sol Humifère et de fraîcheur constante.

Conseils de culture Plantez le collet superficiellement. Coupez les feuilles fanées à la base pour en susciter de nouvelles. Paillez pour que le sol reste frais.

Multiplication Divisez au printemps ou en automne. Semez la graine fraîche dehors en été. L'alchémille se ressème souvent spontanément.

Maladies et ravageurs Pas de menace particulière.

Suggestions Plantez au premier plan de plates-bandes formelles et informelles ou en bordure de sentier. Associez à d'autres espèces appréciant les sols frais comme l'iris de Sibérie (*Iris sibirica*) et l'astilbe.

Cultivar 'Auslese' présente des tiges florales dressées bien solides.

RUSTICITÉ
Zones 4 à 8.

HAUTEUR
30 à 45 cm.

ÉTALEMENT
30 cm.

FLORAISON
Première moitié de l'été.

AIL ORNEMENTAL

PLACÉ AU PREMIER PLAN D'UNE PLATE-BANDE, IL LAISSE ADMIRER SES INFLORESCENCES SPHÉRIQUES QUI EXPLOSENT À L'EXTRÉMITÉ DES TIGES. SES TÊTES ÉTOILÉES EXHALENT DE DÉLICATES SENTEURS ODORANTES.

Description Naissant de bulbes, les feuilles dressées ont 45 cm de hauteur et les fleurs groupées en inflorescences sphériques de 25 cm sont d'un rose violacé métallique.

Emplacement idéal Plein soleil.

Nature du sol Humifère et bien drainé.

Conseils de culture Les bulbes nouvellement plantés forment avec le temps des touffes fleuries spectaculaires. La plante entre en dormance après floraison.

Multiplication Divisez en été, lorsque la plante est en période de repos. Semis de graines fraîches dehors, en été ou automne.

Maladies et ravageurs Pas de menace particulière, surtout si vous paillez avec de la matière organique pour que le sol reste frais.

Suggestions Vous pouvez associer l'ail ornemental à des arbustes, installer à ses pieds un couvre-sol ou encore lui adjoindre des plantes formant des coussins comme les géraniums botaniques (*Geranium* subsp.).

Autres espèces *A. giganteum*, ail gigantesque, culmine à 90-150 cm et expose des inflorescences sphériques de 10 à 15 cm de fleurs violettes. Zones 4 à 9.

RUSTICITÉ
Zones 7 à 10.

HAUTEUR
60 à 90 cm.

ÉTALEMENT
60 cm.

FLORAISON
Été.

AUTRES NOMS COMMUNS
Alstromère, lis des Incas.

LIS DU PÉROU

LE LIS DU PÉROU DONNE DE BELLES FLEURS À COUPER. PLANTEZ-LE EN PLATES-BANDES ET EN MASSIFS POUR LES BOUQUETS D'ÉTÉ.

Description La plante, qui naît de racines renflées, forme de hautes tiges feuillées couronnées de bouquets lâches de fleurs orange et jaunes, à pétales supérieurs tachés de violet foncé. Les feuilles gris-vert sont étroites et pointues.

Emplacement idéal Plein soleil à ombre partielle. S'il est très tolérant au plan de la température, le lis du Pérou doit être protégé du vent fort.

Nature du sol Frais et humifère.

Conseils de culture Plantez les racines dormantes en début de printemps ou en automne. La plante démarre tôt dans la saison : attention au gel tardif. Paillez de matière organique en automne pour protéger du gel. Le lis du Pérou est à son apogée trois ans après la plantation.

Multiplication Divisez les touffes en début de printemps ou en automne. Semez la graine fraîche à l'intérieur après 4 à 6 semaines de stratification à 4 ou 5 °C.

Maladies et ravageurs Pas de menace particulière.

Suggestions Plantez à l'ombre partielle avec des fougères, ou en conteneur.

Autres espèces *Alstroemeria haemantha*, haute de 90 cm, donne des

Alstroemeria, Hybrides Ligtu.

fleurs rouges et se multiplie par rhizomes. Zones 7 à 9.

Alstroemeria psittacina, originaire du Brésil, offre d'étroites fleurs en clochettes rouges et vertes au début de l'été. Elle s'étend facilement par rhizomes, pouvant même, en climat humide et chaud, se montrer envahissante. Zones 8 à 10.

Cultivars Voici les principaux groupes. Hybrides Dr Salter: ce groupe de cultivars hybrides existe en une vaste palette de couleurs; les bouquets de fleurs sont légèrement plus compacts et leurs couleurs plus nettement marquées. Zones 7 à 9.

Hybrides hollandais: ces cultivars hybrides (page 128) sont très présents en fleuristerie. Ils exposent des bouquets compacts de fleurs à larges pétales, marquées de couleurs contrastées. Zones 8 à 10.

Hybrides Ligtu (ci-dessus): ces hybrides dont la popularité ne se dément toujours pas ont été obtenus dans les années 1920. Les fleurs vont du crème au rouge en passant par le jaune et l'orange. Les plantes entrent en dormance après floraison. Zones 7 à 9.

RUSTICITÉ
Zones 3 à 9.

HAUTEUR
30 à 90 cm.

ÉTALEMENT
90 cm.

FLORAISON
Printemps.
Seconde floraison moins abondante en début d'été.

AUTRE NOM COMMUN
Amsonie bleue.

AMSONIE À LARGES FEUILLES

UNE TOUFFE D'AMSONIE APPORTE STRUCTURE ET INTÉRÊT À UNE SCÈNE PRINTANIÈRE.

Description Plante compacte naissant d'un collet ligneux à racines fibreuses. Les tiges sont raides, à feuilles lancéolées et bouquets terminaux de très petites fleurs étoilées bleu acier.

Emplacement idéal Plein soleil à ombre partielle. Tolère le froid comme le chaud.

Nature du sol Moyen à humifère, frais et bien drainé.

Conseils de culture La touffe met un certain temps à s'étoffer. À l'ombre, elle risque d'être un peu molle. Si nécessaire, rabattez les tiges à 15-20 cm du sol après floraison. Les pousses nouvelles contribuent à former un joli monticule compact. En automne, les feuilles deviennent orange vif à jaune d'or, et créent un décor de saison.

Multiplication Divisez en début de printemps ou automne. Prélevez des boutures de racines de 10 à 15 cm en début d'été. Semez la graine mûre dehors en automne ou à l'intérieur, après l'avoir fait tremper dans l'eau chaude pendant plusieurs heures.

Maladies et ravageurs Pas de menace particulière, surtout si on paille avec de la matière organique pour que le sol reste frais.

Suggestions Cultivez l'amsonie à larges feuilles seule en tapis ou en compagnie d'autres vivaces.

RUSTICITÉ
Zones 3 à 8.

HAUTEUR
30 à 45 cm.

ÉTALEMENT
30 cm.

FLORAISON
Extrêmement abondante, dans la seconde moitié de l'été.

BOUTON D'ARGENT

À LA FIN DE L'ÉTÉ, LA PLANTE ILLUMINE LE JARDIN DE LA MASSE BLANCHE DE SES FLEURS SÈCHES ET L'ORNE DE SON FEUILLAGE SOYEUX.

Description Chose peu commune pour une plante à feuillage argenté, *Anaphalis triplinervis* se plaît en sol frais. Ses fleurs doubles, blanches à centre noir, paraissent en bouquets aplatis. Séchant sur la plante, elles persistent des semaines durant.

Emplacement idéal Plein soleil à ombre partielle.

Nature du sol Ordinaire à humifère.

Conseils de culture En sol frais, s'étend pour former des touffes importantes. Divisez les plus vigoureuses tous les 2 à 4 ans pour éviter l'envahissement.

Multiplication Les boutures racinent facilement en début d'été.

Maladies et ravageurs Pas de menace particulière.

Suggestions *A. triplinervis* est une bonne espèce de plate-bande, à placer au premier plan ou au centre, et de prairie fleurie. Associez-la avec *Iris sibirica* ou *Acorus calamus*. Vous pouvez aussi la planter en compagnie de graminées ornementales, d'astilbes, d'hémérocalles et de phlox (*Phlox paniculata*).

Anchusa azurea BORAGINACÉES

RUSTICITÉ
Zones 3 à 8.

HAUTEUR
60 à 150 cm.

ÉTALEMENT
60 cm.

FLORAISON
Fin de printemps.

AUTRES NOMS COMMUNS
Anchuse, buglosse azurée.

BUGLOSSE D'ITALIE

PLANTÉE EN COMPAGNIE DE GRANDES MARGUERITES ET D'ACHILLÉES, LA BUGLOSSE PERMET DE RAVISSANTES PLANTATIONS PRINTANIÈRES.

Description Feuilles oblongues couvertes de poils raides, bouquets de fleurs de 18 mm à 5 pétales, bleu intense, au bout de longues tiges. Elle peut atteindre 1,50 m de haut.

Emplacement idéal Plein soleil à ombre légère, si possible en conditions fraîches et humides.

Nature du sol Humifère, bien drainé.

Conseils de culture Les plantes issues de semis sont parfois à vie brève. Optez plutôt pour un cultivar dénommé. Rabattez après floraison pour une meilleure performance. Divisez tous les 2 ou 3 ans pour que les plantes restent vigoureuses.

Multiplication Divisez les touffes après floraison. Replantez les éclats sains en sol enrichi en matière organique. Prélevez les boutures de racines au début du printemps. La plante se ressème spontanément.

Maladies et ravageurs Pas de menace particulière.

Suggestions Cultivez en grosses touffes, avec des arbustes à fleurs.

Cultivars 'Dropmore' est une plante compacte de 1,20 m de hauteur, à fleurs bleu profond.

'Loddon Royalist', haute de 90 cm, offre des fleurs bleu gentiane.

RUSTICITÉ
Zones 5 à 8.

HAUTEUR
15 cm.

ÉTALEMENT
10 à 15 cm.

FLORAISON
Printemps.

AUTRE NOM COMMUN
Anémone blanda.

ANÉMONE DE GRÈCE

CES JOLIES FLEURS DÉLICATES SONT PARFAITES LORSQU'ON LES LAISSE SE NATURALISER SOUS LES ARBRES.

Description Dans la plupart des régions, *A. blanda* fleurit dans la deuxième moitié du printemps. En climat doux, il peut arriver qu'elle paraisse dès la fin de l'hiver ou le début du printemps. Ses fleurs en marguerite, bleues, roses ou blanches ont 5 cm de diamètre.

Emplacement idéal Plein soleil à ombre partielle.

Nature du sol Bien drainé, normal à frais.

Culture Achetez les tubercules dès la fin du printemps jusqu'à l'automne. Après les avoir fait tremper une nuit, plantez-les dans un trou individuel ou préparez un lit commun à 5 cm de profondeur. Une petite dépression est parfois visible, placez-la alors vers le haut. Sinon, posez les tubercules sur le côté ou jetez-les tout simplement dans le trou. Espacez de 10 à 15 cm. *A. blanda* se multiplie d'elle-même par ses tubercules et par semis spontané.

Multiplication Sortez les tubercules et divisez-les avant de les replanter.

Maladies et ravageurs Pas de menace particulière.

Suggestions Se marie particulièrement bien avec la jonquille.

RUSTICITÉ
Zones 7 et 8 avec paillage.
Zones 9 et 10 sans paillage.

HAUTEUR
45 cm.

ÉTALEMENT
10 à 15 cm.

FLORAISON
Printemps.

AUTRES NOMS COMMUNS
Anémone couronnée, anémone de Caen.

ANÉMONE DES FLEURISTES

POUR UN MAGNIFIQUE TABLEAU PRINTANIER, ASSOCIEZ L'ANÉMONE DES FLEURISTES À D'AUTRES ESPÈCES D'ANÉMONES ET À DES BULBEUSES.

Description Cette anémone tubéreuse se pare de belles fleurs bleues, roses, rouges et blanches au printemps. Ces fleurs solitaires de 2 à 4 cm de diamètre, plantées sur des tiges de 20 à 45 cm de haut, rappellent la fleur de pavot, mais elles sont bien plus durables. Les étamines noires contrastent avec la couleur vive des pétales. On les cueille lorsque le bouton est bien coloré et prêt à éclore.

Emplacement idéal Plein soleil. L'anémone tolère la sécheresse estivale mais nécessite un sol frais en automne et en hiver.

Nature du sol Bien drainé, normal à frais.

Conseils de culture Plantez les tubercules en automne en site ensoleillé à 7 cm de profondeur, après les avoir fait tremper dans l'eau une nuit durant. Une fois la floraison terminée, laissez jaunir le feuillage, puis déterrez les tubercules et conservez-les à l'abri du gel dans de la sphaigne ou de la vermiculite humides.

Multiplication Divisez les tubercules.

Maladies et ravageurs Pas de menace particulière.

Suggestions Plante idéale pour rocaille et muret, massif, plate-bande et jardin de sous-bois.

Anemone nemorosa RANUNCULACÉES

RUSTICITÉ
Zones 4 à 7.

HAUTEUR
15 cm.

ÉTALEMENT
10 à 15 cm.

FLORAISON
Printemps.

AUTRE NOM COMMUN
Anémone sylvie.

ANÉMONE DES BOIS

L'ANÉMONE DES BOIS FAIT UN TRÈS BON COUVRE-SOL EN SOUS-BOIS. PLANTEZ DE FAÇON QUE L'ON PUISSE ADMIRER SES FLEURS DÉLICATES.

Description Cette très jolie anémone est une plante basse, tapissante, dont les rhizomes colonisent tout l'emplacement attribué. Elle montre des fleurs blanc crème à étamines jaunes.

Emplacement idéal Conditions de sous-bois frais et ombragé.

Nature du sol Frais, humifère, bien drainé. Tolère un peu de sécheresse pendant la dormance.

Conseils de culture Si les conditions sont favorables et qu'elle a de la place, l'anémone des bois formera un beau tapis émaillé de petites fleurs printanières.

Multiplication Divisez ou semez la graine fraîche.

Maladies et ravageurs En conditions adéquates, pas de menace particulière.

Suggestions C'est en masse, loin d'autres espèces envahissantes, que cette anémone réussit le mieux.

Hybrides 'Rosea' offre des fleurs à boutons floraux rosés devenant rose soutenu.

RUSTICITÉ
Zones 5 à 8.

HAUTEUR
90 à 150 cm.

ÉTALEMENT
60 à 90 cm.

FLORAISON
Fin d'été
et automne.

ANÉMONE DU JAPON

ELLE ILLUMINE LE JARDIN EN AUTOMNE DE SES MYRIADES DE FLEURS AUX TEINTES DÉLICATES SE BALANÇANT SUR DE HAUTES TIGES.

Description Naît de racines charnues et forme des feuilles basales, poilues et profondément lobées. Fleurs simples ou doubles sur tiges flexibles. Coloris allant du blanc au rose vif.

Emplacement idéal Plein soleil à ombre légère. En climat chaud, protégez du soleil de l'après-midi.

Nature du sol Humifère et restant frais.

Conseils de culture S'étoffant par racines traçantes, la plante forme des touffes importantes. Divisez si la floraison laisse à désirer. Replantez en sol humifère et paillez en climat froid.

Multiplication Prélevez des boutures de racines en automne, une fois que la plante est entrée en dormance. Semez la graine fraîche dehors en été ou en automne. Divisez au début du printemps.

Maladies et ravageurs Pas de menace particulière.

Suggestions Associez-la à d'autres vivaces de fin de saison et à des graminées ornementales. Cultivez-la en compagnie d'arbustes ou de fougères, en ombre légère.

Cultivars 'Honorine Jobert' montre des fleurs simples blanc pur sur des tiges de 90 à 120 cm.

RUSTICITÉ
Zones 4 à 9.

HAUTEUR
1,50 à 1,80 m.

ÉTALEMENT
30 cm.

FLORAISON
Été.

AUTRES NOMS COMMUNS
Herbes-aux-anges, herbes-aux-esprits.

ANGÉLIQUE OFFICINALE

L'ANGÉLIQUE, AVEC SON BEAU FEUILLAGE QUI SENT LE MIEL, A SA PLACE AU JARDIN DE SIMPLES OU AU JARDIN DE PARFUMS.

Description Cette grande simple parfumée ressemble à ses proches parents, le persil et la coriandre. Elle forme d'impressionnantes feuilles palmées et des fleurs vert pâle, portées sur de hautes tiges. Graines et racines séchées peuvent être consommées en infusion.

Emplacement idéal Ombre partielle.

Nature du sol Frais, riche et bien drainé.

Conseils de culture L'angélique ne se multiplie que par semis, dehors, au printemps, et la germination est difficile si les graines sont semées trop profond. Les jeunes plants n'appréciant pas la transplantation, semez deux ou trois graines à la fois à 90 cm de distance et ne gardez que la plantule la plus robuste. Si vous semez en serre chauffée au début du printemps, vous pouvez la récolter plus tôt.

Multiplication Semis spontané ou de la main du jardinier.

Maladies et ravageurs Débarrassez les sommités fleuries des pucerons en les arrosant délicatement au jet.

Suggestions Excellente espèce médicinale, l'angélique est un beau sujet de jardin de simples et de parfums. Placez-la près d'un passage ou au bord d'une terrasse pour profiter de sa délicieuse odeur.

Antennaria dioica ASTÉRACÉES

RUSTICITÉ
Zones 4 à 7.

HAUTEUR DU FEUILLAGE
25 cm.

HAUTEUR DES FLEURS
30 cm.

ÉTALEMENT
Finit par occuper une grande surface.

FLORAISON
Début d'été.

AUTRES NOMS COMMUNS
Pied de chat, menthe blanche, œil de chien.

ANTENNAIRE DIOÏQUE

CHARMANT COUVRE-SOL EN SITE SEC ET ENSOLEILLÉ, L'ANTENNAIRE FOURNIT AUSSI DE JOLIES PETITES FLEURS POUR BOUQUETS SECS.

Description L'antennaire dioïque forme des rosettes de feuilles pubescentes vert argent, de 2,50 cm de diamètre, surmontées de petites fleurs à pétales blanchâtres, roses à l'extrémité. Fleurs mâles et femelles sont portées sur des pieds différents, d'où le nom de cette espèce.

Emplacement idéal Plein soleil.

Nature du sol Pauvre, sec et sableux.

Conseils de culture Mettez les plants en terre légère, à 15 cm d'intervalle au moins, au printemps ou en automne. Ils ne nécessitent pas d'entretien mais, se ressemant spontanément, peuvent devenir envahissants. Pour contenir la plante, coupez les fleurs avant formation de la graine.

Multiplication Par semis ou par division au printemps.

Suggestions L'antennaire forme un bon couvre-sol en site ensoleillé, chaud et sec, pour les coins sauvages du jardin ou les rocailles.

Cultivars 'Rosea' montre des fleurs rosées et des feuilles blanchâtres.

RUSTICITÉ
Zones 4 à 10.

HAUTEUR
Monticules
de 60 à 90 cm.

ÉTALEMENT
60 à 90 cm.

FLORAISON
Fin du printemps
et été.

AUTRE NOM
COMMUN
Œil de bœuf.

CAMOMILLE DES TEINTURIERS

AVEC SES FLEURS QUI TIENNENT LONGTEMPS EN VASE, CETTE ANTHÉMIS COMPOSE AU JARDIN D'ÉCLATANTES SCÈNES COLORÉES.

Description Vivace formant de hauts monticules et portant un feuillage aromatique très fin. Petites fleurs jaune d'or en marguerite.

Emplacement idéal Se plaît en plein soleil.

Nature du sol Moyen et bien drainé, comme sec et pauvre.

Conseils de culture Rabattez en automne après floraison pour que la plante reste compacte et nette.

Multiplication Cette anthémis se ressème profusément. Prélevez des boutures en été ou bien divisez en automne ou au printemps.

Maladies et ravageurs Pas de menace particulière.

Suggestions Bonne plante de plate-bande mixte ou de bordure de massif. Parfaite aussi en rocailles, talus, jardin de fleurs coupées et de simples.

Cultivars 'Alba' expose des fleurs à pétales crème à centre doré.

'E. C. Buxton' fleurit jaune doux et convient au jardin informel parmi des espèces à feuillage fin.

Autres espèces *A. cretica* offre des fleurs blanches à centre jaune portées sur des tiges qui peuvent avoir jusqu'à 1 m de haut. Zones 5 à 9.

RUSTICITÉ
Zones 3 à 8.

HAUTEUR
30 à 90 cm.

ÉTALEMENT
30 cm.

FLORAISON
Première moitié du printemps.

ANCOLIE DU CANADA

PLANTÉE EN GROUPE, EN MASSIF, EN PLATE-BANDE, EN SOUS-BOIS ET EN PRAIRIE FLEURIE, CETTE ANCOLIE A UN CHARME FOU.

Description De peu de durée au jardin, l'ancolie du Canada se ressème et ses nombreux rejets viennent toujours combler les vides. Ses fleurs penchées, rouge et jaune, sont portées sur de fines tiges aux feuilles divisées, gris-vert.

Emplacement idéal Plein soleil à ombre partiel. Tolère la sécheresse.

Nature du sol Pauvre à ordinaire, bien drainé.

Conseils de culture Mettez les jeunes plants en terre au printemps ou en automne.

Multiplication Divisez ou semez en automne ou au printemps. Se ressème spontanément.

Maladies et ravageurs Cette ancolie est sujette aux mineuses foliaires. Coupez et détruisez le feuillage atteint. En cas d'infestation massive, traitez avec un savon insecticide une fois par semaine.

Suggestions Plantez l'ancolie du Canada en masse avec des arbustes à fleurs et de petits arbres. Associez avec des fougères et des espèces de sous-bois comme l'asaret (*Asarum canadense*) et la tiarelle (*Tiarella cordifolia*). En prairie fleurie, cultivez en compagnie du géranium botanique *Geranium maculatum* et de graminées ornementales.

Aquilegia hybrides

RUSTICITÉ
Zones 3 à 9.

HAUTEUR
60 à 90 cm.

ÉTALEMENT
30 à 60 cm.

FLORAISON
Printemps et début d'été.

ANCOLIE

CES PLANTES GRACIEUSES, S'ORNANT DE CURIEUSES FLEURS PENCHÉES, DOIVENT ÊTRE PLANTÉES EN GROUPE OU EN COULÉES FLEURIES.

Description Naissant d'une forte racine pivotante, la plante montre des fleurs variables, unies ou bicolores, à cinq éperons et cinq sépales centraux. Les éperons peuvent avoir entre 1,2 et 10 cm de longueur. Les fleurs sont le plus souvent bleues, violettes, roses et blanches.

Emplacement idéal Plein soleil à ombre partielle.

Nature du sol Léger, ordinaire à humifère, bien drainé.

Conseils de culture Même dans les meilleures conditions, les ancolies hybrides ont souvent une courte durée de vie. Pendant 2 à 4 ans cependant, elles font la joie du jardinier en fleurissant un mois ou plus. Elles se ressèment avec profusion et forment constamment des rejets.

Multiplication Semez dehors au printemps ou en été. Semez à l'intérieur en hiver après une stratification de 4 à 6 semaines. Les jeunes plants se développent rapidement.

Maladies et ravageurs Attention aux mineuses foliaires. Détruisez le feuillage attaqué. En cas d'infestation massive, traitez une fois par semaine avec un savon insecticide.

L'ancolie est également sujette aux foreurs qui provoquent le dépérissement brutal de la plante. Supprimez

Aquilegia hybrides (suite)

Ces hybrides se ressèment souvent spontanément, avec des résultats divers.

et détruisez sans attendre toutes les parties atteintes.

Suggestions Associez à des vivaces et des bulbeuses de printemps et de début d'été. Ou encore, à l'ombre légère, à des fleurs sauvages, des fougères et des hostas. L'ancolie est également bien à sa place le long d'un muret ou en rocaille.

Cultivars Les hybrides Biedermeier, qui atteignent seulement de 30 cm de haut, existent dans une vaste gamme de couleurs.

'Crimson Star', dont la hauteur atteint 75 cm, montre des fleurs rouge écarlate et blanc.

Les hybrides Dragonfly, hauts de 25 à 30 cm, présentent des couleurs variées.

Les hybrides McKana présentent de grandes fleurs de couleurs variées.

'Nora Barlow' offre des fleurs doubles dans un mélange de rouge, blanc et vert.

Autres espèces *Aquilegia caerulea* possède des fleurs bleues et blanches à longs éperons. Zones 3 à 8.

A. chrysantha exhibe d'énormes fleurs jaunes à éperons de 10 cm. Zones 3 à 9.

A. flabellata s'orne d'un beau feuillage vert bleuté et de fleurs d'un bleu intense ou blanches à courts éperons. Zones 3 à 9.

RUSTICITÉ
Zones 3 à 7.

HAUTEUR
15 à 25 cm.

ÉTALEMENT
30 à 45 cm.

FLORAISON
Fin d'hiver et début de printemps.

AUTRE NOM COMMUN
Corbeille d'argent.

ARABETTE

CETTE JOLIE PLANTE FORME DE BELLES CASCADES SUR UN MURET OU EN ROCAILLE.

Description Le feuillage persistant de l'arabette s'étend en tapis de 10 à 15 cm de hauteur. Les feuilles de 2,50 cm, couvertes de petits poils, disparaissent au printemps sous les fleurs blanches ou roses. Cette plante est aussi connue sous son synonyme : *Arabis albida*.

Emplacement idéal Plein soleil à ombre partielle. Exposée à une forte chaleur, la plante végète.

Nature du sol La plante tolère toutes sortes de sols.

Conseils de culture L'arabette s'étend en flaques de feuillage éparses. Rabattez après floraison pour susciter de nouvelles pousses et conserver un port bien net. Divisez tous les 2 à 4 ans pour que la plante reste vigoureuse.

Multiplication Prélevez des boutures au printemps. Marcottez en enterrant 15 cm de tige basse et en laissant émerger les feuilles de l'extrémité. Divisez au printemps ou en automne.

Maladies et ravageurs Pas de menace particulière.

Suggestions Associez à des bulbeuses de printemps et, en bordure, à des vivaces hâtives.

Cultivars 'Rosabella' montre des fleurs rosées. 'Snow Cap', robuste, offre une floraison blanche bien dense.

Arenaria montana CARYOPHYLLACÉES

RUSTICITÉ
Zones 4 à 8.

HAUTEUR
5 à 10 cm.

ÉTALEMENT
25 à 30 cm, et plus avec l'âge.

FLORAISON
Printemps et début d'été.

SABLINE DES MONTAGNES

LA SABLINE EST UN COUVRE-SOL QUI PERMET DE MULTIPLES USAGES. ELLE VA JUSQU'À PROSPÉRER ENTRE LES PAVÉS D'UNE VOIE D'ACCÈS.

Description La plante naît de fines racines fasciculées et forme un tapis dense de très petites feuilles étroites, émaillé de petites fleurs blanches en coupe ouverte avec un œil jaune-vert, à cinq pétales.

Emplacement idéal Plein soleil.

Nature du sol Moyen, sableux ou limoneux, bien drainé. La sabline n'apprécie pas les sols acides.

Conseils de culture Cette sabline s'étend lentement pour former des tapis ras, faisant penser à de la mousse. Les racines étant très superficielles, il faut faire en sorte que le sol reste frais pendant les périodes de sécheresse.

Multiplication Divisez au printemps ou en automne. Semez dehors en automne ou à l'intérieur en début de printemps.

Maladies et ravageurs Pas de menace particulière.

Suggestions Plantez la sabline des montagnes dans une poche de terre, entre les roches d'un mur de construction grossière. La plante se plaît aussi en rocaille et se prête parfaitement à la culture en bac ou en contenant.

Arisaema triphyllum ARACÉES

RUSTICITÉ
Zones 3 à 9.

HAUTEUR
30 à 90 cm.

ÉTALEMENT
30 à 45 cm.

FLORAISON
Printemps.

AUTRE NOM COMMUN
Petit prêcheur.

ARISÈME

CETTE VIVACE FLEURISSANT AU PRINTEMPS S'HARMONISE PARFAITEMENT AVEC DES ESPÈCES BASSES DE STYLE « SAUVAGE ».

Description Naissant d'un petit tubercule, la plante offre une fleur étonnante, rayée de jaune ou de violet, se dissimulant derrière deux feuilles en paire, chacune composée de trois larges folioles. En fin d'été se développent des baies qui deviennent rouges et brillantes à maturité.

Emplacement idéal Ombre partielle à totale.

Nature du sol Humifère, restant frais. Tolère les sols humides.

Conseils de culture Plante peu exigeante et de longue durée de vie. Rejets ou semences donnent des plantes qui s'étoffent lentement.

Multiplication Débarrassez la graine de la pulpe qui l'entoure et semez-la dehors au printemps ou en automne. Les jeunes plants se développent lentement et mettent souvent plusieurs années à fleurir. Replantez des rejets spontanés au printemps.

Maladies et ravageurs Pas de menace particulière.

Suggestions Associez au cœur de Marie (*Dicentra spectabilis*), à *Sanguinaria canadensis*, aux hostas et aux fougères. Installez sous des arbustes ou sous des arbres à fleurs.

RUSTICITÉ
Zones 4 à 8.

HAUTEUR
25 à 35 cm.

ÉTALEMENT
20 à 25 cm.

FLORAISON
Fin du printemps et été.

AUTRES NOMS COMMUNS
Œillet marin, gazon d'Espagne.

ARMÉRIE MARITIME

LES INFLORESCENCES EN POMPONS ROSES DE CETTE PLANTE FONT MERVEILLE CONTRE UN MUR OU EN ROCAILLE.

Description L'armérie forme de jolis coussins denses de feuilles persistantes linéaires gris-vert. Les tiges florales s'élèvent du centre de la rosette. Les petites fleurs roses sont groupées en inflorescences serrées de 3,50 cm.

Emplacement idéal Plein soleil. Se plaît en climat peu humide à nuits fraîches.

Nature du sol Moyen à humifère, frais et bien drainé.

Conseils de culture Une fois installée, la plante tolère la sécheresse (elle pousse même dans les crevasses des rochers), les embruns et le sel contenu dans la terre.

Multiplication Divisez au début du printemps ou en automne. Semez à l'intérieur en hiver et gardez à une température de 20 °C.

Maladies et ravageurs Pas de menace particulière.

Suggestions Associez à d'autres espèces basses comme le céraiste (*Cerastium tomentosum*).

Cultivars 'Alba' est à fleurs blanches portées sur des tiges de 12 cm.

'Düsseldorf Pride' porte des fleurs bordeaux sur des tiges de 15 à 20 cm.

'Robusta' offre des fleurs roses de 7,50 cm sur des tiges de 30 à 37 cm.

RUSTICITÉ
Zones 3 à 9.

HAUTEUR
60 à 90 cm.

ÉTALEMENT
60 cm.

FLORAISON
Fin d'été
et automne.

AUTRE NOM COMMUN
Armoise absinthe.

ABSINTHE

LE FEUILLAGE PLUMEUX, GRIS-VERT, DE L'ABSINTHE MET EN VALEUR BEAUCOUP D'AUTRES VIVACES ET S'ACCORDE BIEN AUX GRAMINÉES ORNEMENTALES ET AUX CONIFÈRES.

Description Cette vivace arbustive forme avec le temps des tiges ligneuses. Le feuillage aromatique très découpé est très décoratif. De petites fleurs jaunes, insignifiantes, paraissent à l'extrémité des tiges.

Emplacement idéal Plein soleil.

Nature du sol Moyen, sableux ou limoneux, bien drainé.

Conseils de culture Se contente de presque toutes les conditions au jardin. En sol trop riche, l'absinthe ne donne pas de belles touffes. Pour que celles-ci restent denses, rabattez les tiges jusqu'à moitié.

Multiplication Prélevez des boutures herbacées en fin d'été ou au printemps. Saupoudrez le bout de la tige coupée d'hormone de bouturage pour hâter la prise.

Maladies et ravageurs Pas de menace particulière.

Suggestions Bonne plante d'emplacement sec au jardin. Associez-la avec d'autres vivaces tolérant la sécheresse.

Cultivars 'Lambrook Silver' présente un beau feuillage gris et plumeux.

Artemisia lactiflora

RUSTICITÉ
Zones 5 à 8.

HAUTEUR
1,20 à 1,80 m.

ÉTALEMENT
Jusqu'à 1,20 m.

FLORAISON
Fin d'été.

ARMOISE

À UNE ÉPOQUE OÙ BEAUCOUP DE VIVACES ONT LANCÉ LEURS DERNIERS FEUX, *ARTEMISIA LACTIFLORA* OFFRE LE SPECTACLE INOUBLIABLE DE SA FLORAISON BLANCHE. ELLE CONSTITUE LA TOILE DE FOND IDÉALE D'UNE PLATE-BANDE.

Description Contrairement à ses parentes à feuillage argenté, cette armoise tolère l'ombre légère. Ses plumets de fleurs blanches parfumées, longs de 60 cm, s'exposent à la fin de l'été.

Emplacement idéal Réussit mieux en plein soleil mais tolère l'ombre légère.

Nature du sol Léger, frais et fertile.

Conseils de culture En mettant les jeunes plants en terre, prévoyez un bon espacement. Fertilisez légèrement au printemps et pincez les tiges pour qu'ils s'étoffent. En cas de sécheresse, arrosez.

Multiplication Par bouturage en été ou par division au printemps.

Maladies et ravageurs Pas de menace particulière.

Suggestions Cette armoise est parfaite en arrière-plan de plate-bande, surtout si elle est secondée par des vivaces plus basses comme les rudbeckias (*Rudbeckia* subsp.), les hémérocalles ou les asters.

RUSTICITÉ
Zones 3 à 7.

HAUTEUR
90 à 180 cm.

ÉTALEMENT
90 à 150 cm.

FLORAISON
Fin de printemps et début d'été.

AUTRE NOM COMMUN
Reine des bois.

BARBE-DE-BOUC

PLANTÉE EN COMPAGNIE D'ARBUSTES FLEURISSANT AU PRINTEMPS ET EN ÉTÉ, LA BARBE-DE-BOUC ATTIRE À ELLE TOUS LES REGARDS.

Description Cette vivace spectaculaire présente des feuilles trilobées surmontées de grands plumeaux de fleurs blanc crème à petits pétales. Les fleurs mâles et femelles sont portées sur des pieds différents.

Emplacement idéal Plein soleil (en climat frais) à ombre partielle. N'apprécie pas les régions où les nuits sont chaudes.

Nature du sol Frais et humifère.

Conseils de culture Plantez avec un espacement important (1 ou 1,50 m) pour permettre à la plante de prendre toute son ampleur. Une fois la plante installée, ses racines dures sont difficiles à déterrer. Ne divisez (au début du printemps) que si c'est absolument nécessaire, en cas de réel affaiblissement de la plante. Replantez les portions bien saines dans une terre enrichie en matière organique.

Multiplication Semez dehors en été ou à l'intérieur à une température d'au moins 20 °C.

Maladies et ravageurs Pas de menace particulière.

Suggestions Associez la barbe-de-bouc à des fougères, des fleurs « sauvages » et des hostas à l'ombre légère. Elle se marie bien, en massif ou plate-bande, avec d'autres vivaces.

Asarum europaeum ARISTOLOCHIACÉES

RUSTICITÉ
Zones 4 à 8.

HAUTEUR
15 à 30 cm.

ÉTALEMENT
30 cm.

ASARET D'EUROPE

AVEC SON FEUILLAGE PERSISTANT BRILLANT DANS L'OMBRE QU'IL AFFECTIONNE, L'ASARET EST CAPABLE D'ÉCLAIRER LES COINS SOMBRES DU JARDIN.

Description Les rhizomes aromatiques de ce couvre-sol persistant qui s'étend lentement sont très superficiels. Ses feuilles luisantes, réniformes, montrent des marbrures le long des nervures. Des fleurs en pichet, brun mat, paraissent généralement sous les feuilles. Avec le temps, l'asaret forme des touffes importantes.

Emplacement idéal Ombre partielle à totale. Une fois installée, la plante tolère la sécheresse mais vient mieux avec une humidité moyenne.

Nature du sol Frais et humifère.

Conseils de culture Les plants d'asaret s'étendent jusqu'à former des tapis denses de feuillage excluant toute adventice. S'ils sont trop serrés, divisez au début du printemps ou en automne.

Multiplication Divisez au printemps ou en automne. Semez la graine fraîche dehors en été.

Maladies et ravageurs Pas de menace particulière.

Suggestions Plantez cet efficace couvre-sol en bordure de sentier en compagnie de fougères et de fleurs « sauvages », ou en rocaille ombragée.

RUSTICITÉ
Zones 3 à 8.

HAUTEUR
90 à 180 cm.

ÉTALEMENT
90 cm.
Avec le temps, les touffes deviennent importantes.

ASTER DE LA NOUVELLE-ANGLETERRE

CES ASTERS SONT PARFAITS À L'ARRIÈRE-PLAN D'UNE PLATE-BANDE, EN JARDIN FORMEL OU INFORMEL.

Description Grande plante majestueuse à tiges poilues et feuilles lancéolées engainantes. Elle offre des fleurs lavande à violettes à centre jaune, de 3 à 5 cm, qui peuvent cependant varier du blanc au rose soutenu en passant par le rose clair.

Emplacement idéal Plein soleil à ombre légère.

Nature du sol Frais et humifère.

Conseils de culture Les touffes devenant très grosses avec l'âge, divisez tous les 3 ou 4 ans au printemps. Tuteurez souvent.

Multiplication Prélevez des boutures herbacées de 10 à 15 cm en fin de printemps ou début d'été. Divisez au début du printemps ou en automne.

Maladies et ravageurs L'oïdium rend le feuillage grisâtre. Désépaississez les touffes pour une meilleure circulation de l'air. Traitez au soufre.

Suggestions Associez à des vivaces d'automne comme *Helianthus* subsp., l'anémone japonaise (*Anemone* × *hybrida*) et des graminées ornementales.

RUSTICITÉ
Zones 3 à 8.

HAUTEUR
(SELON CULTIVAR)
30 à 180 cm.

ÉTALEMENT
(SELON CULTIVAR)
30 à 90 cm.

FLORAISON
Fin d'été et début d'automne.

AUTRE NOM COMMUN
Aster grand d'automne.

ASTER DE LA NOUVELLE-BELGIQUE

PLANTÉ EN TOUFFES AMPLES, CET ASTER CONTRIBUE À LA CRÉATION D'UN JARDIN D'AUTOMNE HAUT EN COULEUR.

Description Une des meilleures espèces de plates-bandes de vivaces. Elle montre de jolies fleurs de 3 à 6 cm de diamètre, blanches, bleues, violettes ou roses, simples ou doubles, à centre jaune.

Emplacement idéal Plein soleil à ombre légère.

Nature du sol Frais, bien drainé, moyennement fertile.

Conseils de culture Pincez les asters une fois ou deux pendant la première moitié de l'été pour rendre la touffe plus compacte et susciter des tiges robustes ayant moins besoin de tuteurage. Divisez tous les 1 ou 2 ans pour renouveler la plante. Paillez en hiver en zone 4.

Multiplication Divisez au début du printemps.

Maladies et ravageurs Pour éviter l'oïdium, il faut que l'air circule. Si nécessaire, éclaircissez les touffes.

Suggestions Plantation en grosses touffes ou en masse, en plate-bande. Cet aster s'accorde bien avec le chrysanthème (*Dendranthema* subsp.) et la verge d'or (*Solidago* subsp.).

RUSTICITÉ
Zones 5 à 8.

HAUTEUR
60 à 90 cm.

ÉTALEMENT
60 à 90 cm.

FLORAISON
Milieu de l'été à automne.

ASTER

CET ASTER ACCOMPAGNE HEUREUSEMENT LES VIVACES DE FIN D'ÉTÉ ET D'AUTOMNE, DE MÊME QUE LES GRAMINÉES ORNEMENTALES.

Description Naît de courts rhizomes à racines fibreuses se répandant lentement. Bouquets lâches de fleurs de 6 cm, bleu lavande à centre jaune vif, sur des tiges ramifiées.

Emplacement idéal Plein soleil à ombre légère.

Nature du sol Frais mais bien drainé. En sol détrempé, la plante pourrit, surtout l'hiver.

Conseils de culture Cet aster a souvent une courte durée de vie. Ses touffes se développent lentement. Si nécessaire, divisez au printemps ou en automne. Réussit bien en zone 4 avec paillage ou neige, l'hiver.

Multiplication Prélevez des boutures herbacées au printemps. Divisez au début du printemps ou en automne.

Maladies et ravageurs Un sol bien drainé prévient le pourridié des racines.

Suggestions Associez-le au phlox (*P. paniculata*) et au rudbeckia (*Rudbeckia* subsp.). C'est aussi une bonne plante de conteneur en zones 6 à 8.

Cultivars 'Mönch' développe des tiges raides et se pare de fleurs de couleur bleu lavande intense.

'Wonder of Staffa' est de port plus ouvert et ses fleurs sont plus pâles.

ASTILBE D'ARENDS

PLANTÉE AU BORD D'UN RUISSEAU OU D'UN POINT D'EAU, SES EXTRAORDINAIRES PLUMEAUX DE FLEURS SE REFLÉTANT DANS LE MIROIR DE L'EAU, L'ASTILBE EST UNE PLANTE SPECTACULAIRE.

Description Ces hybrides portent un feuillage très divisé à larges folioles luisantes. Les jeunes pousses printanières sont souvent teintées de rouge. Les fleurs serrées en plumets dressés, très ramifiés paraissent dans des nuances de rouge, rose, chair, lilas, crème et blanc.

Emplacement idéal Ombre totale ou mi-ombre. En climat frais, l'astilbe tolère plus de soleil.

Nature du sol Frais, légèrement acide, humifère. En sol sec, les feuilles se recroquevillent.

Conseils de culture Toutes les astilbes sont des plantes gourmandes qui profitent d'un apport annuel d'engrais universel organique. Apportez du compost en surface ou déterrez et replantez si le collet est remonté. Divisez les touffes tous les 3 ou 4 ans et replantez dans un sol enrichi en matière organique. Arrosez de façon que la terre ne soit jamais tout à fait sèche.

Multiplication Multipliez l'espèce par semis de graine fraîche dehors, en été. Multipliez les cultivars par division, au printemps ou en automne.

Maladies et ravageurs En climat chaud, il arrive que l'astilbe soit la proie des acariens. Pulvérisez avec un savon insecticide selon les besoins. Pour évi-

Astilbe × *arendsii* (suite)

L'astilbe se plaît à l'ombre, en sol frais ou en bordure de ruisseau.

RUSTICITÉ
Zones 3 à 9.

HAUTEUR
60 à 120 cm.

ÉTALEMENT
60 à 90 cm.
Les touffes feuillées s'étendent.
Chaque touffe naît de son propre collet.

FLORAISON
Printemps et début d'été.

ter le pourridié des racines, veillez au bon drainage du sol et à la bonne circulation de l'air dans les touffes.

Suggestions En massif ou en platebande, plantez l'astilbe devant ou vers le centre, selon la taille. Associez-la aux hostas, aux pulmonaires et autres fleurs tendant à se naturaliser.

Cultivars 'Amethyst' montre tôt ses fleurs violines sur des tiges de 45 à 60 cm.

'Bridal Veil' se pare de bouquets retombants de fleurs d'un blanc crémeux.

'Fanal' offre des fleurs rouge foncé sur des tiges de 30 à 45 cm de hauteur.

'Cattleya' expose au plus fort de l'été ses fleurs rose mauve sur tiges hautes de 90 cm.

'Glut' laisse voir en fin de saison ses fleurs rouges portées sur des tiges de 45 à 60 cm.

Autres espèces *A. chinensis* est une plante rampante fleurissant rose en fin d'été. 'Pumila' est un couvre-sol bas. *A. chinensis* var. *taquetti*, une astilbe d'automne, ressemble à *A. chinensis* mais atteint de 90 à 120 cm de hauteur.

A. japonica présente un feuillage brillant et fleurit tôt dans la saison.

A. simplicifolia est une espèce naine portant des feuilles brillantes, profondément lobées, offrant des bouquets lâches de fleurs pendantes.

RUSTICITÉ
Zones 4 à 7.

HAUTEUR
60 à 90 cm.

ÉTALEMENT
36 à 60 cm.

FLORAISON
Début à fin d'été.

AUTRES NOMS COMMUNS
Grande radiaire, sanicle de montagne.

GRANDE ASTRANCE

SON GÉNÉREUX FEUILLAGE ET SES FLEURS ORIGINALES S'HARMONISENT BIEN AVEC DES ARBUSTES ET D'AUTRES VIVACES.

Description Les feuilles palmées à lobes profondément découpés de la plante naissent d'un collet à racines fibreuses. Les tiges florales feuillées s'élèvent du centre, montrant de petits capitules entourés de bractées étoilées qui persistent après que les fleurs ont fané, donnant ainsi à la plante un intérêt durable.

Emplacement idéal Plein soleil à ombre partielle. Ne tolère pas les fortes températures, surtout la nuit.

Nature du sol Humifère, de fraîcheur constante. La grande astrance tolère le sol humide.

Conseils de culture Les touffes peuvent prendre beaucoup d'ampleur. Divisez quand cela devient nécessaire.

Multiplication Divisez en automne ou au début du printemps ou supprimez les stolons de la plante-mère. Semez la graine fraîche dehors en fin d'été.

Maladies et ravageurs Pas de menace particulière.

Suggestions Bon sujet de plate-bande, associée aux pigamons (*Thalictrum* subsp.), graminées ornementales et molènes (*Verbascum* subsp.). Plantez-la en bord de pièce d'eau en compagnie d'iris et de fougères.

Cultivars 'Rosea' offre des fleurs et des bractées roses.

Aubrieta deltoidea BRASSICACÉES

RUSTICITÉ
Zones 4 à 8.

HAUTEUR
15 à 20 cm.

ÉTALEMENT
20 à 30 cm.

FLORAISON
Début du printemps.

AUTRE NOM COMMUN
Aubriète.

AUBRIETTE

C'EST ENTRE LES PIERRES D'UN MUR OU EN ROCAILLE ENSOLEILLÉE QUE L'AUBRIETTE RÉUSSIT LE MIEUX.

Description Coussins bas à tiges molles portant des feuilles persistantes quelque peu dentées, fleurissant au printemps. Elle s'étend par rhizomes et finit par former des touffes importantes de fleurs de 18 mm, à quatre pétales, en blanc, rosé et violet.

Emplacement idéal Plein soleil à ombre légère. Apprécie les étés moyennement chauds et humides.

Nature du sol Bien drainé, neutre, sableux ou limoneux.

Conseils de culture Cette variété d'aubriette tend à s'affaler après floraison. Rabattez à la cisaille pour en susciter un port plus compact et une deuxième floraison.

Multiplication Divisez en automne. Prélevez des boutures herbacées après floraison. Semez à l'intérieur ou à l'extérieur, du printemps à l'automne.

Maladies et ravageurs On prévient le pourridié des racines en plantant en sol drainant, surtout là où les températures nocturnes sont fortes.

Suggestions Plantez en bordure de chemin ou au premier plan d'une plate-bande avec bulbeuses printanières, désespoirs du peintre (*Heuchera* subsp.), sédums, valérianes rouges (*Centranthus ruber*) et corbeilles d'or (*Aurinia saxatilis*).

Aurinia saxatilis BRASSICACÉES

RUSTICITÉ
Zones 3 à 7.

HAUTEUR
25 à 30 cm.

ÉTALEMENT
30 cm.

FLORAISON
Début du printemps.

AUTRE NOM COMMUN
Panier d'or.

CORBEILLE D'OR

PLANTÉE AU SOLEIL EN SOL DRAINANT, LA CORBEILLE D'OR EXPOSE UN FOISONNEMENT DE PETITES FLEURS JAUNE VIF.

Description Du collet épais de cette corbeille d'or naissent des feuilles gris-vert formant un monticule. Ce sont ses feuilles poilues et ses racines profondes qui permettent à cette espèce de tolérer chaleur et sécheresse du sol. Elle montre des fleurs jaune vif à quatre pétales arrondis en bouquets dressés et ramifiés. Synonyme : *Alyssum saxatile*.

Emplacement idéal Plein soleil. Le climat chaud et humide ne convient pas. Tolère chaleur et sécheresse.

Nature du sol Bien drainé, moyen, limoneux ou sableux.

Conseils de culture La corbeille d'or s'étend grâce à ses tiges radicantes. Il arrive que la plante s'affale après floraison. Rabattez alors les tiges aux trois quarts pour que le port devienne plus compact.

Multiplication Divisez en automne. Prélevez des boutures herbacées au printemps ou en automne. Semez en automne.

Maladies et ravageurs Les sols lourds et l'humidité causent le pourridié des racines. Ne plantez qu'en sol bien drainé.

Suggestion Cette plante très colorée convient aux murs de pierre sèche, aux rocailles, et forme de bonnes bordures de sentier.

Baptisia australis FABACÉES

RUSTICITÉ
Zones 3 à 9.

HAUTEUR
60 à 120 cm.

ÉTALEMENT
90 à 120 cm.

FLORAISON
Fin du printemps et début d'été.

AUTRE NOM COMMUN
Faux-indigotier.

BAPTISIA

AVEC SES FLEURS BLEU INTENSE, LA BAPTISIA CONVIENT AUTANT À UNE PLATE-BANDE FORMELLE QU'À UNE PRAIRIE DE STYLE NATUREL.

Description La plante mature forme un monticule compact de feuilles bleu-vert à trois lobes. Ses épis de fleurs de 2,50 cm, d'un bleu intense, font penser à des lupins. De belles gousses sèches de couleur grise persistent en automne et en hiver.

Emplacement idéal Plein soleil à ombre partielle. Tolère la chaleur comme le froid.

Nature du sol Bien drainé, moyen à humifère, frais.

Conseils de culture Jusqu'au développement de la racine pivotante, la croissance est lente. Une fois mature, la plante a un système racinaire important et tolère mal la transplantation. Espacez de 90 à 120 cm les jeunes plants. Division rarement nécessaire.

Multiplication Prélevez des boutures après floraison ou semez dehors en automne. La graine qui a été conservée doit être arrosée d'eau presque bouillante et tremper pendant 12 à 24 heures avant semis. Divisez les touffes en automne, fin d'hiver ou début du printemps.

Maladies et ravageurs Pas de menace particulière.

Suggestions En plate-bande, à l'arrière-plan avec iris de Sibérie, pivoines et autres espèces spectaculaires.

Begonia, groupe Tuberhybrida

BÉGONIACÉES

RUSTICITÉ
Rustique en zone 10 ; ailleurs, cultivé en annuelle ou gardé à l'intérieur en hiver.

HAUTEUR
45 cm.

ÉTALEMENT
30 à 45 cm.

FLORAISON
Été et automne.

BÉGONIA TUBÉREUX

LES BÉGONIAS TUBÉREUX, PLANTES IDÉALES POUR LES CONTENEURS, SE CARACTÉRISENT PAR LEUR FLORAISON SOMPTUEUSE, DANS UNE LARGE PALETTE DE COULEURS.

Description Ces plantes formant des touffes compactes laissent voir d'abondantes fleurs simples ou doubles, dans presque toutes les couleurs sauf le bleu, aux pétales souvent bordés d'une couleur différente.

Emplacement idéal Ombre partielle.

Nature du sol Bien drainé de fraîcheur constante, enrichi de matière organique.

Conseils de culture Choisissez de beaux tubercules de 3,50 à 5 cm de diamètre. Démarrez la culture à l'intérieur, 4 semaines environ avant le dernier gel. Exposez alors la plante à la lumière vive et veillez à ce que le substrat reste humide. Sortez le bégonia lorsque les températures nocturnes dépassent 10 °C. Arrosez puis paillez pour que le sol reste frais. Fertilisez plusieurs fois durant la saison. Ôtez les fleurs fanées.

Multiplication Divisez les tubercules au printemps, au moment de les mettre en culture.

Maladies et ravageurs Évitez l'oïdium en choisissant un site bien ventilé, permettant une bonne circulation de l'air.

Suggestions Fait bel effet à l'ombre, en plate-bande, bordure et panier suspendu.

Begonia Rex-cultorum.

Autres espèces Dans la famille des bégonias, les nombreux hybrides sont classés par groupes. On trouve les bégonias à massif (*B. Semperflorens cultorum*), cultivés en annuelle en climat frais mais pouvant vivre quelques années dehors en climat plus doux. Leur feuillage luisant et coloré s'accompagne de myriades de fleurs roses, rouges ou blanches, présentes des mois durant.

On trouve aussi les bégonias Rex (*B.* Rex-cultorum), dont il existe une foule de cultivars dénommés, surtout cultivés pour leur beau feuillage car les fleurs sont insignifiantes (ci-dessus). Zones 6 à 10.

Il existe bien d'autres bégonias mais on les considère plus comme des arbustes que comme des vivaces. *B.* × *hiemalis*, à souche fibreuse, fait figure d'exception. Il avait jadis tendance à ne pas repartir après dormance. On trouve aujourd'hui de nouveaux cultivars qui ne présentent pas ce défaut.

RUSTICITÉ
Zones 4 à 10.

HAUTEUR
60 à 120 cm.

ÉTALEMENT
30 à 60 cm.

FLORAISON
Seconde moitié de l'été.

AUTRE NOM COMMUN
Fleur de léopard.

IRIS TIGRÉ

POUR UN EFFET DE CONTRASTE, ASSOCIEZ L'IRIS TIGRÉ MONTRANT DE PETITES FLEURS ÉTOILÉES À DES VIVACES À GRANDES FLEURS.

Description Feuilles rubanées en éventail, rappelant celles de l'iris des jardins, naissant de rhizomes traçants. Hautes tiges ramifiées et fleurs de 5 cm à six pétales orange tachés de rouge.

Emplacement idéal Plein soleil à ombre légère. Les fleurs durent plus longtemps si la plante est à l'ombre l'après-midi. En climat froid, prévoyez une protection hivernale.

Nature du sol Moyen à humifère, bien drainé.

Conseils de culture La plante s'étend par rhizomes et finit par former des touffes importantes. Divisez si nécessaire. Les rejets de semis spontanés ne sont pas rares.

Multiplication Divisez en fin d'été ou semez la graine fraîche au printemps.

Maladies et ravageurs Pas de menace particulière.

Suggestions Associez l'iris tigré au phlox (*Phlox paniculata*) et aux hémérocalles en plates-bandes formelles et décors informels.

Autres espèces Un proche parent, *B. flabellata*, haut de 30 à 60 cm, offre de jolies fleurs jaunes.

RUSTICITÉ
Zones 3 à 9.

HAUTEUR
30 cm.

ÉTALEMENT
30 cm.

FLORAISON
Fin d'hiver et début de printemps.

AUTRES NOMS COMMUNS
Bergénie, plante des savetiers.

BERGÉNIA À FLEURS CORDIFORMES

PONCTUANT PARFAITEMENT MASSIFS ET PLATES-BANDES, CE BERGÉNIA FAIT AUSSI BEL EFFET AU PIED D'UN MURET OU EN BORDURE DE SENTIER.

Description Belle plante ayant une longue durée de vie. Feuilles ovales larges, épaisses et persistantes de 25 à 30 cm de diamètre, naissant en verticille d'un rhizome traçant. Fortes tiges montrant des bouquets de fleurs rose pâle ou franc.

Emplacement idéal Plein soleil à ombre partielle. En régions chaudes, évitez-leur le soleil de l'après-midi qui brûlerait les feuilles.

Nature du sol Frais, humifère.

Conseils de culture La plante s'étend lentement par rhizomes traçants. En vieillissant, les touffes se dégarnissent au centre. Déterrez la plante au printemps, supprimez les parties trop vieilles et replantez les portions saines en sol humifère. Paillez en hiver.

Multiplication Divisez au printemps. Semez la graine mûre à l'intérieur, à une température de 20 °C au moins. La graine doit être simplement posée sur la terre. Les plantules se développent lentement.

Maladies et ravageurs Protégez des limaces en plaçant un cordon de sable ou de cendre de bois.

Suggestions Cultivez comme couvre-sol sous des arbustes, en plate-bande ou en contenant.

RUSTICITÉ
Zones 3 à 9.

HAUTEUR
1,20 à 1,80 m.

ÉTALEMENT
1,20 m.

FLORAISON
Fin d'été
et automne.

BOLTONIA

BOLTONIA ASTEROIDES CONVIENT, EN ARRIÈRE-PLAN, À UN MASSIF OU À UNE PLATE-BANDE FORMELS, MAIS ELLE EST ÉGALEMENT À SA PLACE EN PLANTATION INFORMELLE ET EN JARDIN DE CURÉ.

Description Cette haute vivace de fin de saison présente un ravissant feuillage gris-vert et se couvre de bouquets aériens de fleurs en marguerite de 2,50 cm, à centre jaune vif.

Emplacement idéal Plein soleil à ombre légère.

Nature du sol Frais, humifère. En sol sec, la plante est plus petite.

Conseils de culture Facile à vivre, la plante forme des touffes solides qui se passent de tuteurage.

Multiplication Divisez au printemps lorsque les touffes deviennent trop grosses. Prélevez des boutures herbacées au début de l'été. La graine récoltée des cultivars est fertile.

Maladies et ravageurs Pas de menace particulière.

Suggestions Associez à des vivaces fleurissant en automne comme aster, anémone du Japon (*Anemone* × *hybrida*), verge d'or (*Solidago* subsp.) et eupatoire (*Eupatorium* subsp.).

Cultivars 'Pink Beauty' offre de légers bouquets de fleurs roses. Plus l'été est frais, plus la couleur est vive.

'Snow Bank' est un cultivar compact à fleurs blanc lumineux.

RUSTICITÉ
Zones 3 à 8.

HAUTEUR
30 à 45 cm.
C'est en été que le feuillage prend toute son ampleur.

FLORAISON
Début du printemps.
Dure parfois 3 ou 4 semaines.

AUTRE NOM COMMUN
Buglosse de Sibérie.

MYOSOTIS DU CAUCASE

SON LUXURIANT FEUILLAGE EST UN FAIRE-VALOIR IDÉAL POUR DES ESPÈCES DE TEXTURE FINE COMME LES ASTILBES ET LES FOUGÈRES.

Description Ses feuilles cordiformes de 20 cm naissent d'un court rhizome à racines fibreuses. Les fleurs bleu pâle, de 6 mm, paraissent avant les feuilles et blanchissent avec l'âge.

Emplacement idéal Ombre partielle à totale. En régions fraîches, plein soleil. Une fois installée, tolère de courts épisodes de sécheresse.

Nature du sol De fraîcheur constante, humifère.

Conseils de culture Cette vivace résistante de croissance lente ne demande que rarement à être divisée. Elle se ressème spontanément et entre en dormance dès que le sol s'assèche.

Multiplication Divisez au début du printemps ou automne. Prélevez des boutures de racines de 7 à 10 cm en automne ou en début d'hiver. Transplantez les rejets spontanés là où on souhaite les cultiver.

Maladies et ravageurs Pas de menace particulière.

Suggestions Fait un bon couvre-sol sous arbres ou arbustes, avec bulbeuses, fleurs sauvages et fougères.

Cultivars 'Hadspen Cream' présente des feuilles bordées de blanc crème et celles de 'Langtrees', des marbrures argent espacées.

Caladium bicolor

RUSTICITÉ
Rustique en zone 10. Ailleurs, cultivé en annuelle ou gardé à l'intérieur en hiver.

HAUTEUR
30 à 60 cm.

ÉTALEMENT
60 cm.

FLORAISON
De la fin du printemps jusqu'aux gelées.

AUTRE NOM COMMUN
Caladium.

CALADION

L'INTÉRÊT DU CALADION RÉSIDE DANS LA BEAUTÉ DE SES FEUILLES. SUPPRIMEZ LES PETITES FLEURS À CAPUCHON PARAISSANT L'ÉTÉ.

Description Cette plante d'ombre apprécie la chaleur et l'humidité. Elle forme des touffes denses de feuilles généralement cordiformes veinées de vert, de blanc, de rose et de rouge. Synonyme : *Caladium* × *hortulanum*.

Emplacement idéal Ombre partielle.

Nature du sol Frais mais bien drainé. La plante pourrit en sol détrempé, surtout l'hiver.

Conseils de culture Démarrez les tubercules à l'intérieur au début du printemps. Posez le côté renflé au-dessus dans le substrat d'un conteneur, recouvert de 5 cm de terreau. Placez à la lumière, la terre restant humide. Plantez au jardin lorsque les températures nocturnes se stabilisent au-dessus de 16 °C. Lorsque les feuilles meurent, déterrez les tubercules et conservez-les à la chaleur.

Multiplication Divisez les tubercules au printemps avant de commencer la culture.

Maladies et ravageurs Pas de menace particulière.

Suggestions Le caladion apporte une belle note de couleur dans les massifs et plates-bandes ombragés, surtout là où l'été est chaud.

RUSTICITÉ
Zones 2 à 8.

HAUTEUR
30 à 60 cm.

ÉTALEMENT
Jusqu'à 60 cm.

FLORAISON
Première moitié du printemps.

AUTRE NOM COMMUN
Populage des marais.

SOUCI D'EAU

LE SOUCI D'EAU EST UNE ESPÈCE DE SOL HUMIDE OU MÊME DÉTREMPÉ QUI CONVIENT À LA PERFECTION À UN JARDIN D'EAU. CETTE VIVACE EST COMMUNE SUR LES BERGES ET LES BORDS DES ÉTANGS.

Description Du collet épais à racines charnues naît un monticule de feuilles rondes au-dessus desquelles s'épanouissent des bouquets lâches de fleurs de 3,50 cm à cinq pétales brillants, jaune bouton d'or.

Emplacement idéal Plein soleil à ombre partielle. Tolère de 2,50 à 10 cm d'eau. Une fois que la floraison est totale, l'humidité n'est plus aussi cruciale.

Nature du sol Humide, humifère ou limoneux.

Conseils de culture Divisez les plants trop importants un mois environ après la floraison.

Multiplication Divisez en été. Semez-la graine fraîche dehors dès qu'elle est mature. Elle ne germera que le printemps suivant.

Maladies et ravageurs Pas de menace particulière.

Suggestions Associez à la primevère, l'iris et la fougère en jardin humide.

Cultivars 'Flore Pleno' ('Multiplex') expose des fleurs très doubles qui durent au moins une semaine.

Campanula carpatica CAMPANULACÉES

Rusticité
Zones 3 à 8.

Hauteur
20 cm.

Étalement
25 cm.

Floraison
Début d'été.

Campanule des Carpates

Cette campanule bien adaptable offre une floraison très décorative qui fait merveille en bordure de plate-bande.

Description Avec le temps, la plante forme des touffes bien rondes de feuilles vert foncé surmontées de clochettes bleu-mauve ou blanches.

Emplacement idéal Plein soleil. En région chaude, ombre légère.

Nature du sol Frais, bien drainé et fertile.

Conseils de culture Paillez avec du compost durant l'été. En cas de sécheresse, arrosez.

Multiplication Divisez tous les 2 ans pour renouveler la plante, sans quoi elle aura une courte durée de vie. Supprimez les fleurs fanées ou n'en laissez que quelques-unes pour semis spontané. En région chaude, paillez pour protéger les racines.

Maladies et ravageurs Protégez des limaces en installant des cordons de poudre d'algue, de cendre de bois ou de sable. Vous pouvez aussi les piéger dans des coupelles de bière placées au niveau du sol.

Suggestions Plantez la campanule des Carpates en touffe ou en bordure d'une plate-bande d'arbustes ou de fleurs. Réussit aussi individuellement, en rocaille ou patio.

Cultivars 'Alba' expose des fleurs blanc pur.

RUSTICITÉ
Zones 3 à 8.

HAUTEUR
30 à 90 cm.

ÉTALEMENT
30 cm.

FLORAISON
Fin du printemps ou début d'été.

AUTRE NOM COMMUN
Campanule agglomérée.

CAMPANULE À BOUQUETS

ASSEZ COMMUNE EN MONTAGNE, DANS LES PATURAGES ET LES SENTIERS, CETTE CAMPANULE ROBUSTE EST PARFAITE EN UN SITE OMBRAGÉ DU JARDIN, DANS UN MASSIF OU UNE PLATE-BANDE.

Description Naissant de rhizomes qui s'étendent lentement, les tiges feuillées portant des feuilles ovales et poilues de 12 cm dévoilent en leur extrémité des bouquets presque sphériques de fleurs bleu-violet.

Emplacement idéal Plein soleil à ombre partielle.

Nature du sol Frais, humifère. La plante tolère les sols alcalins.

Conseils de culture Rabattez les tiges qui ont fini de fleurir. Divisez les touffes trop importantes.

Multiplication Divisez en automne ou début de printemps. Semez à l'intérieur. La plante se ressème aussi spontanément. Prélevez des boutures après floraison.

Maladies et ravageurs Protégez des limaces en installant des cordons de cendre de bois ou de sable.

Suggestions Associez à l'iris de Sibérie (*Iris Sibirica* subsp.) et au doronic (*Doronicum* subsp.)

Cultivars 'Crown of Snow' offre de beaux bouquets de fleurs blanches.

'Joan Elliot' est un cultivar délicat et florifère qui se pare de fleurs d'un bleu-violet profond.

'Superba' atteint 75 cm de hauteur et fleurit violet.

RUSTICITÉ
Zones 3 à 8.

HAUTEUR
30 à 90 cm.

ÉTALEMENT
60 cm.

FLORAISON
Été.

AUTRE NOM COMMUN
Bâton-de-Jacob.

CAMPANULE À FEUILLES DE PÊCHER

AVEC SES HAMPES DE FLEURS DÉCORATIVES, CETTE CAMPANULE SE MARIE BIEN AVEC L'ACHILLÉE ET AUTRES ESPÈCES À FEUILLAGE LÉGER.

Description Des feuilles persistantes étroites, de 20 cm de long, naissent du collet à racines fibreuses. Les fleurs estivales en clochettes, d'un bleu-mauve, font de beaux bouquets.

Emplacement idéal Plein soleil à ombre partielle. Protéger des rayons du soleil de l'après-midi en région chaude. Réussit mieux lorsque l'été est frais.

Nature du sol Frais mais bien drainé, humifère.

Conseils de culture La campanule à feuilles de pêcher est une plante sans problème qui s'étend lentement par pousses latérales.

Multiplication Prélevez des boutures herbacées en début d'été. Divisez en début de printemps.

Maladies et ravageurs Protégez des limaces en installant des cordons de cendre de bois ou de sable.

Suggestions Bonne plante pour le centre ou l'arrière des plates-bandes. Peut aussi être plantée en coulée fleurie ou en sujet isolé.

Cultivars 'Alba' expose des fleurs blanc pur, 'Grandiflora' offre des fleurs de 5 cm et 'Telham Beauty' présente des tiges florales de 90 cm et des fleurs bleu pâle.

RUSTICITÉ
Généralement rustique en zones 7 à 10. Ailleurs, cultivé en annuelle.

HAUTEUR
60 à 180 cm.

ÉTALEMENT
30 à 60 cm.

FLORAISON
Seconde moitié de l'été.

CANNA

PLANTÉ EN MASSE, LE TRIOMPHANT CANNA PERMET DES DÉCORS ESTIVAUX SPECTACULAIRES EN MASSIF OU PLATE-BANDE.

Description De hautes tiges portant de grandes feuilles ovales, vertes ou pourpres, naissent de rhizomes épais du printemps aux gelées. Des bouquets de fleurs de 12 cm de diamètre s'exhibent dans des teintes de rose, rouge, orange et jaune. Elles sont parfois bicolores.

Emplacement idéal Plein soleil à ombre partielle.

Nature du sol Normal à frais, bien drainé, humifère.

Conseils de culture Démarrez les rhizomes à l'intérieur, un mois environ avant les dernières gelées. Mettez en pleine terre 2 ou 3 semaines après cette date. Vous pouvez aussi planter alors les rhizomes directement au jardin entre 7 et 10 cm de profondeur, en les espaçant de 30 à 45 cm. Bien que le canna tolère la sécheresse, paillez et arrosez lorsque celle-ci se prolonge. Supprimez les fleurs fanées pour prolonger la floraison.

Multiplication Divisez les touffes au printemps. Divisez les rhizomes en portions de 15 cm de long environ.

Maladies et ravageurs Pas de menace particulière.

Suggestions Plantez en masse, soit seul, soit associé à des vivaces en massif et en plate-bande.

RUSTICITÉ
Zones 4 à 9.

HAUTEUR
40 à 60 cm.

ÉTALEMENT
25 à 30 cm.

FLORAISON
Été.

AUTRE NOM COMMUN
Cupidon bleu.

CUPIDONE

LES FLEURS LÉGÈRES DE LA CUPIDONE FORMENT UN RAVISSANT DÉCOR ESTIVAL. SÉCHANT FACILEMENT, ELLES PERMETTENT DE BELLES COMPOSITIONS FLORALES.

Description La plante présente un feuillage étroit, pubescent, naissant de racines fibreuses. Les fleurs bleues solitaires de 5 cm sont portées sur des tiges solides.

Emplacement idéal Plein soleil. Cette vivace tolère la chaleur.

Nature du sol Léger, bien drainé, humifère.

Conseils de culture La vie de la plante est parfois brève, surtout en sol lourd. Divisez chaque année pour qu'elle dure plus longtemps.

Multiplication Divisez en automne. Prélevez des boutures de racines de 5 à 7 cm en automne ou hiver. Semez à l'intérieur au début du printemps. Les jeunes plants fleurissent dès la première année.

Maladies et ravageurs Pas de menace particulière.

Suggestions Plantez en masse en rocaille ou au premier plan d'une plantation de vivaces en site sec et ensoleillé. Associez à l'achillée et à l'œnothère (*Oenothera* subsp.).

Cultivars 'Blue Giant' est un cultivar robuste à fleurs bleu foncé.

'Major' offre des fleurs de couleur bleu lavande sur des tiges de 90 cm de haut.

RUSTICITÉ
Zones 3 à 7.

HAUTEUR
45 à 75 cm.

ÉTALEMENT
45 cm.

FLORAISON
Fin du printemps et début d'été.

AUTRE NOM COMMUN
Centaurée.

BLEUET ROSE

PLANTE INCONTOURNABLE DES JARDINS DE CURÉ, CE BLEUET ROSE OU CENTAURÉE EST AUSSI À SA PLACE DANS TOUTE PLANTATION INFORMELLE OU EN PRAIRIE FLEURIE. UN SUPERBE BOUQUET CHAMPÊTRE DIGNE DE CE NOM NE POURRAIT SE PASSER DE CETTE FLEUR RAYONNANTE !

Description Les tiges feuillées dressées mais assez molles portent des feuilles divisées, à 8 ou 10 folioles duveteuses. Les fleurs solitaires à pétales effrangés, roses à centre blanc, ressemblent à celles du bleuet annuel (*Centaurea cyanus*). Ce sont de bonnes fleurs à bouquets, fraîches ou séchées.

Emplacement idéal Plein soleil.

Nature du sol Frais mais bien drainé, humifère.

Conseils de culture Supprimez les fleurs fanées pour que la plante refleurisse. Lorsque la floraison décline, rabattez pour obtenir une repousse de tiges plus vigoureuses. Divisez tous les 2 ou 3 ans pour que les touffes restent belles.

Multiplication Divisez au printemps ou en automne. Semez dehors en automne, à l'intérieur en fin d'hiver.

Maladies et ravageurs Pas de menace particulière.

Suggestions En plates-bandes informelles, cultivez cette centaurée en compagnie de graminées ornementales, de rudbeckias (*Rudbeckia* subsp.) et d'achillées (*Achillea* subsp.). Elle convient aussi aux bordures de massif.

Centaurea dealbata (suite)

Centaurea cineraria.

Cultivars 'Steenbergii' est un cultivar compact dont la longue floraison est d'un rose soutenu. Zones 4 à 9.

Autres espèces *Centaurea cineraria* (ci-dessus) est une centaurée buissonnante que l'on cultive surtout pour son beau feuillage argenté très découpé formant une touffe massive. Elle offre aussi de petits capitules rose lilas rappelant les fleurs de chardon. C'est une espèce qui tolère bien la sécheresse et nécessite un sol fertile, bien drainé. Multiplication par bouturage, semis ou division au printemps ou en automne. Associez-la à des espèces au feuillage de couleur et de texture contrastées. Zones 7 à 10.

C. hypoleuca est une vivace de port étalé formant une touffe de 45 cm. Les longues feuilles lobées sont vertes à l'endroit et grises au revers. Les pédoncules peuvent s'élever à 60 cm et exposent des fleurs parfumées roses à rouges. 'John Coutts' offre des fleurs rose pourpré. Zones 5 à 9.

C. macrocephala présente un feuillage rappelant celui d'un grand pissenlit et atteint 90 cm de hauteur. Des capitules jaunes sur des bractées brunes paraissent sur de robustes pédoncules. Zones 4 à 9.

C. montana, centaurée des montagnes, haute de 75 cm offre en début d'été de belles fleurs violettes dont les fleurons ligulés largement espacés donnent l'apparence délicate de la dentelle. Zones 5 à 9.

RUSTICITÉ
Zones 4 à 8.

HAUTEUR
30 à 90 cm.

ÉTALEMENT
60 cm.

FLORAISON
Printemps et été.

AUTRES NOMS COMMUNS
Centranthe rouge, lilas d'Espagne, barbe de jupiter.

VALÉRIANE ROUGE

LES MAGNIFIQUES FLEURS ROUGES DE CETTE VALÉRIANE DONNENT TOUTE LEUR MESURE CONTRE UN MUR DE PIERRE ET APPORTENT UN CHROMATISME VIBRANT AUX PLATES-BANDES DE PRINTEMPS ET D'ÉTÉ.

Description Cette vivace dressée à feuilles opposées gris-vert présente une souche fibreuse. Ses petites fleurs rouges s'exposent en bouquets ramifiés. Il existe des cultivars fleurissant rose pâle, rose soutenu ou blanc.

Emplacement idéal Plein soleil. Les régions à été frais leur conviennent mieux. Croît jusque dans les crevasses rocheuses et autres emplacements pauvres en terre.

Nature du sol Moyen, sableux ou limoneux, neutre comme alcalin.

Conseils de culture S'affale parfois après floraison. Rabattez pour un port plus compact et une deuxième floraison.

Multiplication Semez dehors en été. Se ressème spontanément. Pour privilégier des plantes d'une couleur donnée, prélevez des pousses à la base et traitez-les en boutures.

Maladies et ravageurs Pas de menace particulière.

Suggestions Plante parfaite pour murets et rocailles. Les fleurs rouges sont mises en valeur par les tons neutres de la pierre.

Variétés *C. ruber* var. *albus* se pare de fleurs blanches et var. *coccineus* de fleurs rouge profond.

Cerastium tomentosum CARYOPHYLLACÉES

RUSTICITÉ
Zones 2 à 7.

HAUTEUR
15 à 25 cm.

ÉTALEMENT
30 à 90 cm.

FLORAISON
Fin du printemps et début d'été.

AUTRES NOMS COMUNS
Oreille de souris, corbeille d'argent.

CÉRAISTE VELU

AVEC SES NUAGES DE PETITES FLEURS BLANCHES, LE CÉRAISTE ILLUMINE LES PLANTATIONS DE BULBES PRINTANIERS.

Description Plante formant un monticule bas portant de petites feuilles laineuses et des bouquets de fleurs blanches sur des pédoncules robustes. Les cinq pétales des fleurs sont échancrés et chaque fleur semble ainsi en comprendre dix. Souche de racines fibreuses denses.

Emplacement idéal Plein soleil.

Nature du sol Moyen, sableux ou limoneux, bien drainé.

Conseils de culture Rabattez après floraison pour que la plante repousse de façon bien compacte. Les touffes s'étendent et peuvent devenir envahissantes.

Multiplication Divisez au printemps ou en automne et replantez les parties vigoureuses. Prélevez des boutures herbacées en début d'été ou des pousses racinées au printemps.

Maladies et ravageurs Attention aux pourridiés cryptogamiques. Supprimez et détruisez le feuillage atteint.

Suggestions Vous pouvez faire cascader le céraiste par-dessus un mur ou le planter en bordure de platebande ou encore en rocaille.

Cultivars 'Silver Carpet' est une plante bien compacte.

RUSTICITÉ
Zones 5 à 9.

HAUTEUR
15 à 30 cm.

ÉTALEMENT
30 à 45 cm, voire plus avec le temps.

FLORAISON
Été, souvent jusqu'à mi-automne.

AUTRE NOM COMMUN
Dentelaire de Lady Larpent.

PLUMBAGO DE LADY LARPENT

SOUS DES ARBUSTES À FLEURS COMME AU PREMIER PLAN DE PLANTATIONS DE VIVACES, CE PLUMBAGO FAIT UN TRÈS BON COUVRE-SOL.

Description Vivace semi-ligneuse rampante à tiges rouille et feuillage peu dense. Fleurs portées à l'extrémité des tiges, d'un beau bleu gentiane.

Emplacement Plein soleil à mi-ombre. La plante tolère la sécheresse d'un talus ensoleillé et l'ombre d'arbustes mais non celle, dense et sèche, régnant sous de grands arbres. Supporte assez bien la grande chaleur.

Nature du sol Moyen à humifère, frais et bien drainé.

Conseils de culture Rabattez les tiges en automne ou au printemps. Vous devez avoir fini de supprimer les portions de tiges abîmées par le gel à la fin du printemps, époque à laquelle se développent les nouvelles pousses. Le feuillage devient souvent orange en automne.

Multiplication Divisez au début du printemps. Prélevez des boutures herbacées en début d'été.

Maladies et ravageurs Pas de menace particulière.

Suggestions Plantez des bulbes de printemps et d'automne entre les tiges : crocus, jonquilles naines, *Lycoris* subsp. et *Colchicum* subsp. Utilisez le plumbago en couvre-sol, en rocaille ou en éboulis.

Chelone lyonii SCROFULARIACÉES

RUSTICITÉ
Zones 3 à 8.

HAUTEUR
30 à 90 cm.

ÉTALEMENT
30 à 60 cm.

FLORAISON
Fin d'été jusqu'en automne.

GALANE

CETTE PLANTE FACILE À DIVISER FAIT UN BEL EFFET DANS TOUTES SORTES DE COMPOSITIONS FLEURIES À BASE DE VIVACES.

Description Vivace touffue dont les tiges feuillées naissent d'épaisses racines fibreuses. Les feuilles de 10 à 17 cm sont ovales, à bords dentés. Les fleurs tubulaires roses font penser à une tête de tortue, gueule ouverte.

Emplacement idéal Plein soleil à mi-ombre. Ne résiste pas aux très fortes chaleurs.

Nature du sol Humifère, de fraîcheur constante. La plante tolère un sol plus sec.

Conseils de culture Lorsque la plante est mature, divisez les touffes devenues trop importantes qui repartent alors avec une vigueur accrue.

Multiplication Divisez au printemps ou après floraison. Prélevez des boutures herbacées en début d'été. Ôtez tout bouton floral. Semez dehors en automne, à l'intérieur en fin d'hiver après stratification. Pour stratifier, mélangez la graine à de la sphaigne ou une autre substance de démarrage dans un sac en plastique. Fermez avec un lien, laissez de 4 à 6 semaines au réfrigérateur, puis semez.

Maladies et ravageurs Pas de menace particulière.

Suggestions Associez à l'aster, le phlox, la verge d'or (*Solidago* subsp.) pour un décor automnal réussi.

Cimicifuga racemosa RANUNCULACÉES

RUSTICITÉ
Zones 3 à 8.

HAUTEUR
1,20 à 2 m.

ÉTALEMENT
90 à 120 cm.

FLORAISON
Première moitié de l'été.

AUTRES NOMS COMMUNS
Cimicaire, cierge d'argent.

ACTÉE À GRAPPES NOIRES

COMPOSEZ DE BEAUX DÉCORS DE SOUS-BOIS EN ASSOCIANT L'ACTÉE À GRAPPES NOIRES À DES FOUGÈRES, DES HOSTAS ET DES ESPÈCES DE STYLE « NATUREL ».

Description Au-dessus d'une touffe importante de grandes feuilles composées de folioles dentées s'élèvent les hauts pédoncules peu ramifiés de l'actée à grappes noires. Ils exhibent des épis ondulés de petites fleurs blanc crème de 12 mm, à étamines denses mais sans pétales.

Emplacement idéal Plein soleil à mi-ombre. Protégez l'actée à grappes noires du soleil de l'après-midi en région chaude. À l'ombre dense, la floraison sera éparse.

Nature du sol Frais, humifère.

Conseils de culture L'actée à grappes noires est une vivace de très longue durée de vie. Les jeunes plants mettent plusieurs années à fleurir. Les touffes deviennent chaque année plus importantes et montrent de 10 à 15 pédoncules floraux à maturité.

Multiplication Divisez en automne ou au printemps. Laissez au moins une pousse ou bourgeon par portion. Semez la graine fraîche dehors en automne.

Maladies et ravageurs Pas de menace particulière.

Suggestions Plantez à l'arrière de plates-bandes en compagnie d'espèces exubérantes comme le phlox ou l'hémérocalle.

Coréopsis verticillé

Le coréopsis verticillé est beau lorsqu'il est planté en masse en compagnie d'arbustes. On peut aussi l'associer à des graminées ornementales.

Description La souche à racines fibreuses donne naissance à une plante aérée formant une touffe arrondie de fines feuilles à trois lobes. Elle expose de grandes fleurs en marguerites, d'un jaune plus ou moins doré.

Emplacement idéal Plein soleil ou ombre légère. Tolère la sécheresse.

Nature du sol Moyen à riche, frais mais bien drainé.

Conseils de culture Une fois installée, la plante demande peu d'entretien. Avec l'âge, la partie centrale peut dépérir. Divisez les touffes anciennes et replantez en sol riche.

Multiplication Divisez au printemps ou en automne. Prélevez des boutures herbacées en début d'été.

Maladies et ravageurs Pas de menace particulière.

Suggestions Le coréopsis verticillé fait bel effet en plate-bande, en compagnie du géranium botanique (*Geranium* subsp.), de l'hémérocalle, du rudbeckia (*Rudbeckia* et *Echinacea* subsp.) et de l'achillée.

Cultivars 'Golden Showers', de 60 cm de hauteur, offre des fleurs jaune d'or. 'Moonbeam' est une plante de port étalé (30 à 60 cm) à fleurs jaune pâle.

Coreopsis auriculata.

RUSTICITÉ
Zones 3 à 9.

HAUTEUR
30 à 90 cm.

ÉTALEMENT
60 à 90 cm.

FLORAISON
Tout l'été.

Autres espèces *C. auriculata* (ci-dessus) est une vivace à vie assez brève exposant tout l'été des masses de fleurs jaunes simples. Si elle atteint 45 cm en hauteur, son cultivar nain 'Nana' ne dépasse pas 15 cm et forme de belles bordures colorées. Plus intéressant encore, 'Perry's Variety' est à fleurs semi-doubles. Zones 3 à 9.

C. grandiflora laisse voir des fleurs simples, d'un jaune lumineux, au bout de tiges à feuilles vert pâle. C'est une des espèces les plus aisées à cultiver. Originaire du sud et de l'est des États-Unis, elle se plaît en climat chaud.

Il existe un vaste choix de cultivars parmi lesquels 'Early Sunrise', semi-double, et 'Mayfield Giant' qui développe des pédoncules de 90 cm de hauteur portant des fleurs simples, jaune vif.

C. lanceolara a donné lieu à de nombreux cultivars à fleurs très colorées dont 'Rotkehlchen', à fleurs jaunes tachées de brun, et 'Sternataler' à fleurs cerclées de brun. Zones 3 à 9.

RUSTICITÉ
Zones 3 à 9.

HAUTEUR
30 à 90 cm.

ÉTALEMENT
60 à 90 cm.

FLORAISON
Tout l'été.

CORYDALE

RIEN DE TEL QUE LES FOISONNANTES FLEURS BLEU VIF DE LA CORYDALE, POUR ILLUMINER L'OMBRE D'UN SOUS-BOIS.

Description La corydale offre une masse de fleurs tubulaires à éperon de 2,5 cm de longueur. Leur extraordinaire couleur bleue, se détachant du vert pâle du feuillage, en fait une vivace incontournable, très appréciée des jardiniers.

Emplacement idéal À l'ombre fraîche, en sol légèrement humide.

Nature du sol Frais mais bien drainé.

Conseils de culture Cultivez la corydale sous des arbres à feuilles caduques. Non seulement elle apprécie leur ombre mais elle y trouve une source d'humus constante, fournie par les feuilles mortes. En climat tempéré, la plante se naturalise et se ressème abondamment.

Multiplication Par semis ou par division.

Maladies et ravageurs Pas de menace particulière.

Suggestions La corydale se prête parfaitement à une plantation en masse, surtout en jardin de sous-bois.

Cultivars 'Purple Leaf' forme un monticule de 20 cm. Son feuillage tire sur le violet et ses fleurs sont bleu foncé.

Autres espèces *C. lutea* (ci-dessus), la corydale jaune, est l'espèce la plus

Corydalis lutea à fleurs jaunes.

aisée à cultiver et celle qui a la floraison la plus longue. C'est une plante naissant de rhizomes et formant un monticule de joli feuillage duveteux, vert vif. Il atteint 30 cm de hauteur et 45 cm d'étalement. Si les conditions de culture lui conviennent, il montre du printemps jusqu'en automne des fleurs jaune vif surmontant les feuilles. Il se plaît dans les interstices d'un mur, entre des pavés et en rocaille, où il fait un bon couvre-sol. S'il préfère les sols très drainants, il peut aussi être cultivé en sol alcalin. Zones 6 à 9.

C. ochroleuca est une corydale à fleurs blanches qui se plaît à mi-ombre. Évitez-lui le plein soleil et les sols secs. Zones 5 à 9.

C. solida, corydale bulbeuse, est une espèce robuste montrant au printemps des fleurs qui vont du rose au violet foncé. Elle apprécie le plein soleil. 'George Baker' offre des fleurs rouges tandis que chez 'Beth Evans', elles sont rose pâle. Zones 6 à 9.

C. wilsonii est une espèce basse à feuillage vert bleuté et fleurs jaunes au printemps. Elle atteint 20 cm en hauteur comme en étalement.

RUSTICITÉ
Zones 5 à 7.

HAUTEUR
15 cm.

ÉTALEMENT
45 cm.

FLORAISON
Printemps.

CYCLAMEN DE L'ÎLE DE COS

CE CYCLAMEN FAIT UN COUVRE-SOL PARFAIT EN SOUS-BOIS OÙ SON FEUILLAGE OFFRE LA BEAUTÉ DE SES MARBRURES.

Description Cette vivace tubéreuse rustique se distingue par son beau feuillage à marbrures argentées. Ses fleurs printanières vont du blanc crème au rose vif, en passant par le rose pâle.

Emplacement idéal Mi-ombre.

Nature du sol Frais, bien drainé, très humifère.

Conseils de culture Plantez les tubercules à 5 cm de profondeur. Une fois les plantes installées, n'intervenez plus. En zones plus froides que la zone 5, il est recommandé de pailler.

Multiplication Les semis de graines fraîches donnent les meilleurs résultats. Pour améliorer la germination, souvent aléatoire, faites tremper la semence pendant 24 heures. Plantez en substrat humide et gardez au chaud. Ne laissez pas sécher le substrat.

Maladies et ravageurs Pas de menace particulière.

Suggestions Fait un beau couvre-sol auprès d'arbres et d'arbustes en période de repos.

Cultivars Il en existe un grand nombre, certains fleurissant en blanc ou de différentes teintes de rose, tandis que d'autres ont été sélectionnés pour leur feuillage coloré ou marbré.

Cyclamen hederifolium PRIMULACÉES

RUSTICITÉ
Zones 5 à 9.

HAUTEUR
10 à 15 cm.

ÉTALEMENT
10 à 15 cm.

FLORAISON
Début d'automne.

AUTRE NOM COMMUN
Pain-de-pourceau.

CYCLAMEN DE NAPLES

CONVENANT PARFAITEMENT À UN EMPLACEMENT FRAIS ET OMBRAGÉ, LE CYCLAMEN DE NAPLES SE MARIE HEUREUSEMENT AVEC TOUTES SORTES DE FOUGÈRES.

Description Cette vivace tubéreuse laisse voir en début d'automne des pédoncules portant des fleurs roses ou blanches, à pétales pointant vers le haut. Dès la fin de la floraison paraissent les belles feuilles cordiformes, marquées d'argent. Synonyme : *Cyclamen neapolitanum*.

Emplacement idéal Mi-ombre.

Nature du sol Moyen, bien drainé.

Conseils de culture Mettez les plants en place au printemps ou en été. Plantez en été des cormes encore en dormance à une faible profondeur, le côté lisse en dessous. Apportez en surface une fine couche de compost en fin d'été.

Multiplication Divisez les cormes en été ou semez la graine en contenant, à 6 mm de profondeur, après l'avoir fait tremper pendant une nuit. Recouvrez le contenant d'un sac de plastique et placez à l'obscurité.

Maladies et ravageurs Pas de menace particulière.

Suggestions Plantez à l'ombre en compagnie de fougères et d'hellébores (*Helleborus* subsp.).

RUSTICITÉ
Zones 8 et 9.

HAUTEUR
Jusqu'à 30 cm.

ÉTALEMENT
Jusqu'à 30 cm.

FLORAISON
Hiver.

AUTRE NOM COMMUN
Cyclamen de Perse.

CYCLAMEN D'ALEP

CE CYCLAMEN EST CELUI QUE L'ON TROUVE CHEZ LES FLEURISTES. SES FLEURS RAVISSANTES EN FONT UNE LUMINEUSE PLANTE D'INTÉRIEUR.

Description Vivace tubéreuse à feuilles cordiformes marbrées et dentées. Pédoncules de 30 cm offrant des fleurs simples parfumées, à cinq pétales, roses, blancs, rouges et violets.

Emplacement idéal Plante d'intérieur friande d'humidité.

Nature du sol Substrat humide, mais pas d'eau stagnante.

Conseils de culture Il est délicat de le faire refleurir. Après floraison, il doit entrer en dormance. Arrosez et fertilisez lorsque paraissent de nouveaux bourgeons.

Multiplication Les semis de graines fraîches donnent les meilleurs résultats. La germination, parfois aléatoire, est améliorée par un trempage préalable de 24 heures. Semez en substrat humide et conservez à la chaleur.

Maladies et ravageurs Attention au pourridié des racines. Ne laissez pas stagner de l'eau à la base du pot. Ce cyclamen peut être infesté par des acariens spécifiques : achetez des sujets sains. En cas d'infestation, nettoyez les feuilles, appliquez un acaricide et isolez la plante.

Suggestions Plante d'intérieur.

Cultivars Quantité de cultivars dans de nombreuses teintes. 'Giganteum' expose de très grandes fleurs.

RUSTICITÉ
Zones 4 à 7.
Nombre d'hybrides sont rustiques en zone 3.

HAUTEUR
1,30 à 1,80 m.

ÉTALEMENT
60 à 90 cm.

FLORAISON
Fin du printemps jusqu'en été, selon le groupe auquel appartient l'hybride.
Dans certains cas, deuxième floraison en automne.

HYBRIDES DE DELPHINIUM

ON TROUVE DES CENTAINES D'HYBRIDES DE DELPHINIUMS DANS UNE VASTE GAMME DE COULEURS PERMETTANT TOUS LES EFFETS D'HARMONIE ET DE CONTRASTE IMAGINABLES.

Description Plante élégante à racines charnues et feuilles palmées très découpées. Les fleurs voyantes, composées de 5 grands sépales et de 2 à 4 petits pétales (formant ce qu'on appelle l'œil) paraissent sur de hautes tiges. Elles existent dans une palette de couleurs qui va du blanc pur au violet, en passant par de nombreux bleus.

Emplacement idéal Plein soleil. Tolère mal la chaleur nocturne.

Nature du sol Fertile, humifère, bien drainé mais de fraîcheur constante. Le sol neutre ou légèrement acide est celui qui convient le mieux. S'il l'est trop, apportez de la chaux pour faire monter le pH.

Conseils de culture Durée de vie généralement courte en climat chaud. Le delphinium est une espèce gourmande qui apprécie un apport annuel d'engrais universel organique ou de fumier bien décomposé. Mettez en terre les jeunes plants au printemps. Les plantes matures produisent de nombreuses tiges. Mieux vaut en réduire le nombre entre 3 et 5 lorsqu'elles paraissent.

En coupant les fleurs fanées jusque sous le feuillage, on peut susciter de nouvelles pousses. Lorsque celles-ci pointent, rabattez totalement les tiges raccourcies. Pensez à diviser les

Delphinium, groupe Elatum (suite)

Avec leurs fleurs généreuses, les delphiniums sont idéals pour un jardin de curé.

touffes déclinantes et replantez en sol enrichi de matière organique.

Multiplication Divisez au printemps. Semez en été ou automne. Bouturez au printemps sur les jeunes tiges supprimées pour soulager la plante (voir Conseils de culture, page pécédente).

Maladies et ravageurs Barrez la route aux limaces en entourant la plante de poudre d'algue, de cendre de bois ou de sable. Traitez les parties touchées par l'oïdium avec du soufre.

Suggestions Plantez à l'arrière-plan d'une plate-bande où leurs grands épis fleuris domineront de toute leur hauteur des vivaces à floraison estivale comme le phlox, le lis, le lupin et la campanule (*Campanula* subsp.).

Hybrides Citons ici quelques sélections populaires. Les hybrides Blackmore et Langdon se présentent sous la forme de graines en mélange de diverses couleurs. Les hybrides Mid-Century sont des sélections qui résistent à l'oïdium. Les hybrides Pacific offrent des fleurs simples ou semi-doubles de 3 à 5 cm de diamètre. 'Astolat' expose des fleurs mauves s'ouvrant sur un œil sombre.

Autres espèces Les delphiniums du groupe 'Belladonna' sont des plantes rustiques, compactes, tolérant la chaleur. 'Bellamosum' laisse paraître des fleurs bleues sur des tiges de plus d'un mètre. 'Clivedon Beauty' montre des fleurs bleu ciel. Tous les delphiniums de ce groupe sont rustiques en zone 3.

Dendranthema × grandiflorum ASTÉRACÉES

RUSTICITÉ
Zones 3 à 9.

HAUTEUR
45 à 150 cm.

ÉTALEMENT
30 à 90 cm.

FLORAISON
Fin d'été et tout l'automne.

CHRYSANTHÈME CULTIVÉ

PLANTE FAMILIÈRE DU JARDIN AUTOMNAL, LE CHRYSANTHÈME DES JARDINS A L'ART DE FAIRE JOUER LA COULEUR.

Description La souche rhizomateuse à racines enchevêtrées donne naissance à de fortes tiges portant des feuilles lobées. Les fleurs, de 2,50 à 15 cm de diamètre, paraissent en nombreuses couleurs : rose pâle et rose vrai, bordeaux, rouge, rouille, jaune doré et crème. Leurs formes sont tout aussi nombreuses : simple, en marguerite, en pompon, sphérique et compacte, en anémone, plate ou double… Il existe même de nouveaux hybrides à fleurs en « araignée » (page 190) et à pétales rayonnants en « spatule ».

Emplacement idéal De plein soleil à ombre légère.

Nature du sol Léger, humifère, bien drainé.

Conseils de culture Pour les empêcher de s'affaler en été et obtenir un port plus compact, pincez les tiges une fois ou deux au printemps et en début d'été. Il est impératif de cesser le pinçage des tiges en été, au risque de sacrifier les fleurs. Pour obtenir de plus grosses fleurs, supprimez les bourgeons axillaires entourant le bourgeon principal (c'est l'ébourgeonnage). Les touffes de chrysanthème se développent par rhizome. Divisez les plus vigoureuses tous les 1 ou 2 ans pour avoir toujours des plantes robustes et saines.

Multiplication Divisez au printemps. Les boutures herbacées prélevées en fin de printemps racinent facilement.

Dendranthema × *grandiflorum* (suite)

Fleurs en « araignée » de différentes couleurs.

Maladies et ravageurs Les pucerons affectionnent les jeunes pousses. Feuilles grenues et enroulées sont signe d'une attaque par les acariens. Traitez au savon insecticide ou au pesticide biologique.

Suggestions Pour de belles scènes fleuries, associez à d'autres espèces d'automne, asters et anémones du Japon, par exemple.

Cultivars Il en existe un grand choix de rusticités et d'époques de floraison variables. Renseignez-vous chez les pépiniéristes de votre région.

Autres espèces *D.* × 'Mei-kyo' est un hybride traditionnel à fleurs doubles roses dont le centre est jaune. Zones 6 à 9.

D. zawadskii var. *latilobum* est un chrysanthème rustique fleurissant tôt qui présente des feuilles profondément lobées et des fleurs simples de 5 cm de diamètre.

RUSTICITÉ
Zones 3 à 9.

HAUTEUR
45 à 60 cm.

ÉTALEMENT
30 cm.

FLORAISON
Première moitié de l'été.

ŒILLET MIGNARDISE

CET ŒILLET FORME DE BELLES CASCADES EN HAUT D'UN MUR. C'EST AUSSI UN BON SUJET DE ROCAILLE ENSOLEILLÉE.

Description La plante forme des coussins denses de feuilles étroites de 7,50 cm. Des bouquets de fleurs parfumées, blanches ou roses, paraissent au bout de tiges résistantes. *D. plumarius* (ci-dessus) est le parent de nombreux cultivars, dont les fameux œillets mignardise.

Emplacement idéal Plein soleil. Tolère tant la forte chaleur que le froid.

Nature du sol Moyen, sableux ou limoneux, bien drainé. Un sol neutre ou légèrement acide est ce qui convient le mieux mais la plante tolère le sol alcalin.

Conseils de culture Cet œillet a parfois une courte durée de vie, surtout en climat chaud. Pour qu'il reste vigoureux, divisez tous les 2 ou 3 ans. Supprimez les fleurs fanées pour prolonger la floraison.

Multiplication Opérez par marcottage ou par bouturage de tiges feuillées prélevées en été. Supprimez les feuilles sur les 5 à 7 cm du bout de la tige et plantez en substrat avec un tiers de vermiculite pour deux tiers de sable. Le drainage et la ventilation doivent être excellents.

Maladies et ravageurs Cet œillet est sujet à une rouille qui fait apparaître des taches jaunes sur le dessus des feuilles, tandis que le revers se couvre de boursouflures orange.

Dianthus plumarius (suite)

Dianthus deltoides.

Éclaircissez les touffes pour obtenir une meilleure circulation de l'air et traitez au soufre. Surveillez attentivement pucerons, thrips et chenilles, mouches de l'œillet et tordeuses.

Suggestions Plantez au premier plan d'une plate-bande ou en bordure de sentier.

Cultivars 'Essex Witch' offre des fleurs roses.

'Helen' montre de ravissantes fleurs doubles, rose saumon et 'Mrs Sinkins', des fleurs parfumées doubles, blanches.

'Spring Beauty' est une plante obtenue par semis. Ses fleurs qui sentent le clou de girofle, semi-doubles à doubles, existent en blanc, rose pâle, rose vif et rouge.

Autres espèces *Dianthus alpinus*, aussi appelé œillet des Alpes ou œillet nain, forme une touffe montrant des fleurs simples roses de 3,50 cm de diamètre. Zones 4 à 7.

D. barbatus, l'œillet de poète, est une bisannuelle de croissance lente, ou une vivace de courte durée de vie. Ses feuilles lancéolées d'un vert soutenu entourent des bouquets arrondis de petites fleurs (2,50 cm de diamètre) bicolores dans des teintes de rose vif, rose pâle, blanc et rouge. La plante se ressème spontanément et finit par former des touffes compactes de 45 cm. Zones 3 à 9.

D. caryophyllus, l'œillet-giroflée, atteint 75 cm de hauteur et 23 cm d'étalement. Il montre en été des fleurs parfumées, pourpres, roses ou blanches. Zones 8 et 9.

Dianthus gratianopolitanus.

D. deltoides (page 192) forme des coussins de fleurs solitaires, simples et roses. Zones 3 à 9.

D. gratianopolitanus (ci-dessus) offre au printemps des fleurs de 2,50 cm, rose pâle ou rose vif, solitaires ou en paires, délicieusement parfumées. Cet œillet se plaît en rocaille ensoleillée et forme de belles cascades sur un mur. On peut aussi l'associer au premier plan d'une plate-bande avec des vivaces comme le sédum, le thym et l'oreille d'ours (*Stachys byzantina*). Il se marie aussi très bien avec des espèces à feuilles épineuses ou linéaires comme le yucca et les graminées ornementales.

Variétés et cultivars sont légion. 'Bath's Pink' montre des fleurs rose pâle à pétales frangés. 'Splendens' fleurit rouge foncé. 'Tiny Rubies' expose des fleurs doubles, d'un rose soutenu.

D. gratianopolitanus var. *grandiflorus* exhibe des fleurs rose clair de 3,50 cm. Zones 3 à 9.

D. superbus, qui mérite bien son nom, offre des bouquets lâches de fleurs très découpées, roses, lavande ou blanches, portées sur des tiges robustes. Zones 4 à 8.

Cœur de Marie

Planté en compagnie de bulbes de printemps, de primevères et de fleurs qui tendent à se naturaliser, le cœur de Marie permet de créer des scènes de toute beauté.

Description Cette plante de « jardin de grand-mère », très populaire, naissant de racines charnues, forme un feuillage vert bleuté et de hauts pédoncules de fleurs pendantes, en forme de cœur. De couleur rose vif, ces fleurs présentent deux lobes symétriques entourant une petite pointe qui, selon les interprétations, peut évoquer une larme ou une goutte de sang.

Emplacement idéal Mi-ombre. Dans les régions fraîches, le cœur de Marie tolère le plein soleil et, d'une façon générale, les températures extrêmes. Paillez l'hiver dans les régions froides.

Nature du sol Humifère et frais.

Conseils de culture La floraison dure de 4 à 6 semaines. En climat chaud, si le sol sèche, la plante entre en dormance après floraison. Apportez du fumier bien décomposé en surface au début du printemps. Si la plante perd de sa vigueur, divisez et replantez en sol enrichi de matière organique.

Multiplication Divisez en automne au début de la dormance. Semez la graine fraîche dehors en été. Bouturez en fin d'été.

Maladies et ravageurs Pas de menace particulière.

Dicentra formosa.

RUSTICITÉ
Zones 2 à 9.

HAUTEUR
30 à 75 cm.

ÉTALEMENT
69 à 90 cm.

FLORAISON
Printemps et début d'été.

AUTRE NOM COMMUN
Cœur de Jeannette.

Suggestions En région chaude, associez à l'hosta ou à des couvre-sols pour meubler au moment où le feuillage commence à faner.

Autres espèces *Dicentra eximia* fleurit surtout au printemps mais des fleurs éparses peuvent paraître pendant toute la saison de croissance. Du printemps à l'automne, le feuillage reste magnifique. Plantez en jardin formel ou informel, en masse, en rocaille ou le long d'un sentier. Quel que soit votre choix, placez-le de manière à admirer ses fleurs frangées et ses feuilles légères et ravissantes. Zones 3 à 9.

D. formosa (ci-dessus), de 30 à 45 cm de hauteur et 45 cm d'étalement, est une vivace persistante à port étalé et fleurs roses ou rouges en été et automne. Elle réussit en plein soleil comme à l'ombre. 'Alba' fleurit blanc pur. Zones 3 à 9.

RUSTICITÉ
Zones 3 à 8.

HAUTEUR
30 à 120 cm.

ÉTALEMENT
30 à 90 cm.

FLORAISON
Fin du printemps ou début d'été.

AUTRES NOMS COMMUNS
Dictame blanc, plante à gaz.

FRAXINELLE BLANCHE

LA GRÂCE DES FLEURS ET DES FEUILLES DU BUISSON ARDENT EST TELLE QU'IL FAUT ABSOLUMENT LE METTRE EN BONNE PLACE AU JARDIN.

Description Le collet ligneux à racines fasciculées donne naissance à des tiges portant des feuilles découpées et des épis dressés de fleurs blanches étoilées de 2,50 cm. Elles ont 5 pétales et 10 longues étamines ondulées. Elles sont suivies en été de belles capsules à graines.

Emplacement idéal De plein soleil à ombre légère.

Nature du sol Bien drainé, moyen à humifère.

Conseils de culture Cette vivace ayant une longue durée de vie demande peu d'entretien. Lente à s'installer, elle n'apprécie pas d'être déplacée une fois mise en terre.

Multiplication Semez dehors en fin d'été. Les plantules paraissent au printemps suivant mais se développent lentement. Mettez en place au bout de trois ans.

Maladies et ravageurs Pas de menace particulière. Évitez les sols détrempés, cause du pourridié des racines.

Suggestions Associez à d'autres vivaces nécessitant un sol bien drainé, comme le pavot oriental (*Papaver orientale*) et l'achillée.

Cultivars 'Purpureus' montre des fleurs mauves veinées de violet foncé.

RUSTICITÉ
Zones 3 à 8.

HAUTEUR
90 à 120 cm.

ÉTALEMENT
30 cm.

FLORAISON
Fin du printemps et été.

AUTRE NOM COMMUN
Gant de Notre-Dame.

DIGITALE

CETTE DIGITALE EST UNE PLANTE FACILE QUI FLEURIT LONGTEMPS. PLANTÉE EN MASSE, ELLE FORME LES PLUS BELLES SCÈNES.

Description La plante développe des rosettes de feuilles duveteuses, lancéolées, persistant tout l'hiver. Les fleurs tubulaires, de 5 à 7,50 cm, sont lavées de rose ou de violet à l'extérieur et tachées de violet sombre à l'intérieur. Il existe des cultivars blanc pur.

Emplacement idéal De plein soleil à mi-ombre.

Nature du sol Humifère, frais mais bien drainé.

Conseils de culture Divisez les vieilles touffes en prélevant les rosettes nouvelles portées par les pédoncules et en les replantant en sol enrichi de matière organique. Les jeunes plants mis en terre au printemps fleurissent la même année, ceux mis en terre en automne, l'année suivante. Supprimez les hampes fanées pour que la plante refleurisse. Laissez un pédoncule pour semis spontané.

Multiplication Divisez au printemps ou en automne. Semez la graine fraîche dehors en automne. Les plantules paraissant au printemps fleurissent l'année suivante.

Maladies et ravageurs Pas de menace particulière.

Suggestions Plantez au centre ou à l'arrière-plan, en plate-bande de vivaces. En jardin informel, associez la digitale

Digitalis × mertonensis (suite)

Digitale pourpre (*Digitalis purpurea*).

à des fougères et à des graminées ornementales. Le long d'un mur ou d'une clôture comme en compagnie d'arbustes à fleurs, plantez en masse.

Autres espèces *D. ferruginea*, la digitale ferrugineuse, haute de 1,20 à 1,50 m, offre des épis étroits de fleurs tachetées, rouille et blanc. Zones 3 à 7.

D. grandiflora, la digitale à grandes fleurs, montre un beau feuillage et des fleurs de 5 cm, jaune doux, portées sur des pédoncules de 30 à 90 cm. Zones 3 à 8.

D. lutea, digitale jaune, offre de petites fleurs jaune crème en épis étroits sur des pédoncules de 60 à 90 cm. Zones 4 à 8.

D. purpurea, digitale pourpre (ci-dessus), est une bisannuelle ou une vivace à vie brève. Ses pédoncules de 60 à 150 cm exposent des épis de fleurs pourpres, roses ou blanches. *Digitalis* f. *albiflora* est à fleurs blanches souvent tachetées de brun à l'intérieur. Les hybrides Excelsior montrent des épis denses de fleurs de couleurs variées. Zones 3 à 8.

RUSTICITÉ
Zones 3 à 8.

HAUTEUR
30 à 60 cm.

ÉTALEMENT
30 cm.

FLORAISON
Printemps et début d'été.

AUTRE NOM COMMUN
Doronique.

DORONIC DU CAUCASE

LES FLEURS EN MARGUERITE DE CETTE VIVACE TRÈS FACILE À VIVRE SONT UNE BELLE CONTRIBUTION AU DÉCOR PRINTANIER.

Description Des feuilles ovales vert soutenu forment des touffes ouvertes et s'émaillent de fleurs simples en marguerite de 2,50 à 5 cm, jaune vif, portées sur des pédoncules fins, dépourvus de feuilles.

Emplacement idéal De plein soleil à mi-ombre.

Nature du sol Humifère et frais, ne séchant pas pendant la croissance.

Conseils de culture Cette espèce qui paraît en tout début de printemps souffre parfois des gels tardifs. En région chaude, elle entre en dormance après floraison. En région fraîche, le feuillage persiste, ce qui nécessite un sol restant frais, condition que l'on obtient par paillage. Pour des plantes vigoureuses, divisez tous les 2 ou 3 ans.

Multiplication Divisez au printemps ou en automne. Semez à l'intérieur en fin d'hiver ou début de printemps.

Maladies et ravageurs Pas de menace particulière.

Suggestions Associez à la campanule à bouquets (*Campanula glomerata*), à *Mertensia pulmonarioides*, à des bulbes de printemps et à des fleurs tendant à se naturaliser.

Cultivars 'Magnificum' offre des fleurs de 5 cm.

RUSTICITÉ
Zones 3 à 8.
Tolère très bien la chaleur.

HAUTEUR
60 à 120 cm.

ÉTALEMENT
30 à 60 cm.

FLORAISON
Seconde moitié de l'été.

AUTRE NOM COMMUN
Rudbeckie.

RUDBECKIA POURPRE

CES SPECTACULAIRES FLEURS EN MARGUERITE SE MARIENT HEUREUSEMENT AVEC LA PLUPART DES VIVACES ET AVEC LES GRAMINÉES ORNEMENTALES.

Description Ancré par une longue racine pivotante, le rudbeckia pourpre montre un feuillage largement lancéolé sur de solides tiges poilues. La plante expose des capitules à grandes ligules récurvées, de couleur rose pourpré, entourant un disque central proéminent.

Emplacement idéal Plein soleil. Tolère la sécheresse une fois installé.

Conseils de culture La plante se développe par pousses basales et forme avec le temps des touffes importantes de longue durée de vie. Il est rarement nécessaire, et peu recommandé, de diviser.

Multiplication Semez à l'extérieur en automne ou à l'intérieur après stratification. Prélevez des boutures de racine en automne.

Maladies et ravageurs Pas de menace particulière.

Suggestions Bonne plante pour un jardin de vivaces formel ou une prairie fleurie.

Cultivars 'Alba' offre des capitules blanc crème.

'Bright Star' laisse paraître des capitules plats, rose tendre.

'Magnus' expose d'énormes fleurs plates, rose pourpré.

RUSTICITÉ
Zones 5 à 8.

HAUTEUR
25 à 30 cm.

ÉTALEMENT
30 cm.

FLORAISON
Première moitié du printemps.

AUTRE NOM COMMUN
Épimède.

FLEUR DES ELFES

EN ASSOCIATION AVEC DES HOSTAS ET DES FOUGÈRES, CE COUVRE-SOL FORME UN DÉCOR DE SOUS-BOIS TRÈS RÉUSSI.

Description Cette plante stolonifère développe des feuilles composées, à folioles en cœur, semi-persistantes. Les fleurs originales à 8 sépales jaunes et 4 pétales en éperon teintés de rouge sont portées au-dessus du feuillage.

Emplacement idéal De mi-ombre à ombre. Évitez les sols détrempés, surtout en hiver.

Nature du sol Frais, humifère.

Conseils de culture Ces épidèmes vivent des années durant, quasiment sans entretien. Ils tolèrent des conditions difficiles et viennent même dans l'ombre sèche des grands arbres. Paillez en hiver. Rabattez le feuillage pour faciliter l'émergence des fleurs.

Multiplication Divisez les vieilles touffes en fin d'été ou au printemps.

Maladies et ravageurs Pas de menace particulière.

Suggestions Associez à des bulbeuses, des hellébores, des fougères et des hostas.

Cultivars 'Neosulphureum' offre des fleurs jaunes à éperons courts.

'Sulphureum' se pare de très jolies fleurs en deux teintes de jaune.

Eremurus stenophyllus

ASPHODÉLACÉES

RUSTICITÉ
Zones 5 à 9.

HAUTEUR
60 à 90 cm.

ÉTALEMENT
60 cm.

FLORAISON
Printemps et été.

AUTRE NOM COMMUN
Quenouille de Cléopâtre, lis des steppes.

LIS DU DÉSERT

VIVACE MAJESTUEUSE ET ROBUSTE, SES BEAUX ÉPIS FLEURIS SONT TRÈS BIEN MIS EN VALEUR LORSQU'ON LA PLANTE AU PIED D'UN MUR.

Description Naissant d'une souche charnue à racines cassantes, cette plante forme une touffe de feuilles rubanées et de hauts pédoncules offrant de grands épis de fleurs en étoile à six pétales, de 2,50 cm de diamètre.

Emplacement idéal Plein soleil à ombre légère. En sol détrempé, les racines pourrissent.

Nature du sol Frais mais bien drainé, humifère.

Conseils de culture Plantez le collet à 10 ou 15 cm de profondeur. Ne laissez pas sécher la terre. Paillez pour protéger la plante des derniers gels printaniers. Divisez les touffes si elles sont trop serrées ou si la floraison décline.

Multiplication Divisez en automne. Semez la graine fraîche dehors en automne ou à l'intérieur après stratification.

Maladies et ravageurs Pas de menace particulière.

Suggestions Plantez en plate-bande mixte ou le long d'un mur ou d'une haie. Associez au pavot (*Papaver* subsp.), à l'hémérocalle (*Hemerocallis* subsp.) et à l'iris.

Cultivars 'Shelford' est à pédoncules hauts de 1,50 à 1,80 m et à épis de fleurs blanches, jaunes ou roses.

RUSTICITÉ
Zones 3 à 9.

HAUTEUR
25 cm.

ÉTALEMENT
20 cm.

FLORAISON
Printemps et été.

AUTRE NOM COMMUN
Érigéron.

VERGERETTE

CETTE ESPÈCE DE VERGERETTE FAIT UN PARFAIT COUVRE-SOL EN BORD DE MER. ELLE RÉUSSIT ÉGALEMENT TRÈS BIEN DANS LES JARDINS DE ROCAILLE.

Description Plante basse formant un tapis dense de feuillage vert bleuté surmonté de fleurs en marguerite mauve pâle, présentes durant tout le printemps et l'été.

Emplacement idéal Plein soleil.

Nature du sol Sableux, bien drainé.

Conseils de culture La plante est rustique et nécessite très peu d'eau. Espacez les plants de 20 à 25 cm. Pour une repousse bien compacte et moins de semis spontanés, rabattez après floraison.

Multiplication Semez, ou divisez les touffes matures au printemps.

Maladies et ravageurs Pas de menace particulière.

Suggestions Plantez en rocaille ou en talus sec.

Cultivars 'Alba' est à fleurs blanches.
'Elstead Pink' montre de ravissantes fleurs rose fort.
'Roseus' offre des fleurs roses.

RUSTICITÉ
Zones 6 à 10.

HAUTEUR
15 à 25 cm.

ÉTALEMENT
Illimité.

FLORAISON
Du printemps à la fin de l'été.

VERGERETTE

CETTE VERGERETTE, QUI SE RESSÈME À PROFUSION, PEUT DEVENIR ENVAHISSANTE. BIEN QU'ELLE TOLÈRE LA SÉCHERESSE, ELLE EST PLUS BELLE SI ON L'ARROSE UN PEU.

Description En région chaude, la plante expose toute l'année ses délicates petites fleurs en marguerite. S'ouvrant blanches sur un disque central jaune, elles deviennent roses, puis violettes avec l'âge. Synonyme : *Erigeron mucronatus*.

Emplacement idéal Plein soleil.

Nature du sol Moyennement fertile, bien drainé, sec.

Conseils de culture Cette vergerette rustique, peu exigeante en eau, doit être plantée à 20 ou 25 cm d'espacement. Rabattez après floraison pour une repousse plus compacte et moins de semis spontanés.

Multiplication Semez ou divisez les touffes matures au printemps.

Maladies et ravageurs Pas de menace particulière.

Suggestions Bonne plante de rocaille ou de talus sec.

RUSTICITÉ
Zones 2 à 9.

HAUTEUR
45 à 75 cm.

ÉTALEMENT
30 à 60 cm.

FLORAISON
Première moitié de l'été ; il arrive que la plante refleurisse.

AUTRES NOMS COMMUNS
Érigéron gracieux, érigéron de Californie.

ÉRIGÉRON ÉLÉGANT

L'ÉRIGÉRON DE CALIFORNIE SE MARIE HEUREUSEMENT À DES GRAMINÉES BASSES EN PRAIRIES FLEURIES SÈCHES. LES FLEURS DURENT LONGTEMPS EN BOUQUET.

Description La plante développe des touffes de feuilles pubescentes, lancéolées, de 15 cm. Les capitules de 3,50 cm montrent des rayons blancs, rose pâle ou rose vrai, entourant un disque jaune vif.

Emplacement idéal Plein soleil à mi-ombre. Tolère la chaleur et le froid.

Nature du sol Frais mais bien drainé, ordinaire à humifère.

Conseils de culture Cet érigéron a une longue durée de vie. Divisez tous les 2 ou 3 ans.

Multiplication Divisez en automne. Bouturez au printemps avant que les boutons floraux ne se forment. Semez dehors en automne ou à l'intérieur au printemps.

Maladies et ravageurs Pas de menace particulière.

Suggestions Plantez au premier plan de plates-bandes, avec géraniums botaniques (*Geranium* subsp.), potentilles (*Potentilla* subsp.) et phlox.

Hybrides L'érigéron de Californie a souvent été utilisé pour produire des hybrides.

'Azure Fairy' laisse voir des fleurs semi-doubles lavande.

'Förster's Darling' offre des fleurs roses tirant sur le rouge.

Eryngium giganteum APIACÉES

RUSTICITÉ
Zones 2 à 8.

HAUTEUR
90 à 120 cm.

ÉTALEMENT
30 à 75 cm.

FLORAISON
Été.

AUTRE NOM COMMUN
Panicaut géant.

CHARDON BLEU

L'EXTRAORDINAIRE JUXTAPOSITION DE CAPITULES BOMBÉS ET DE BRACTÉES COULEUR ARGENT FAIT DE CE CHARDON UN ÉLÉMENT ORIGINAL DE PLANTATION DE VIVACES.

Description Plante très esthétique à feuilles basales très divisées et pédoncules raides, ancrée par une épaisse racine pivotante. Les capitules bombés de petites fleurs bleu acier sont entourés de bractées épineuses.

Emplacement idéal Plein soleil. Tolère de fortes chaleurs une fois installé.

Nature du sol Moyen, bien drainé.

Conseils de culture Mettez en place lorsque les plantules sont très jeunes. Dès qu'elles sont un peu plus vieilles, elles supportent mal la transplantation.

Multiplication Semez dehors en automne. À l'intérieur, stratifiez les graines, puis semez à la façon habituelle.

Maladies et ravageurs Pas de menace particulière.

Suggestions Plantez au centre d'une plate-bande en compagnie de verges d'or (*Solidago* subsp.), d'asters, de phlox et de graminées ornementales.

Autres espèces *Eryngium alpinum*, le panicaut des Alpes, est similaire, mais montre des feuilles lobées et des fleurs plus grandes et plus voyantes. Zones 3 à 8.

Eryngium × *zabelii* est un hybride spectaculaire à grandes fleurs de couleur bleu-violet.

Eupatorium maculatum

ASTÉRACÉES

RUSTICITÉ
Zones 2 à 8.

HAUTEUR
1,20 à 1,80 m.

ÉTALEMENT
90 à 120 cm.

FLORAISON
Seconde moitié de l'été.

EUPATOIRE

CETTE EUPATOIRE HAUTE ET MAJESTUEUSE EST UNE ESPÈCE PARFAITE POUR PLATES-BANDES FRAÎCHES ET PRAIRIES FLEURIES.

Description Bouquets hémisphériques de petites fleurs rose pourpré portées à l'extrémité des pédoncules.

Emplacement idéal Plein soleil ou ombre légère.

Nature du sol Frais, humifère.

Conseils de culture Espacez suffisamment les jeunes plants, cette eupatoire mettant 2 ou 3 ans à prendre toute son amplitude.

Multiplication Divisez au début du printemps ou d'automne ou bouturez en début d'été.

Maladies et ravageurs Les mineuses provoquent de grandes taches pâles sur les feuilles. Supprimez et détruisez le feuillage atteint.

Suggestions Au centre ou à l'arrière-plan d'une plate-bande, cette eupatoire attire tous les regards. Peut servir d'écran, en compagnie de graminées ornementales. Vous pouvez aussi l'associer à d'autres vivaces hautes, asters, *Hibiscus* subsp., *Vernonia* subsp., verges d'or (*Solidago* subsp.) et graminées.

RUSTICITÉ
Zones 3 à 7.

HAUTEUR
90 à 105 cm.

ÉTALEMENT
90 à 105 cm.

FLORAISON
Du printemps à l'été.

AUTRE NOM COMMUN
Euphorbe à feuilles d'amandier.

EUPHORBE DES BOIS

CETTE VIVACE SUCCULENTE AU PORT GRACIEUX PEINT LE JARDIN DE SON VERT ET DE SON JAUNE PRINTANIERS.

Description Vivace dressée à feuilles vert fort, naissant de racines fasciculées charnues. Cultivée pour ses petites fleurs entourées de grandes bractées vert-jaune.

Emplacement idéal Plein soleil ou mi-ombre.

Nature du sol Frais, bien drainé.

Conseils de culture Plante peu exigeante. Divisez si nécessaire.

Multiplication Bouturez ou divisez au printemps ou en été. Semez en automne ou au printemps.

Maladies et ravageurs Pas de menace particulière.

Suggestions Plantez au premier plan d'une plate-bande, en rocaille ensoleillée ou dans un muret. Associez à des vivaces hautes fleurissant au printemps.

Cultivars 'Rubra' (ci-dessus), de port plus compact, montre des tiges et des feuilles pourprées, contrastant avec les bractées vertes.

'Variegata' porte des feuilles bordées de jaune.

Variétés *E. amygdaloides* var. *robbiae* forme des tiges portant des feuilles vert foncé en rosettes originales. Cette euphorbe atteint 60 cm de hauteur.

RUSTICITÉ
Zones 5 à 9.

HAUTEUR
15 à 25 cm.

ÉTALEMENT
30 à 60 cm.

FLORAISON
Printemps.

AUTRE NOM COMMUN
Euphorbe faux myrte.

EUPHORBE DE CORSE

CETTE EUPHORBE EST UNE PLANTE IDÉALE POUR LES ROCAILLES ENSOLEILLÉES, LES MURETS OU LE PREMIER PLAN DES PLATES-BANDES.

Description Espèce tapissante à tiges épaisses et feuilles succulentes bleu-gris, naissant de racines fasciculées charnues. C'est un sujet original de décor printanier. Les très petites fleurs jaunes sont entourées d'intéressantes bractées jaunes en entonnoir.

Emplacement idéal De plein soleil à ombre légère.

Nature du sol Ordinaire à humifère, bien drainé. Cette euphorbe vient même en sol pauvre et caillouteux.

Conseils de culture Vivace de culture facile avec une longue durée de vie. Elle semble apprécier qu'on la néglige. Divisez les touffes quand c'est nécessaire.

Multiplication Prélevez les boutures au printemps, après floraison. Plantez-les en substrat drainant après avoir scellé la coupure en mettant les tiges dans de l'eau tiède. Divisez les plantes matures au printemps ou en automne. Semez dehors en automne ou au printemps, à l'intérieur au début du printemps.

Maladies et ravageurs Pas de menace particulière.

Suggestions Associez-la à l'arabette et à l'aubriette (*Arabis* subsp. et *Aubrieta* subsp.), au phlox et à des bulbeuses.

RUSTICITÉ
Zones 3 à 8.

HAUTEUR
15 à 25 cm.

ÉTALEMENT
30 à 60 cm.

FLORAISON
Printemps.

EUPHORBE POLYCHROME

CETTE EUPHORBE QUI FLEURIT EN MÊME TEMPS QUE LES TULIPES PERMET LA COMPOSITION DE TRÈS BELLES SCÈNES COLORÉES.

Description Cette espèce de longue durée de vie est une plante sans exigences. Ses inflorescences originales se composent de très petites fleurs jaunes entourées de bractées jaunes en entonnoir.

Emplacement idéal Plein soleil ou ombre légère.

Nature du sol Moyen à riche, bien drainé. Peut aussi se contenter de sol pauvre et caillouteux.

Conseils de culture Divisez la plante si les touffes se montrent envahissantes.

Multiplication Prélevez les boutures en été et plantez-les aussitôt en substrat drainant après avoir scellé la coupure en mettant la tige dans de l'eau tiède.

Maladies et ravageurs Pas de menace particulière.

Suggestions Bon sujet de premier plan de plate-bande, de rocaille ou de muret. Associez la plante à des vivaces fleurissant tôt, comme ancolies (*Aquilegia* subsp.), arabettes (*Arabis*), aubriettes (*Aubrieta*), *Phlox stolonifera* et érigérons de Californie (*Erigeron speciosus*). Pour créer des effets de couleur, plantez-la en compagnie de bulbeuses, comme l'ail ornemental (*Allium* subsp.), les fritillaires (*Fritillaria* subsp.) ou les jonquilles.

Filipendula rubra ROSACÉES

RUSTICITÉ
Zones 3 à 9.

HAUTEUR
1,20 à 1,80 m.

ÉTALEMENT
60 à 120 cm.

FLORAISON
Fin de printemps et début d'été.

AUTRES NOMS COMMUNS
Spirée, filipendule.

REINE-DES-PRÉS

LORSQU'ELLES SONT EN FLEUR, LES TOUFFES DE CETTE FILIPENDULE SONT SPECTACULAIRES. ASSOCIEZ-LA À DES HÉMÉROCALLES ET À DES PHLOX.

Description Imposante plante stolonifère formant un feuillage palmé de belles feuilles lobées de 30 cm. Les inflorescences énormes portées sur de forts pédoncules offrent de minuscules fleurs serrées, roses, à cinq pétales.

Emplacement idéal De plein soleil à ombre légère. La plante ne tolère pas de sécheresse prolongée.

Nature du sol De fraîcheur constante, humifère.

Conseils de culture Si, après floraison, le feuillage est endommagé, rabattez totalement la plante, vous verrez paraître de nouvelles feuilles. En sol frais, cette vivace s'étend rapidement. Divisez tous les 3 ou 4 ans pour éviter qu'elle ne prenne toute la place.

Multiplication Déterrez les touffes au printemps ou en automne pour diviser, ou prélevez des éclats à l'extérieur des touffes. Semez à l'intérieur au printemps.

Maladies et ravageurs Pas de menace particulière.

Suggestions Plantez à l'arrière de plates-bandes ou en bordure de pièce d'eau en compagnie de fougères.

Cultivars 'Venusta' offre des fleurs roses mais les plantes obtenues par semis peuvent être de diverses couleurs.

RUSTICITÉ
Zones 4 à 9.

HAUTEUR
60 à 90 cm.

ÉTALEMENT
60 cm.

FLORAISON
Tout l'été.

GAILLARDE À GRANDES FLEURS

SUR UN EMPLACEMENT ENSOLEILLÉ EN SOL BIEN DRAINÉ, LA GAILLARDE DISPENSE TOUT L'ÉTÉ SES LUMINEUSES FLEURS BICOLORES.

Description Souche à racines fasciculées. Fleurs apparaissant sur des tiges lâches portant des feuilles lobées pubescentes. Capitules en marguerite, jaunes et orange, présentant un rang fourni, simple ou double, de ligules rayonnants pointus entourant un disque jaune.

Emplacement idéal Plein soleil.

Nature du sol Ordinaire à pauvre, bien drainé. Croissance exubérante, mais la plante s'affale en sol riche.

Conseils de culture Tolère la sécheresse et se plaît en bord de mer. Divisez tous les 2 ou 3 ans.

Multiplication Divisez au début du printemps. Semez à l'extérieur en automne ou à l'intérieur au printemps, après stratification. Les jeunes plants fleurissent souvent dès la première année.

Maladies et ravageurs Pas de menace particulière.

Conseils d'utilisation Bonne plante de rocaille, de plate-bande ou de jardin côtier.

Cultivars 'Baby Cole' est une sélection naine de 20 cm dont les fleurs sont jaunes à centre orange.

'Bremen' expose des fleurs à ligules cuivre à extrémité jaune.

'Kobold' (ci-dessus) offre des fleurs bicolores, rouge et jaune.

RUSTICITÉ
Zones 5 à 9.

HAUTEUR
90 à 120 cm.

ÉTALEMENT
90 cm.

FLORAISON
Tout l'été.

AUTRE NOM COMMUN
Gaura blanche.

GAURE DE LINDHEIMER

LA GAURE EST UNE VIVACE PARFAITE EN JARDIN INFORMEL. SES LONGS RAMEAUX DE FLEURS SEMBLENT FAIRE NAÎTRE DES NUÉES DE PAPILLONS.

Description Vivace buissonnante naissant d'une grosse et profonde racine pivotante. Ses tiges solides portent de petites feuilles pubescentes et des racèmes de fleurs blanches teintées de rose. Originales, celles-ci se composent de quatre pétales triangulaires entourant de longues étamines.

Emplacement idéal Plein soleil. La plante tolère la grande chaleur.

Nature du sol Frais, bien drainé, ordinaire à riche.

Conseils de culture Vivace facile à vivre qui prospère pendant des années sans réclamer beaucoup de soins. Qu'il fasse chaud ou humide, elle fleurit tout l'été. Supprimez les pédoncules défleuris pour en susciter de nouveaux.

Multiplication Semez dehors au printemps ou en automne. La plante se ressème spontanément.

Maladies et ravageurs Pas de menace particulière.

Suggestions Associez la gaure à des vivaces formant des monticules bas comme les verveines (*Verbena* subsp.), les géraniums botaniques (*Geranium* subsp.) et les sédums. En fin d'été, la plante se marie heureusement avec des graminées ornementales de teintes cuivrées.

Rusticité
Zones 5 à 7.

Hauteur
45 à 60 cm.

Étalement
60 à 90 cm.

Floraison
Fin d'été et automne.

Autre nom commun
Gentiane asclépiade.

Gentiane à feuilles d'asclépiade

PLANTEZ LA GENTIANE À FEUILLES D'ASCLÉPIADE EN PLATE-BANDE OU EN ASSOCIATION AVEC DES FOUGÈRES ET DES ESPÈCES TENDANT À SE NATURALISER DANS UN JARDIN DE STYLE INFORMEL.

Description Cette vivace naissant d'un collet à racines charnues fleurit en fin de saison. Ses tiges arquées portent des feuilles lancéolées, opposées, à nervures en relief. Aux aisselles de feuilles paraissent des fleurs en paires, bleu profond, en forme de tube s'évasant en cinq pétales pointus.

Emplacement idéal Plein soleil à mi-ombre. Protégez-la des rayons du soleil de l'après-midi qui fait brunir les feuilles, surtout en région chaude.

Nature du sol De fraîcheur constante, humifère.

Conseils de culture Toutes les gentianes sont des vivaces qui vivent longtemps et qui ne nécessitent guère de soins. Elles n'aiment pas être dérangées et n'ont que rarement besoin d'être divisées.

Multiplication Divisez au printemps avec précaution. Semez la graine fraîche dehors à la fin de l'automne, à l'intérieur, ou en fin d'hiver après stratification.

Maladies et ravageurs Pas de menace particulière.

Suggestions Cultivez la gentiane asclépiade avec les asters, les verges d'or (*Solidago* subsp.) et autres espèces fleurissant l'automne. Elle se marie aussi avec les fougères et les graminées.

RUSTICITÉ
Zones 4 à 8.

HAUTEUR
30 à 45 cm.

ÉTALEMENT
45 cm.

FLORAISON
Première moitié de l'été.

AUTRE NOM COMMUN
Bec de grue.

GÉRANIUM D'ENDRESS

CE GÉRANIUM EST UNE PLANTE PARFAITE À L'AVANT D'UNE PLATE-BANDE OÙ ELLE CONSTITUE UN TRAIT D'UNION ENTRE DIVERSES ESPÈCES. ELLE PEUT AUSSI FAIRE DE JOLIES BORDURES LE LONG D'UN MUR.

Description Cette vivace formant un petit monticule s'étend lentement par racines traçantes. Durant la première partie de l'été, elle expose de fines fleurs en coupe, à cinq pétales, en bouquets lâches.

Emplacement idéal De plein soleil à mi-ombre. En région chaude, protégez des rayons brûlants de soleil, l'après-midi.

Conseils de culture La chaleur inhibe la floraison. En région fraîche, ce géranium peut fleurir tout l'été. Divisez les touffes trop denses et replantez en sol enrichi.

Multiplication Divisez en automne ou au printemps. Semez dehors en automne ou à l'intérieur au printemps. Prélevez des boutures herbacées en été.

Maladies et ravageurs Pas de menace particulière.

Suggestions Associez à des fougères et des espèces ayant tendance à se naturaliser en jardin informel.

Autres espèces *G. argenteum* (voir page 216) est un géranium alpin dont les feuilles brillent d'un reflet métallique. Les fleurs mauves sont éparses. Zones 5 à 8.

Geranium argenteum.

G. cinereum, le géranium cendré, est une plante basse, tapissante, à petites feuilles très découpées et fleurs en coupe, roses veinées de violet. C'est en rocaille qu'il se plaît le mieux. 'Ballerina' (page 217) est un cultivar à fleurs rose lilas dont les pétales très veinés s'ouvrent sur un œil pourpre. 'Splendens' offre des fleurs roses à œil sombre. Zones 4 (avec protection) ou zones 5 à 8.

G. clarkei est une espèce à feuilles arrondies, très découpées. Elle se pare d'une multitude de fleurs blanches, roses ou lilas, à nervures sombres. 'Kashmir Purple' laisse voir des fleurs violettes. 'Album' est à fleurs blanches. Zones 4 à 8.

G. dalmaticum est une plante basse formant un coussin rond de petites feuilles ondulées et lobées. Les fleurs de 2,50 cm sont mauves. Ce géranium s'étend rapidement par racines traçantes. 'Album' est une variété à fleurs blanches tandis que 'Biokovo' est un cultivar à fleurs rose pâle. Zones 4 à 8.

G. himalayense est un géranium formant un monticule de feuilles très découpées et de fleurs de 5 cm, bleu violet. 'Gravetye', bien compact, montre des fleurs bleues à œil violet. Zones 4 à 8.

G. ibericum, le géranium d'Ibérie, est une espèce robuste à feuilles comportant de sept à neuf folioles. Ses fleurs bleu-violet de 5 cm sont portées sur des tiges solides. Zones 3 à 8.

G. macrorrhizum, le géranium à grosses racines, est une plante qui s'étend rapidement et présente des feuilles odorantes à sept folioles. Les

Geranium cinereum 'Ballerina'.

fleurs sont rose vif. 'Album' offre des fleurs blanches à sépales roses. 'Ingwersen's Variety' exhibe de belles feuilles luisantes et des fleurs rose clair. Zones 3 à 8.

G. maculatum est une plante de sous-bois à feuilles comportant cinq folioles. Les hauts pédoncules montrent des bouquets de quelques fleurs rose clair ou blanches. Zones 4 à 8.

G. × oxonianum 'A.T. Johnson' expose d'abondantes fleurs rose argenté. 'Claridge Druce' montre des fleurs rose lilas. 'Wargrave Pink' laisse voir des fleurs rose pur. Zones 4 à 8.

G. pratense, le géranium des prés, porte des feuilles très découpées et montre des fleurs violettes veinées de rouge. 'Mrs. Kendall Clarke' se pare de fleurs bleu-mauve.

G. sanguineum, le géranium sanguin, est une espèce basse et tapissante à feuilles très découpées et fleurs magenta très ouvertes, portées juste au-dessus du feuillage. 'Sheperd's Warning' est une plante basse qui fleurit rose. *G. sanguineum* var. *Striatum*, de port prostré, montre des fleurs rose pâle veinées de rose plus foncé. Zones 3 à 8.

G. sylvaticum, le géranium des bois, à feuilles lobées, laisse paraître ses fleurs roses ou blanches très tôt dans le printemps. Zones 3 à 8.

Gypsophila paniculata CARYOPHYLLACÉES

RUSTICITÉ
Zones 3 à 9.

HAUTEUR
90 à 120 cm.

ÉTALEMENT
60 à 90 cm.

FLORAISON
Été.

AUTRE NOM COMMUN
Souffle de bébé, gypsophile brouillard.

GYPSOPHILE

LA GYPSOPHILE EST SPLENDIDE ASSOCIÉE À DES VIVACES À FEUILLES OU À INFLORESCENCES POINTUES, COMME LE YUCCA ET LA DIGITALE.

Description Cette espèce traditionnelle s'ancre par une grosse et profonde racine pivotante. Elle porte un feuillage peu dense, vert bleuté. De très petites fleurs blanches, simples ou doubles, paraissent en grands bouquets aériens en forme de dôme.

Emplacement idéal De plein soleil à mi-ombre. Tolère le froid et la chaleur.

Nature du sol De neutre, ou presque, à alcalin, frais et humifère.

Conseils de culture Mettez en pleine terre au printemps. Ne dérangez pas la plante une fois qu'elle s'est installée. Pour qu'elle vive longtemps, il lui faut un bon drainage. Les cultivars de haute taille doivent être tuteurés.

Multiplication Bouturez en été. Semez dehors au printemps ou en automne, à l'intérieur, au printemps.

Maladies et ravageurs Pas de menace particulière.

Suggestions Servez-vous de ces nuées de petites fleurs pour camoufler le feuillage jaunissant des bulbeuses ou de certaines vivaces qui, comme le pavot oriental (*Papaver orientale*), entre en dormance l'été.

Cultivars 'Bristol Fairy', à port plus compact, offre des fleurs doubles, 'Pink Fairy', de belles fleurs roses, doubles.

RUSTICITÉ
Zones 3 à 8.

HAUTEUR
90 à 150 cm.

ÉTALEMENT
69 à 90 cm.

FLORAISON
Fin d'été et automne.

AUTRE NOM COMMUN
Hélénie d'automne.

HÉLÉNIE AUTOMNALE

ASSOCIEZ L'HÉLÉNIE À D'AUTRES VIVACES FLEURISSANT EN FIN DE SAISON. PLACEZ-LA EN MASSE OU AU CENTRE OU À L'ARRIÈRE-PLAN D'UNE PLATE-BANDE.

Description Cette vivace qui laisse voir tard dans la saison sa floraison spectaculaire forme de hautes tiges portant des feuilles velues lancéolées, bordées de larges dents. Les capitules en marguerite de 5 cm montrent de larges pièces pétaloïdes ligulées.

Emplacement idéal Plein soleil à ombre légère.

Nature du sol Humifère, de fraîcheur constante. Tolère les sols mouillés.

Conseils de culture Vous pouvez tuteurer ou pincer les tiges au début de l'été pour rendre le port plus compact. Divisez tous les 3 ou 4 ans.

Multiplication Divisez au printemps ou en automne. Prélevez les boutures herbacées en début d'été. Semez dehors au printemps ou en automne.

Maladies et ravageurs Pas de menace particulière.

Suggestions En fin de saison, l'hélénie apporte une belle note de couleur au jardin. Associez-la à des asters, des verges d'or (*Solidago* subsp.) et des phlox (*Phlox paniculata*).

Cultivars 'Butterpat' expose des fleurs jaune vif.

'Riverton Beauty' offre des fleurs jaune d'or à centre rouge bronze.

RUSTICITÉ
Zones 4 à 8.

HAUTEUR
1,20 à 1,50 m.

ÉTALEMENT
60 à 90 cm.

FLORAISON
Seconde moitié de l'été.

HÉLIANTHE À DIX RAYONS

AU JARDIN DE VIVACES, CETTE PLANTE DE LA FAMILLE DU TOURNESOL APPORTE AVEC SES FLEURS SPECTACULAIRES DE VÉRITABLES PETITS ÉCLATS DE SOLEIL.

Description La souche massive à racines fasciculées de cette vivace donne naissance à de fortes tiges portant de larges feuilles cunéiformes. En été, des capitules de 5 à 7 cm de diamètre montrent de grandes ligules jaune vif entourant un centre jaune.

Emplacement idéal Plein soleil.

Nature du sol Frais, ordinaire à humifère. La plante tolère les sols mouillés.

Conseils de culture Cet hélianthe est de culture facile mais a besoin d'espace pour se développer. Divisez tous les 3 ou 4 ans. Les tiges sont en général solides et se passent de tuteur, sauf si la plante croît à mi-ombre.

Multiplication Divisez en automne. Prélevez les boutures herbacées en début d'été ou semez dehors en automne.

Maladies et ravageurs Pas de menace particulière.

Suggestions Associez au phlox (*Phlox paniculata*), à l'aster, à la verge d'or (*Solidago* subsp.), au sédum et aux graminées ornementales.

Autres espèces *H.* × *multiflorus* est le résultat du croisement entre *H. decapetalus* et *H. annuus*. Nombreux cultivars, dont 'Loddon Gold'.

RUSTICITÉ
Zones 3 à 9.

HAUTEUR
90 à 180 cm.

ÉTALEMENT
60 à 120 cm.

FLORAISON
Première moitié de l'été.

AUTRES NOMS COMMUNS
Héliopside, héliopsis faux-hélianthe.

TOURNESOL VIVACE

CE LUMINEUX TOURNESOL ESTIVAL SE MARIE TOUT AUSSI BIEN AVEC DES VIVACES FLEURISSANT L'ÉTÉ QU'AVEC DES GRAMINÉES ORNEMENTALES.

Description Haute plante buissonnante naissant d'une souche à racines fasciculées, développe des feuilles triangulaires de 12,50 cm. Les fleurs en marguerite de 5 à 7 cm comportent de larges ligules entourant des centres jaunes devenant bruns avec l'âge.

Emplacement idéal De plein soleil à ombre légère.

Nature du sol Moyen à humifère, frais et bien drainé.

Conseils de culture S'étend rapidement en sol riche. Divisez tous les 2 ou 3 ans. Elle peut nécessiter un tuteurage.

Multiplication Divisez au printemps ou en automne. Prélevez des boutures herbacées à la fin du printemps ou en début d'été. Semez dehors en automne ou au printemps.

Maladies et ravageurs Pas de menace particulière.

Suggestions Plantez en compagnie de phlox (*Phlox paniculata*), de liatrides (*Liatris* subsp.) et d'asters.

Cultivars 'Golden Plume' offre des fleurs doubles sur des plantes compactes de 90 à 105 cm de hauteur.

'Karat' développe des tiges de 1,20 m portant des fleurs simples de plus de 7 cm de diamètre.

'Summer Sun' a de jolies fleurs de 10 cm sur des tiges de 60 à 90 cm.

Helleborus niger RANUNCULACÉES

RUSTICITÉ
Zones 3 à 8.

HAUTEUR
30 à 45 cm.

ÉTALEMENT
30 à 60 cm.

FLORAISON
Début d'hiver et printemps.

AUTRE NOM COMMUN
Hellébore noir.

ROSE DE NOËL

SON RAVISSANT FEUILLAGE ÉTANT DÉCORATIF TOUTE L'ANNÉE, ELLE ÉCLAIRERA UN JARDIN DE SOUS-BOIS OU UNE PLATE-BANDE PRINTANIÈRE.

Description Naissant d'un épais collet à racines charnues, elle donne des feuilles épaisses et lobées. Les fleurs, blanches puis roses, comptent cinq pétales, qui sont en réalité des sépales, entourés de bractées feuillées.

Emplacement idéal D'ombre légère à mi-ombre. Une fois installée, la plante tolère les sols secs et l'ombre dense.

Nature du sol Humifère et de fraîcheur constante.

Conseils de culture Au printemps, supprimez toute feuille abîmée. La rose de Noël met 2 ou 3 ans à s'installer et n'apprécie pas la transplantation. Ne divisez que pour multiplier.

Multiplication Déterrez les touffes au printemps, après floraison et divisez les collets. Replantez les éclats immédiatement. Semez dehors au printemps ou en début d'été.

Maladies et ravageurs Pas de menace particulière.

Suggestions Associez-la à des bulbeuses de début de printemps, à des fleurs tendant à se naturaliser et à des fougères.

Autres espèces *H. argutifolius*, l'hellébore de Corse, offre des fleurs vertes. Zones 6 à 8. *H. orientalis*, la rose de carême, est à fleurs roses, rouges ou blanches. Zones 4 à 9.

RUSTICITÉ
Zones 3 à 9 pour la plupart des hybrides.

HAUTEUR
30 à 150 cm.

ÉTALEMENT
60 à 90 cm.
Les hybrides vont de taille très haute à miniature.

FLORAISON
Fin du printemps et été.

AUTRES NOMS COMMUNS
Lis d'un jour, lis de la Saint-Jacques.

HÉMÉROCALLE

L'HÉMÉROCALLE EST UNE PLANTE DE LONGUE DURÉE DE VIE ET D'ENTRETIEN FACILE. SES HYBRIDES SPECTACULAIRES COMPTENT PARMI LES VIVACES LES PLUS POPULAIRES.

Description Chaque fleur ne dure qu'une journée, mais vu le nombre de boutons, la floraison peut s'étendre sur plus d'un mois. Les fleurs varient en couleur et en forme. Si l'espèce fleurit surtout orange ou jaune et montre des fleurs à larges pétales et à sépales étroits, les hybrides modernes existent en toutes sortes de couleurs.

Emplacement idéal De plein soleil à ombre légère. La plupart des hybrides modernes nécessitent 8 heures de soleil direct au moins pour bien fleurir. L'espèce, et certaines des sélections plus anciennes, fleurit à mi-ombre.

Nature du sol De fraîcheur constante, moyen à humifère.

Conseils de culture Plantez des hémérocalles achetées en pot ou à racines nues au printemps ou en automne. Placez les collets juste sous la surface du sol. Ces plantes mettent un an à s'installer, puis s'étendent rapidement en touffes denses. La plupart peuvent rester en place, intouchées, pendant des années. Les pédoncules sont parfois si serrés que cela nuit à la beauté de la plante. Divisez alors tous les 3 ans. Supprimez régulièrement les fleurs fanées pour que vos hémérocalles soient plus décoratives. Le feuillage reste généralement beau toute l'année. Si une feuille jaunit, saisissez-la et tirez d'un coup sec pour qu'elle se détache de la base.

Hemerocallis hybrides (suite)

Les centaines de cultivars de l'hémérocalle offrent une riche gamme de couleurs.

Multiplication On ne multiplie par division qu'en automne ou au printemps. Les hémérocalles obtenues par semis sont souvent moins belles que les parents.

Maladies et ravageurs Les feuilles et les boutons floraux sont sujets aux pucerons et aux thrips. Débarrassez-vous des pucerons au moyen d'un jet doux ou traitez au savon insecticide. Les thrips tracent de petites lignes blanches sur les feuilles et, si l'attaque est massive, peuvent aller jusqu'à déformer les boutons. Traitez au savon insecticide ou à un insecticide biologique, à base de pyrèthre, par exemple. Contre limaces et escargots, placez de petites coupelles de bière de façon qu'elles affleurent au niveau du sol.

Suggestions L'hémérocalle est faite pour une plantation en masse. Associez-lui des vivaces fleurissant en été et des graminées.

Cultivars Il existe des milliers de cultivars, dans toutes sortes de couleurs. Achetez des plants fleuris pour être sûr qu'ils correspondent à vos attentes. Nous citons ici quelques cultivars qui ont fait leurs preuves.

'Catherine Woodberry' montre des fleurs rose nacré à gorge jaune.

'Chicago Royal' laisse voir des fleurs violettes à gorge verte.

'Hyperion' présente de ravissantes fleurs jaunes parfumées.

'Ice Carnival' fleurit d'une couleur très proche du blanc.

'Mary Todd' expose de très gracieuses fleurs échevelées jaunes.

Heucher sanguinea SAXIFRAGACÉES

Rusticité
Zones 3 à 8.

Hauteur
30 à 75 cm.

Étalement
30 à 60 cm.

Floraison
Fin du printemps et été.

Autres noms communs
Désespoir du peintre, muguet rose.

Heuchère

LES LÉGERS ÉPIS FLORAUX DE L'HEUCHÈRE DANSENT DANS LE VENT AU-DESSUS DE SES FEUILLES RONDES. C'EST UNE PLANTE PARFAITE POUR LE JARDIN DE SOUS-BOIS.

Description La plante forme de jolies touffes de feuilles à festons. Les petites fleurs penchées, à pétales frangés, sont portées en bouquets légers, ramifiés. Elles prennent toutes les teintes du blanc au rouge, en passant par le rose.

Emplacement idéal Plein soleil ou mi-ombre. En climat chaud, il faut leur éviter le soleil brûlant de l'après-midi.

Nature du sol Frais mais bien drainé, humifère.

Conseils de culture Éliminez les pédoncules fanés pour encourager la plante à refleurir. Au fur et à mesure de leur croissance, les collets forment une masse ligneuse au-dessus du sol. Déterrez les plantes tous les 3 ou 4 ans et replantez les collets en sol enrichi. Espacez-les suffisamment pour que l'heuchère garde sa vigueur et continue de fleurir abondamment.

Multiplication Divisez les plantes en automne ou semez au printemps. On multiplie les cultivars exclusivement par division, la graine ne reproduisant pas fidèlement le type.

Maladies et ravageurs Pas de menace particulière.

Suggestions Plantez l'heuchère au premier plan d'une plate-bande, en bordure de massif, le long de sentiers

Heuchera sanguinea (suite)

Heuchera sanguinea.

ou en rocaille un peu ombragée. La plante se plaît en conteneur. Associez-la à des géraniums botaniques (*Geranium* subsp.), au népéta, aux ails ornementaux (*Allium* subsp.), aux onagres (*Oenothera* subsp.) et aux ancolies (*Aquilegia* subsp.).

Hybrides Vous trouverez parmi les heuchères hybrides : *H.* × *brizoides* (page 225), présentant un feuillage et une floraison également attrayants. La plante développe à partir d'un collet ligneux des monticules arrondis de feuilles lobées, arrondies et persistantes. Celles-ci peuvent être vert soutenu, vert-de-gris ou marbrées d'argent. Le monticule a 30 cm de hauteur et les pédoncules, 30 cm de plus. Les délicats bouquets ramifiés exposent des fleurs subtiles, à pétales frangés qui se déclinent dans toutes les teintes entre le blanc et le rouge. Selon les cultivars, la floraison a lieu de la fin du printemps à l'été.

'Chatterbox' expose de grandes fleurs rosées ravissantes.

'Coral Cloud' fleurit rose corail.

'June Bride' se pare de grandes fleurs blanches très décoratives.

'Mt St Helens' montre des fleurs rouge brique.

Hibiscus moscheutos

MALVACÉES

RUSTICITÉ
Zones 5 à 10.

HAUTEUR
1,20 à 2,40 m.

ÉTALEMENT
90 à 150 cm.

FLORAISON
Tout l'été.

AUTRE NOM COMMUN
Hibiscus des marais, ketmie des marais.

ROSE DE CHINE

L'ATTRAIT PRINCIPAL DE CETTE PLANTE BIEN RÉSISTANTE EST L'ABONDANCE DE SA FLORAISON QUI APPORTE AU JARDIN UNE NOTE DE COULEUR VIBRANTE.

Description Vivace buissonnante naissant d'un collet ligneux qui porte de larges feuilles ovales à 3 ou 5 lobes peu profonds. Les fleurs de 15 à 20 cm montrent 5 pétales plissés, dans des teintes de blanc et de rose, entourant une colonne centrale portant les organes de reproduction mâles et femelles. Le centre de la fleur est rouge vif.

Emplacement idéal De plein soleil à ombre légère.

Nature du sol Humifère, de fraîcheur constante. Cet hibiscus tolère les sols mouillés.

Conseils de culture Espacez suffisamment les jeunes plants. La plante n'aime pas être déplacée.

Multiplication Prélevez les boutures herbacées en été, ôtez-en les boutons floraux et raccourcissez les feuilles de la moitié de leur longueur pour diminuer l'évaporation. La graine d'un parent donne une descendance variable. Semez dehors en automne.

Maladies et ravageurs Le scarabée japonais réduit parfois les feuilles à un état squelettique, ne laissant que les nervures. Ôtez-les à la main et noyez-les dans un seau d'eau savonneuse.

Suggestions En sujet isolé ou en platebande, avec graminées ornementales et vivaces d'été de port aérien.

RUSTICITÉ
Zones 3 à 8.
Certains cultivars sont rustiques en zone 2.

HAUTEUR
15 à 90 cm.

ÉTALEMENT
15 à 150 cm.

FLORAISON
Été ou automne, selon l'hybride et l'origine.

HOSTA

LES HOSTAS SE MARIENT HEUREUSEMENT AVEC LES BULBEUSES DE PRINTEMPS, LEURS FEUILLES GÉNÉREUSES REMPLISSANT BIEN LES VIDES QUE CELLES-CI LAISSENT APRÈS FLORAISON.

Description Espèces à feuillage, indispensables au jardin d'ombre. Leurs feuilles épaisses, plissées ou cloquées, émergent d'un collet à racines charnues. Les fleurs, blanches, lavande ou pourpres, sont portées sur de fins pédoncules. Elles montrent trois pétales et trois sépales pétaloïdes.

Emplacement idéal Ombre légère à dense. La plante s'adapte à des conditions de sécheresse et d'humidité. Chez les formes à feuillage jaune ou bleu, un soleil filtré est le gage d'une belle coloration. Tous les hostas doivent être protégés du soleil brûlant, l'après-midi, surtout en région chaude. Les cultivars panachés ou jaunes sont sujets aux brûlures.

Nature du sol Humifère, de fraîcheur constante.

Conseils de culture Les hostas, et particulièrement les cultivars à grandes feuilles, mettent plusieurs années à atteindre leur taille et leur forme matures. Lorsque vous plantez, prévoyez de laisser suffisamment de place pour qu'ils puissent se développer. Les jeunes pousses mettent du temps à paraître au printemps. Il faut donc faire attention à ne pas les endommager lors des nettoyages saisonniers. Plantez de petits bulbes, perce-neige ou scilles, autour des touffes pour les repérer plus facilement.

Les feuilles et les fleurs d'hostas offrent des couleurs très variées.

Multiplication Divisez en fin d'été.

Maladies et ravageurs Placez des coupelles de bière au niveau du sol pour piéger limaces et escargots. Vous pouvez aussi disposer un cordon de poudre d'algues, de cendre de bois ou de sable tout autour de la plante.

Suggestions Utilisez les petits cultivars en bordure de massifs ou comme couvre-sol sous des arbustes et des arbres. Pour créer une ponctuation, en plate-bande mixte ou en sujet isolé, optez pour un des grands hostas. Associez-les à des fleurs tendant à se naturaliser, des fougères, des carex et des vivaces d'ombre.

Cultivars On trouve des centaines de cultivars de cette plante à feuillage très populaire ; nous n'en citons ici que quelques-unes.

'Antioch' est une plante moyenne à grande, présentant des feuilles à bords crème.

'August Moon' porte de grandes feuilles dorées.

'Fragrance' est de taille moyenne et développe des feuilles vert soutenu à bord blanc.

'Golden Tiara' est un hosta petit à moyen, à feuilles bordées d'or.

'Honeybells' porte des feuilles vert fluo et offre des fleurs parfumées teintées de violet.

'Royal Standard' produit des feuilles vert fluo de taille moyenne et laisse paraître des fleurs blanches parfumées.

'Sum and Substance' développe d'énormes feuilles dorées.

RUSTICITÉ
Zones 3 à 9.

HAUTEUR
15 à 30 cm.

ÉTALEMENT
30 à 60 cm.

FLORAISON
Début du printemps.

AUTRES NOMS COMMUNS
Thlaspi toujours vert, ibéride, ibéris.

CORBEILLE D'ARGENT

DANS UN SOL BIEN DRAINÉ, LA CORBEILLE D'ARGENT VOUS REMERCIERA EN DÉPLOYANT SES MONTICULES D'ÉBLOUISSANTES FLEURS BLANCHES DÈS LE DÉBUT DU PRINTEMPS.

Description Ce sous-arbrisseau semi-ligneux à petit feuillage persistant, vert foncé, naît d'une souche à racines fasciculées. Ses petits bouquets ronds et denses offrent à foison des fleurs de 6 mm à quatre pétales.

Emplacement idéal Plein soleil à ombre légère.

Nature du sol Moyen à humifère, bien drainé.

Conseils de culture Espacez les plants de 30 à 45 cm en plate-bande formelle ; de 15 cm pour une bordure. Taillez à la cisaille après floraison pour obtenir un port compact. En zones 3 et 4, paillez en hiver.

Multiplication Marcottez ou bouturez en début d'été. Semez dehors au printemps ou en automne.

Maladies et ravageurs Pas de menace particulière.

Suggestions Utilisez l'ibéris en bordure de plantations formelles, de voies d'accès ou de murs. Plantez en rocaille ou en compagnie de bulbeuses de printemps et de vivaces fleurissant tôt.

Cultivars Grandes fleurs blanches pour 'Autumn Snow' ; gros bouquets de fleurs blanches sur des pédoncules de 20 à 25 cm pour 'Snowflake'.

Impatiens hybrides de Nouvelle-Guinée BALSAMINACÉES

RUSTICITÉ
Zones 5 à 10.

HAUTEUR
30 à 60 cm.

ÉTALEMENT
30 à 45 cm.

FLORAISON
Du début de l'été aux premières gelées.

IMPATIENCE

CES IMPATIENCES N'ONT PAS UNE FLORAISON AUSSI ABONDANTE QUE LEUR PARENTE, L'IMPATIENCE COMMUNE, UNE PLANTE D'OMBRE, MAIS ON NE SE LASSE PAS DE LEUR JOLI FEUILLAGE.

Description Plante dressée formant une touffe arrondie de feuilles vertes à belles panachures rouges, crème ou bronze. Les fleurs exposent toutes sortes de couleurs dont orange, rouge, pourpre, rose et mauve. Vivaces là où il ne gèle pas, ce sont des annuelles ailleurs.

Emplacement idéal De plein soleil à mi-ombre.

Nature du sol Moyen à frais, bien drainé, enrichi de matière organique.

Conseils de culture Plantez en situation abritée et bien fraîche. Pincez les jeunes plants pour obtenir des plantes de port rond et compact.

Multiplication Semez à l'intérieur de 6 à 8 semaines avant la fin de la période de gel. Mettez les plantules en pleine terre 12 semaines après la fin de la période de gel, avec 30 à 45 cm d'espacement. Bouturez en fin d'été et, une fois racinées, mettez les boutures en pot en automne. Placez-les auprès d'une fenêtre ensoleillée jusqu'au printemps suivant.

Maladies et ravageurs Pas de menace particulière.

Suggestions Les jolies fleurs enchâssées dans le feuillage voyant de ces impatiences font merveille en massifs, plates-bandes et conteneurs.

RUSTICITÉ
Zones 5 à 10.

HAUTEUR
15 à 60 cm.

ÉTALEMENT
15 à 60 cm.

FLORAISON
Du début de l'été jusqu'aux premières gelées.

IMPATIENCE COMMUNE

CETTE IMPATIENCE EST UNE ESPÈCE OMNIPRÉSENTE EN POT, EN JARDINIÈRE ET EN PANIER SUSPENDU. LÉGÈRE ET COLORÉE, ELLE EMBELLIT PARFAITEMENT UN COIN UN PEU SOMBRE.

Description Vivace non rustique cultivée le plus souvent en annuelle, formant un joli monticule buissonnant de tiges succulentes ramifiées. Feuilles vertes ou vert bronze lancéolées, à bord légèrement denté. Se couvre durant une longue période de fleurs plates à éperon.

Emplacement idéal Ombre.

Nature du sol Moyen à frais, bien drainé, enrichi en matière organique.

Conseils de culture Gardez le substrat bien frais et pincez les jeunes plants pour produire des plantes compactes, en petits buissons arrondis.

Multiplication Les boutures racinent plus facilement pendant les mois chauds. Semez à l'intérieur de 8 à 10 semaines avant la fin de la période de gel. Recouvrez le pot d'un sac de plastique et gardez au chaud jusqu'à l'apparition des plantules. Mettez les jeunes plants en pleine terre 2 semaines après la fin de la période de gel.

Maladies et ravageurs Pas de menace particulière.

Suggestions Reine du jardin d'ombre, l'impatience commune se marie à merveille avec d'autres annuelles et vivaces dans les massifs et les platesbandes.

Rusticité
Zones 5 à 8.

Hauteur
45 à 60 cm.

Étalement
45 cm.

Floraison
Printemps et début d'été.

Incarvillée

Associez cette plante originale à des couvre-sols plus traditionnels tels qu'aubriette, ibéris et sédum. L'incarvillée fait également des merveilles en bordure fleurie.

Description Plante décorative à feuilles très divisées rappelant celles de la fougère, lentes à émerger au printemps. Les fleurs roses en trompette de 5 à 7,50 cm s'évasent en cinq pétales. Elles éclosent en bouquets entre 30 et 60 cm au-dessus du feuillage.

Emplacement idéal De plein soleil à mi-ombre. En région chaude, protégez des rayons brûlants du soleil, l'après-midi. Tolère mal les fortes températures.

Nature du sol Moyen à humifère, bien drainé.

Conseils de culture Paillez pour la protéger du froid hivernal. Culture facile.

Multiplication Semez au printemps ou en automne à une température de 21 °C. Couvrez le lit de semences d'une feuille de plastique transparent pour créer un microclimat humide et vérifiez que le substrat reste bien frais. Les plantules se développent en 10 à 20 jours. Dehors, divisez les grosses touffes au printemps ou en automne.

Maladies et ravageurs Pas de menace particulière.

Suggestions Pour une explosion de couleur, plantez avec des vivaces fleurissant au printemps et en été. Plantez à mi-ombre avec d'autres espèces à feuillage décoratif.

RUSTICITÉ
Zones 3 à 9.

HAUTEUR
30 à 90 cm.

ÉTALEMENT
30 à 60 cm.

FLORAISON
Début d'été ; certains cultivars refleurissent.

IRIS DE SIBÉRIE

L'IRIS, AVEC SES LONGUES FEUILLES POINTUES ET LES HAUTES TIGES DE SES FLEURS GRACIEUSES, EST UN COMPAGNON IDÉAL POUR DES VIVACES À FLEURS RONDES COMME LA PIVOINE.

Description Naissant de rhizomes qui s'étendent lentement, la plante forme des éventails serrés de feuilles en glaive. Les fleurs s'exposent en quantité de couleurs : du blanc pur, crème et jaune au violet et pourpre, en passant par toutes les teintes de bleu. Certains cultivars offrent une floraison qui approche du rouge vrai. Les fleurs montrent trois segments extérieurs, les sépales, le plus souvent récurvés, marqués d'une raie centrale blanche ou jaune, et trois segments intérieurs plus étroits, les pétales, généralement dressés mais parfois plats ou récurvés.

Emplacement idéal Plein soleil à mi-ombre. Tolère la chaleur comme le froid.

Nature du sol Humifère, restant frais.

Conseils de culture D'entretien facile, les iris prospèrent durant des années sans division. Si toutefois la floraison décline ou que les plantes colonisent trop l'espace, divisez et replantez dans un sol enrichi en matière organique.

Multiplication Divisez en fin d'été. La graine récoltée sur des cultivars est variable et donne souvent des plantes moins belles que les parents. Semez dehors en été ou automne.

Maladies et ravageurs La plante est sujette au foreur de l'iris. Ces ravageurs

Iris de Sibérie, *Iris sibirica*.

propagent aussi une rouille bactérienne qui s'attaque à l'iris de la base à l'extrémité des plantes. La meilleure prévention est la culture en conditions adéquates. Ôtez le feuillage mort au printemps et en automne. Écrasez les larves entre deux doigts tant qu'elles se trouvent dans les feuilles. Déterrez les plantes atteintes et supprimez les morceaux de rhizomes abîmés.

Suggestions Plantez en jardin formel et informel, en compagnie de vivaces, de graminées ornementales et de fougères. Près d'une pièce d'eau, associez à des vivaces formant des touffes rondes comme la baptisia (*Baptisia* subsp.) et les géraniums botaniques (*Geranium* subsp.). Se marient aussi très bien avec fougères, hostas, primevères et astilbes.

Cultivars 'Caesar' montre des fleurs bleu-violet portées sur des pédoncules de 90 cm.

'Dewful' développe des pédoncules de plus de 1 m portant des fleurs bleues.

'Ego', un peu ébouriffé, offre des fleurs bleu vrai sur des pédoncules de 75 cm.

'Orville Fay' haut de 90 cm, est bleu moyen.

'Sky Wings', bleu pâle, est bicolore et développe des pédoncules de 90 cm.

Autres espèces Les iris barbus (représentés sur la photo page 234) sont aussi populaires que les iris de Sibérie. Leurs belles fleurs parfumées présentent de grands segments extérieurs barbus et de larges segments intérieurs dressés. Leur taille va de 35 cm

Iris sibirica (suite)

Iris japonais, *Iris ensata.*

à plus de 70 cm. Les conditions de culture sont les mêmes que pour l'iris de Sibérie mais il leur faut en plus un excellent drainage. Il en existe des centaines de cultivars. Parmi les meilleurs, on trouve : 'Beverly Sills' à fleurs froissées, rose corail, 'Lacy Snowflake', à fleurs effrangées blanc pur et 'Titan's Glory' à fleurs bleu-violet. Zones 3 à 8.

Iris cristata est un iris à crête. En sous-bois, il offre au printemps ses fleurs bleu ciel. Apprécie la mi-ombre. Zones 3 à 9.

Iris ensata, l'iris japonais (ci-dessus), est une plante de sol humide à ravissantes fleurs bleues ou bleu-violet. On trouve un nombre considérable de cultivars à fleurs plates pouvant atteindre 20 cm de diamètre. En région chaude, il se plaît à mi-ombre. Zones 4 à 9.

Iris pseudacorus, l'iris des marais, est une plante massive de 90 à 120 cm à fleurs jaune vif. Il affectionne le soleil comme la mi-ombre et réussit bien en jardin d'eau. Zones 4 à 9.

Iris tectorum, l'iris des toits, est un iris court et robuste de 30 à 45 cm à délicates fleurs plates, lilas tacheté. Il se plaît à mi-ombre, en situation abritée, et doit être protégé du soleil brûlant. Zones 4 à 9.

Iris versicolor est une grande plante de 45 à 90 cm, à fleurs violettes. Il aime les sols humides ou même détrempés. Zones 2 à 8.

RUSTICITÉ
Zones 5 à 9.

RUSTICITÉ
90 à 150 cm.

ÉTALEMENT
60 à 120 cm.

FLORAISON
Fin du printemps et été.

AUTRE NOM COMMUN
Bâton du diable.

TISON DE SATAN

CETTE GRANDE PLANTE, À LA FOIS ESTHÉTIQUE ET COLORÉE, CONSTITUE UN VÉRITABLE POINT DE MIRE EN PLATE-BANDE DE VIVACES ET EN ROCAILLE.

Description Naissant d'un collet charnu, le tison de Satan développe une touffe d'étroites feuilles persistantes. Il expose de longs épis de fleurs tubulaires très serrées, celles du haut étant rouges et celles du bas, jaune clair.

Emplacement idéal Plein soleil. Une fois installée, la plante tolère très bien la sécheresse.

Nature du sol Moyen à humifère, bien drainé.

Conseils de culture Espacez les jeunes plants de 60 à 75 cm. Ne transplantez pas les sujets installés. Avec le temps, la plante forme de grosses touffes bien florifères.

Multiplication Supprimez quelques collets en bord de touffe en automne. Semez à l'intérieur en hiver après stratification. Pour stratifier, mélangez la semence à de la sphaigne ou du substrat spécial pour germination dans un sac en plastique. Fermez le sac et mettez-le au réfrigérateur pendant 4 à 6 semaines. Ensuite, semez comme d'ordinaire.

Maladies et ravageurs Assurez aux hybrides de *Kniphofia* un sol très bien drainé pour éviter le pourridié du collet. Pour cela, placez-les dans un terrain bien aéré et veillez à l'espacement des jeunes plants.

Kniphofia uvaria (suite)

Kniphofia 'Winter Cheer'.

Suggestions La verticalité du tison de Satan apporte une note très originale en plate-bande de vivaces et en rocailles. Associez-le à des graminées ornementales, aux armoises (*Artemisia* subsp.), aux onagres (*Oenothera* subsp.) et à d'autres vivaces fleurissant en été.

Hybrides 'Ice Queen' dépasse 1 m de hauteur et d'étalement. Ses fleurs forment de jolis boutons verts devenant jaune pâle lorsqu'ils s'ouvrent.

'Little Maid' est une forme naine de 60 cm de hauteur, dont les boutons floraux vert pâle deviennent crème en s'ouvrant.

'Percy's Pride' atteint 90 cm de hauteur et offre des fleurs jaune pâle.

'Winter Cheer' (ci-dessus) culmine à plus de 1 m. Des pédoncules solides de fleurs tubulaires orange devenant jaunes avec l'âge s'élèvent au-dessus des feuilles étroites.

RUSTICITÉ
Zones 5 à 8.

HAUTEUR
60 à 90 cm.

ÉTALEMENT
60 à 90 cm.

FLORAISON
Seconde moitié de l'été.

AUTRES NOMS COMMUNS
Lavande vraie, lavande à feuilles étroites.

LAVANDE ANGLAISE

LA LAVANDE ANGLAISE EST UNE PLANTE PARFUMÉE FORMANT DE PETITS MONTICULES ARRONDIS, APPRÉCIÉE TANT POUR SA BEAUTÉ QUE POUR SES QUALITÉS AROMATIQUES.

Description Feuilles gris-vert sur des tiges souples et poilues. À leur extrémité, des épis étroits et denses de fleurs bleu-mauve, de 12 mm.

Emplacement idéal Plein soleil à ombre légère. Tolère bien la sécheresse.

Nature du sol Moyen à humifère, bien drainé.

Conseils de culture Si une partie de la touffe meurt en hiver, supprimez les tiges endommagées et taillez au printemps pour lui redonner une jolie forme. Taillez de toute façon tous les 2 ou 3 ans pour obtenir un port compact et une bonne floraison.

Multiplication Marcottez ou bouturez en été.

Maladies et ravageurs Pas de menace particulière.

Suggestions Plantez-la au jardin de simples ou d'ornement. Utilisez-la en bordure ou en topiaire. En plate-bande, associez-la à des espèces qui nécessitent aussi un drainage parfait.

Cultivars 'Dwarf Blue', de 30 cm de haut, offre des fleurs bleu foncé. 'Hidcote' atteint 45 cm et montre des fleurs bleu-violet. 'Jean Davis' fleurit rose pâle. 'Munstead', haut de 45 cm, fleurit bleu-mauve.

RUSTICITÉ
Zones 3 à 10.
Les zones varient suivant le cultivar.

HAUTEUR
30 à 90 cm.

ÉTALEMENT
60 cm.

FLORAISON
Tout l'été.

AUTRE NOM COMMUN
Marguerite double.

GRANDE MARGUERITE

CETTE PLANTE TRÈS VOYANTE SE MARIE BIEN AVEC D'AUTRES VIVACES FLEURISSANT EN ÉTÉ COMME LES HÉMÉROCALLES ET LES IRIS.

Description Plante à racines fasciculées développant sur de courtes tiges traçantes des bouquets de feuilles dentées de 25 cm, luisantes, vert foncé. Bien au-dessus, s'exposent des fleurs de 7,5 cm, à ligules blanc pur entourant un centre jaune vif, portées sur des tiges feuillées solides. Synonymes : *Chrysanthemum maximum horticole*, *C. × superbum*.

Emplacement idéal Plein soleil. Tolère très bien chaleur et froid.

Nature du sol Moyen à riche, bien drainé. La plante vient en bord de mer mais ne tolère pas les sols détrempés.

Conseils de culture La grande marguerite est une vivace facile à vivre. Pour prolonger la floraison, supprimez les fleurs fanées. La plante se développe rapidement, débordant facilement sur ses voisines, surtout en région chaude. Divisez et replantez en sol enrichi de matière organique tous les 3 ou 4 ans pour que les touffes gardent toute leur vigueur.

Multiplication Supprimez les pousses latérales ou divisez au printemps.

Maladies et ravageurs Pas de menace particulière.

Suggestions En bord de mer, vous créerez un décor ravissant en associant à la grande marguerite la gaillarde et le coréopsis.

RUSTICITÉ
Zones 3 à 9.

HAUTEUR
60 à 90 cm.

ÉTALEMENT
30 à 60 cm.

FLORAISON
Milieu de l'été.

AUTRE NOM COMMUN
Liatride.

PLUME DU KANSAS

CETTE ESPÈCE DE PLUME DU KANSAS EST UNE HAUTE VIVACE DE LONGUE DURÉE DE VIE QUI OFFRE UNE FLORAISON ABONDANTE MOYENNANT TRÈS PEU D'ENTRETIEN.

Description La plante naît d'un gros corme et forme une touffe de feuilles basales graminiformes, vert moyen, d'où s'élancent les pédoncules. Les fleurs rose pourpré sont groupées en épis denses et plumeux et s'épanouissent du sommet vers la base, à la différence de la plupart des épis floraux.

Emplacement idéal Plein soleil. Placée à mi-ombre, la plante a tendance à s'affaler.

Nature du sol Moyen à humifère, frais.

Conseils de culture Les touffes se développent lentement et ont rarement besoin d'être divisées.

Multiplication Divisez au printemps ou en début d'automne. Semez dehors en automne ou à l'intérieur en fin d'hiver après stratification.

Maladies et ravageurs Pas de menace particulière.

Suggestions Parfaite au jardin de vivaces comme en prairie fleurie. Associez-la au rudbeckia pourpre (*Echinacea purpurea*), au coréopsis et aux graminées ornementales.

Cultivars 'Kobold' est un cultivar très apprécié qui expose des fleurs rouge violacé sur des tiges de 45 à 75 cm.

Ligularia dentata ASTÉRACÉES

RUSTICITÉ
Zones 3 à 8.

HAUTEUR
90 à 120 cm.

ÉTALEMENT
90 à 120 cm.

FLORAISON
Fin d'été.

LIGULAIRE

CETTE LIGULAIRE À GRANDES FEUILLES DENTÉES CONSTITUE UN SUJET REMARQUABLE POUR UN JARDIN À SOL FRAIS OU HUMIDE. ASSOCIEZ-LA À D'AUTRES ESPÈCES HAUTES.

Description Émergeant d'un collet épais à racines charnues, elle forme des feuilles arrondies ou réniformes sur de longs pétioles. Les fleurs jaune orangé, de plus de 12 cm, paraissent en bouquets lâches et ressemblent à des marguerites échevelées.

Emplacement idéal Ombre légère à mi-ombre.

Nature du sol Humifère, toujours bien frais. La plante ne tolère pas le sol sec.

Conseils de culture L'évaporation se manifeste parfois de manière brutale par un feuillage mou et pendant, qui reprend forme de lui-même dès que la température baisse. Les touffes s'amplifient avec le temps mais ne nécessitent pas de division fréquente.

Multiplication Sortez la motte en début de printemps ou en automne et coupez dans la masse des collets pour diviser. Replantez en sol enrichi.

Maladies et ravageurs Attention aux limaces.

Suggestions Bel effet en bordure de pièce d'eau ou au jardin, avec fougères, hostas, iris et graminées.

Cultivars 'Desdemona' montre au printemps des feuilles pourpres devenant ensuite vertes à revers pourpre.

RUSTICITÉ
Zones 2 à 9.

HAUTEUR
60 à 120 cm.

ÉTALEMENT
30 à 60 cm.

FLORAISON
Fin d'été à automne.

AUTRE NOM COMMUN
Lobélia.

LOBÉLIE ROUGE

DANS UN JARDIN DE SOL BIEN FRAIS, LES FLEURS D'UN ROUGE ÉTINCELANT DE CETTE LOBÉLIE NE MANQUERONT PAS D'ATTIRER LES REGARDS.

Description Racines fasciculées et feuillage lancéolé, vert ou bronze rougeâtre. Épis floraux de fleurs tubulaires écarlates à trois pétales inférieurs et deux pétales supérieurs, portés sur des tiges feuillées.

Emplacement idéal Plein soleil à mi-ombre.

Nature du sol Humifère, de fraîcheur constante.

Conseils de culture Avec un système racinaire superficiel, le gel risque de faire remonter le collet. Si le collet a été éjecté, replantez au printemps. En région à hiver froid, protégez par un paillage ; en région plus chaude, le paillage risque de faire pourrir le collet. La durée de vie est parfois courte, mais la plante se ressème à profusion.

Multiplication Divisez en fin d'automne ou au printemps. Semez dehors en automne ou au printemps, à l'intérieur, en fin d'hiver.

Maladies et ravageurs Pas de menace particulière.

Suggestions Cette lobélie fait très bien en bordure de pièce d'eau et de ruisseau ou en plantation informelle. Associez-lui iris, hostas et fougères.

Cultivars 'Royal Robe' expose de spectaculaires fleurs rubis.

Lupinus polyphyllus FABACÉES

RUSTICITÉ
Zones 3 à 7.

HAUTEUR
90 à 150 cm.

ÉTALEMENT
60 à 90 cm.

FLORAISON
Printemps et été.

AUTRE NOM COMMUN
Chandelier.

LUPIN DES JARDINS

LES ÉPIS FLORAUX DE CE LUPIN APPORTENT AU JARDIN LA GAIETÉ DE LEURS COLORIS VARIÉS ET LA BEAUTÉ DE LEUR ÉLÉGANTE VERTICALITÉ.

Description Cette plante qui naît de racines charnues présente de grandes feuilles palmées très divisées. Les grands et denses épis coniques portés sur des tiges résistantes de 30 à 60 cm offrent des fleurs de pois de 18 mm, bleues, violets ou jaunes.

Emplacement idéal Plein soleil à ombre légère. Tolère mal les fortes températures estivales.

Nature du sol Frais mais bien drainé, acide, humifère.

Conseils de culture Ces lupins ont un solide appétit. Apportez en surface au printemps un engrais organique universel. Protégez du vent chaud desséchant. La durée de vie peut être courte, surtout en région chaude.

Multiplication Ôtez les pousses latérales en automne. Semez dehors en automne ou à l'intérieur en hiver. Avant de semer à l'intérieur, faites tremper la graine pendant une nuit puis stratifiez en la mettant dans un sac de plastique dans un peu de tourbe humide.

Maladies et ravageurs Pas de menace particulière.

Suggestions Plantez-la en compagnie de vivaces comme les ancolies (*Aquilegia* subsp.) et les géraniums botaniques (*Geranium* subsp.).

RUSTICITÉ
Zones 4 à 8.

HAUTEUR
60 à 90 cm.

ÉTALEMENT
30 à 45 cm.

FLORAISON
Fin du printemps.

COQUELOURDE DES JARDINS

LE JOLI CONTRASTE ENTRE LES FEUILLES DUVETEUSES ET ARGENTÉES DE LA COQUELOURDE ET SES FLEURS ROSE MAGENTA EN FONT UN TRÈS BON ÉLÉMENT DE PLATE-BANDE DE VIVACES.

Description Les bouquets ouverts de fleurs à cinq pétales rose profond sont portés à l'extrémité de tiges poilues.

Emplacement idéal Plein soleil ou ombre légère.

Nature du sol Moyen à riche, frais mais bien drainé.

Conseils de culture Divisez les touffes tous les 2 ou 3 ans au printemps ou à l'automne pour que les plantes restent bien vigoureuses. La durée de vie peut être courte, surtout en sol riche, mais les rejets spontanés sont nombreux.

Multiplication Semez dehors en automne ou prélevez les jeunes pousses latérales au printemps ou en automne.

Maladies et ravageurs Pas de menace particulière.

Suggestions Plantez la coquelourde en massifs formels et informels, en plate-bande ou en rocaille. Servez-vous de ces fleurs de couleur vive pour réveiller une harmonie de bleus et de jaunes pâles, ou d'autres couleurs pastel. Associez au népéta (*Nepeta* subsp.), aux géraniums (*Geranium* subsp.) et aux graminées à feuilles glauques. Composez des palettes de couleurs avec achillées, marguerites (*Argyranthemum frutescens*) et onagres (*Oenothera* subsp.).

RUSTICITÉ
Zones 3 à 8.

HAUTEUR
1,80 à 3 m.

ÉTALEMENT
1,20 à 2,50 m.

FLORAISON
Été.

AUTRES NOMS COMMUNS
Bocconie cordée, pavot à panicules.

BOCCONIA

PLANTEZ *MACLEAYA CORDATA* POUR ACCOMPAGNER UNE VOLÉE DE MARCHES, LONGER LA LIGNE D'UNE CLÔTURE OU BIEN EN TOUFFE SOLITAIRE POUR CRÉER UN POINT FOCAL, COMME VOUS LE FERIEZ D'UN ARBUSTE.

Description Enracinée par rhizomes, la plante peut se faire envahissante. De port arbustif, elle développe des feuilles lobées de 25 cm, le long de tiges dressées. Les plumets floraux de 30 cm exposent de petites fleurs crème auxquelles succèdent de jolies gousses plates, rose pâle.

Emplacement idéal Plein soleil à mi-ombre. Cultivée à l'ombre, la plante forme des tiges moins robustes.

Nature du sol Frais, ordinaire à humifère.

Conseils de culture Une fois installée, une touffe de *Macleaya cordata* peut doubler d'ampleur à chaque saison. Il faut donc l'empêcher de coloniser tout l'espace. Dès que vous voyez apparaître de nouvelles pousses, supprimez le rhizome d'un coup de pelle ou de binette.

Multiplication Prélevez les jeunes pousses au printemps ou en automne ou détachez des boutures de rhizome en hiver.

Maladies et ravageurs Pas de menace particulière.

Suggestions *Macleaya cordata* forme une belle toile de fond à l'arrière d'une plate-bande où elle s'étendra à loisir. La touffe mature est très décorative.

RUSTICITÉ
Zones 3 à 9.

HAUTEUR
30 à 60 cm.

ÉTALEMENT
30 à 60 cm.

FLORAISON
Printemps.

MERTENSIE PULMONAIRE

LA MERTENSIE PULMONAIRE FAIT LE MEILLEUR EFFET EN COMPAGNIE DE BULBEUSES DE PRINTEMPS COMME LA JONQUILLE ET LA SCILLE OU AVEC DES ESPÈCES QUI SE NATURALISENT.

Description La plante naît de racines charnues et entre en dormance après floraison. Elle forme de gracieuses tiges arquées de feuilles minces, vert bleuté, et de jolies clochettes pendantes, roses lorsqu'elles sont en boutons, bleu ciel lorsqu'elles s'ouvrent.

Emplacement idéal Plein soleil à ombre.

Nature du sol De fraîcheur constante, bien drainé, humifère.

Conseils de culture *Mertensia pulmonarioides* se montre au tout début du printemps et entre en période de repos après la floraison. Il lui faut du soleil pour fleurir mais, une fois en dormance, la plante tolère l'ombre. Faites attention de ne pas la déterrer par accident.

Multiplication Divisez les grosses touffes après floraison ou en automne. Laissez au moins un œil par éclat. Il y a abondance de rejets nés de semis spontanés. Ils fleuriront deux ou trois ans après leur apparition.

Maladies et ravageurs Pas de menace particulière.

Suggestions Associez-la à des espèces à feuillage ample comme fougères et hostas, capables de combler le vide qu'elle laisse en période de repos.

RUSTICITÉ
Zones 5 à 9.

HAUTEUR
90 à 150 cm.

ÉTALEMENT
90 cm, voire davantage.

FLORAISON
Du milieu de l'été au début de l'automne.

AUTRE NOM COMMUN
Roseau de Chine.

EULALIE

L'EULALIE EST UNE DES GRANDES GRAMINÉES ORNEMENTALES LES PLUS SATISFAISANTES. ELLE EST PARFAITE EN BORD DE PIÈCES D'EAU.

Description Amples touffes de longues feuilles arquées, pointues, à bord coupant. Les plumets de fleurs qui se montrent au-dessus du feuillage varient d'argent à pourpre.

Emplacement idéal Plein soleil. En région chaude, prévoir de l'ombre et de l'arrosage.

Nature du sol Léger, frais, humifère.

Conseils de culture Plantez entre 60 et 120 cm d'espacement au printemps. Tuteurez si nécessaire. Divisez au printemps lorsque le centre de la touffe montre des signes de dépérissement.

Multiplication Par semis ou division.

Maladies et ravageurs Pas de menace particulière.

Suggestions Associez à des asters et à des verges d'or (*Solidago* subsp.) pour un magnifique décor automnal.

Cultivars 'Cabaret' culmine à près de 2 m. Ses feuilles sont rayées de blanc au centre. D'abord roses lorsqu'elles paraissent en automne, les fleurs deviennent crème avec l'âge.

'Morning Light', un des meilleurs cultivars, atteint 1,20 m et porte des feuilles étroites, bordées de blanc. En automne, la plante laisse voir des fleurs bronze rougeâtre devenant crème avec l'âge, qui complètent un cadre saisonnier idéal.

RUSTICITÉ
Zones 4 à 8.

HAUTEUR
60 à 120 cm.

ÉTALEMENT
60 à 90 cm.

FLORAISON
Été.

AUTRES NOMS COMMUNS
Monarde, thé d'Oswego, baume d'abeilles.

MONARDE POURPRE

C'EST EN ÉTÉ QUE LA MONARDE POURPRE OFFRE SES BELLES FLEURS DE COULEUR VIVE. SES FEUILLES, ELLES, DONNENT AU THÉ EARL GREY SON ARÔME TRÈS PARTICULIER.

Description Les racines traçantes donnent naissance à des tiges robustes. Des capitules denses composés de fleurs tubulaires rouges sont entourés d'une rangée de bractées colorées.

Emplacement idéal Plein soleil à ombre.

Nature du sol Frais et humifère.

Conseils de culture La plante s'étend rapidement. Divisez tous les 2 ou 3 ans.

Multiplication Divisez au printemps ou en automne. Semez à l'intérieur ou à l'extérieur au printemps.

Maladies et ravageurs Des taches blanches dues à l'oïdium peuvent apparaître sur les feuilles ou même envahir entièrement la plante. Éclaircissez la touffe pour une meilleure circulation de l'air. Rabattez jusqu'au niveau du sol les plantes atteintes.

Suggestions Plantez en jardin formel et informel.

Cultivars 'Blue Stocking' offre de très jolies fleurs violettes.

'Cambridge Scarlet' (ci-dessus) laisse paraître des fleurs écarlates.

'Mahogany' se pare de fleurs rubis.

'Marshall's Delight' est un cultivar rose résistant à l'oïdium.

'Prairie Night' est violet-rouge.

'Snow Queen' montre des fleurs blanc crème.

Nepeta × faassenii LAMIACÉES

RUSTICITÉ
Zones 3 à 8.

HAUTEUR
45 à 90 cm.

ÉTALEMENT
60 à 90 cm.

FLORAISON
Printemps
et première moitié
de l'été.

AUTRE NOM COMMUN
Népéta.

HERBE-AUX-CHATS

LES DÉLICATS ÉPIS DE FLEURS BLEU-VIOLET DE CE NÉPÉTA EN FONT UNE ESPÈCE IDÉALE EN BORDURE D'UN CHEMIN OU D'UN MASSIF. IL HABILLE AUSSI MAGNIFIQUEMENT LE PIED D'UN MURET.

Description Plante à racines fasciculées développant de solides tiges feuillées. Les feuilles ovales, duveteuses, sont vert-de-gris. Les gracieux épis terminaux montrent des verticilles de fleurs bleu-violet.

Emplacement idéal Plein soleil à ombre légère.

Nature du sol Moyen à humifère, frais mais bien drainé. Les plantes tolèrent les sols pauvres et secs.

Conseils de culture Les touffes se font un peu dégingandées après floraison. Rabattez les tiges florales fanées pour une deuxième floraison.

Multiplication Divisez au printemps ou en automne. Bouturez en été.

Maladies et ravageurs Pas de menace particulière.

Suggestions En plate-bande, associez aux campanules, géraniums, coréopsis et graminées ornementales.

Cultivars 'Six Hills Giant' offre des fleurs bleu-violet intense.

Autres espèces *N. racemosa*, haut de 30 à 45 cm, montre des fleurs bleu lavande pendant des mois d'affilée. 'Blue Wonder' offre des fleurs d'un bleu profond. 'Snowflake' fleurit blanc.

RUSTICITÉ
Zones 3 à 8.

HAUTEUR
45 cm.

ÉTALEMENT
60 cm, voire davantage.

FLORAISON
Début d'été, pendant la journée.

AUTRE NOM COMMUN
Onagre élégante.

ŒNOTHÈRE

PLANTÉE EN MASSE DANS UN COIN DU JARDIN UN PEU « SAUVAGE », SUR UN TALUS SEC ET ENSOLEILLÉ, PAR EXEMPLE, CETTE ONAGRE FAIT UN EFFET RAVISSANT.

Description Tiges traçantes souterraines permettant à la plante de s'étendre rapidement. Contrairement à beaucoup d'onagres, elle fleurit pendant la journée. Des fleurs blanches en coupe de 5 cm de diamètre s'épanouissent en se tournant vers le soleil et deviennent rose pâle avec l'âge.

Emplacement idéal Plein soleil à ombre très légère.

Nature du sol Moyen, bien drainé.

Conseils de culture Plantez à 60 cm d'espacement au printemps ou en automne. La plante peut se montrer envahissante, choisissez-lui un site où cela ne posera pas de problème. Pour la contenir, vous pouvez aussi enfoncer une petite barrière à quelques centimètres de profondeur.

Multiplication Par division ou par semis, au printemps ou en automne.

Maladies et ravageurs Pas de menace particulière.

Suggestions Utilisez cette vivace prompte à s'étendre pour former un couvre-sol très efficace en site problématique de plein soleil et de sol sec.

Cultivars 'Rosea', d'à peine 40 cm de hauteur, offre des fleurs rose lumineux, de 7,50 cm de diamètre.

Paeonia lactiflora hybrides

PAÉONIACÉES

RUSTICITÉ
Zones 2 à 8.

HAUTEUR
45 à 90 cm.

ÉTALEMENT
90 à 120 cm.

FLORAISON
Printemps à été.

AUTRES NOMS COMMUNS
Pivoine de Chine, pivoine japonaise.

PIVOINE HERBACÉE

ASSOCIEZ LA MERVEILLEUSE PIVOINE HERBACÉE À DES BULBEUSES DE DÉBUT DE PRINTEMPS, EN MASSIF ET PLATE-BANDE. VOUS POUVEZ AUSSI LA PLANTER EN MASSE.

Description Plante buissonnante naissant d'épaisses racines charnues, elle peut vivre plus de 100 ans. Les feuilles portées sur des tiges robustes sont composées, vert brillant. Les fleurs paraissent dans une vaste gamme de couleurs : blanc, crème, jaune, rose clair, rose soutenu, bordeaux et rouge vrai. Elles peuvent être simples, semi-doubles ou doubles.

Emplacement idéal De plein soleil à ombre légère.

Nature du sol Frais, humifère. Pour éviter que les racines ne pourrissent, veillez à ce que le sol soit constamment bien drainé.

Conseils de culture Plantez des sujets achetés en conteneur au printemps ou en automne. Plantez les sujets à racines nues dans la première moitié du printemps. Paillez les plantes récemment mises en place pour éviter que le gel ne fasse remonter le collet. En région froide (température pouvant descendre jusqu'à -18 °C), il est fortement recommandé de pailler en hiver. Pour les hybrides très hauts ou ceux qui sont à fleurs doubles, le tuteurage peut s'avérer nécessaire. La plante croît parfois des années durant sans qu'il y ait à intervenir mais, si les racines deviennent trop denses, la floraison décline. Sortez la motte de terre en automne, divisez les racines en lais-

Les pivoines à fleurs simples ou semi-doubles supportent mieux les assauts du vent.

sant au moins un œil par éclat et replantez en sol enrichi de matière organique.

Multiplication Divisez en automne.

Maladies et ravageurs Traitez le feuillage avec un fongicide peu agressif comme le soufre ou la bouillie bordelaise pour prévenir le botrytis, une maladie cryptogamique.

Suggestions Des vivaces de printemps et de début d'été comme l'iris, la digitale (*Digitalis* subsp.) et l'ancolie (*Aquilegia* subsp.) se marient bien avec la pivoine herbacée.

Cultivars On trouve nombre de cultivars de couleur et de forme différentes.

'Duchesse de Nemours' est une pivoine hâtive à fleurs doubles, blanches.

'Festiva Maxima', hâtive, offre de grandes fleurs doubles, blanches tachetées de rouge ; c'est une plante pour région plutôt chaude.

'Gay Paree' laisse voir à la fin du printemps des fleurs en anémone rouge cerise et blanches.

'Nippon Beauty', un hybride japonais, fleurit rouge grenat.

'Sarah Bernhardt' fleurit à la fin du printemps et offre des fleurs simples blanches sur de hautes tiges.

'White Swan' laisse paraître à la fin du printemps des fleurs blanches simples.

RUSTICITÉ
Zones 2 à 7.

HAUTEUR
69 à 90 cm.

ÉTALEMENT
60 à 90 cm.

FLORAISON
Début d'été.

AUTRE NOM COMMUN
Pavot ornemental.

PAVOT D'ORIENT

QUEL ÉVÉNEMENT QUAND S'OUVRE AU JARDIN LA FINE FLEUR FROISSÉE DU PAVOT ! ASSOCIEZ-LE À DES VIVACES DE PLATE-BANDE.

Description Épaisse racine pivotante et rosettes de feuilles poilues, épaisses et lobées. Fleurs de 7,50 à 10 cm de diamètre montrant de grands pétales froissés, à macule basale noire.

Emplacement idéal De plein soleil à ombre légère. Une fois installé, il est résistant et a une longue durée de vie.

Nature du sol Moyen à riche, bien drainé, humifère.

Conseils de culture En région chaude, la plante entre en général en dormance, disparaissant après la floraison. En automne paraissent de nouvelles feuilles. C'est alors que l'on peut diviser les touffes trop importantes.

Multiplication Divisez en automne. Prélevez des boutures de racines en fin d'été, en automne ou en hiver.

Maladies et ravageurs Pas de menace particulière.

Suggestions Associez ce pavot à des graminées ornementales et des plantes buissonnantes comme le népéta (*Nepeta* subsp.) et l'aster.

Cultivars 'Bonfire' est à fleurs rouges.

'Helen Elizabeth' offre des fleurs rose saumon sans macules basales.

'Snow Queen' expose des fleurs blanches à grosses macules noires.

'Watermelon' fleurit rose.

RUSTICITÉ
Zones 3 à 8.

HAUTEUR
45 à 90 cm.

ÉTALEMENT
30 à 60 cm.

FLORAISON
Fin de printemps à début d'été.

AUTRE NOM COMMUN
Penstémon.

GALANE

LES ÉPIS EFFILÉS DE PENSTEMON BARBATUS S'ALLIENT HEUREUSEMENT À DES PLANTES À FEUILLES RONDES COMME CELLES DES HEUCHÈRES OU À FLEURS PLATES COMME CELLES DES GÉRANIUMS BOTANIQUES ET DES ACHILLÉES.

Description Naissant de collets à racines fasciculées, ce penstémon développe des rosettes basales de feuilles brillantes lancéolées et des tiges feuillées terminées par des épis floraux dressés. Ceux-ci offrent des fleurs tubulaires irrégulières, de 2,50 à 3,50 cm.

Emplacement idéal De plein soleil à ombre légère.

Nature du sol Moyen à humifère, bien drainé, cette dernière condition étant indispensable pour la réussite.

Conseils de culture Les touffes matures sont denses et apprécient d'être divisées tous les 4 à 6 ans. En sol riche, il faut diviser plus souvent.

Multiplication Divisez au printemps. Semez dehors en automne ou à l'intérieur en hiver après stratification. Les jeunes plants fleurissent souvent dès la première année.

Maladies et ravageurs Pas de menace particulière.

Suggestions Plantez ce penstémon en plate-bande formelle, en jardin informel et en rocaille.

Cultivars 'Bashful' offre des fleurs d'un rose saumon original portées sur des tiges de 30 à 35 cm.

Penstemon barbatus (suite)

Penstemon digitalis 'Husker's Red'.

'Elfin Pink' se pare de fleurs rose vif portées sur des tiges de 30 cm.

'Pink Beauty' montre des pédoncules de 60 à 75 cm portant des fleurs roses.

Autres espèces *P. australis* est un penstémon qui supporte bien la chaleur. Ses feuilles sont duveteuses et ses fleurs rose pâle. Zones 5 à 9.

P. digitalis à feuilles luisantes, vert profond, développe des pédoncules de 75 à 150 cm exhibant des bouquets de fleurs blanches de 2,5 cm. Cette espèce se plaît en sol frais. 'Husker's Red' (ci-dessus) montre des feuilles rouge foncé. Zones 4 à 8.

P. hirsutus est un penstémon velu à fleurs violettes. 'Pygmaeus' est une sélection naine n'atteignant que 20 cm de hauteur.

P. pinifolius est une espèce buissonnante à feuilles raides en aiguille et petites fleurs écarlates.

P. smallii offre des bouquets denses de fleurs rose pourpré. La plante ne vient qu'en sol pauvre et ne vit pas longtemps.

Hybrides On dispose d'une vaste gamme d'hybrides d'ascendance complexe.

'Firebird' est à fleurs écarlates.

'Mesa' offre des fleurs d'un violet vibrant.

'Prairie Dusk' montre des fleurs pendantes, pourpres.

'Prairie Fire' fleurit rouge orangé.

RUSTICITÉ
Zones 4 à 9.

HAUTEUR
90 à 150 cm.

ÉTALEMENT
90 à 150 cm.

FLORAISON
Seconde moitié de l'été.

AUTRE NOM COMMUN
Sauge de Russie.

PÉROVSKIA À FEUILLES D'ARROCHE

CETTE PLANTE D'UNE LÉGÈRETÉ AÉRIENNE, AUX DOUX COLORIS, FORME DE BELLES SCÈNES AVEC DES ESPÈCES FLEURISSANT JAUNE, ROSE, BLEU SOUTENU ET POURPRE.

Description Naissant d'une souche à racines fasciculées, cette plante buissonnante développe des tiges très ramifiées portant des feuilles vert-de-gris très découpées. De longs et légers épis de 30 à 37 cm offrent de petites fleurs irrégulières, bleu doux.

Emplacement idéal Plein soleil.

Nature du sol Moyen à riche, bien drainé, cette dernière condition étant indispensable à la réussite.

Conseils de culture Avec le temps, les tiges de ce pérovskia deviennent ligneuses. Une fois le gel passé, rabattez-les à 30 cm. En région froide, les tiges disparaissent mais la plante repart des racines.

Multiplication Prélevez des boutures herbacées en début d'été.

Maladies et ravageurs Pas de menace particulière.

Suggestions Plantez au centre ou à l'arrière-plan de la plate-bande. Associez la plante à l'achillée, la liatride (*Liatris* subsp.), le platycodon (*Platycodon grandiflorus*), le sédum, le phlox et les graminées ornementales.

Cultivars 'Blue Spire' à fleurs bleu-violet sur des pédoncules dressés. 'Longin' de 90 à 120 cm, à tiges robustes.

RUSTICITÉ
Zones 3 à 9.

HAUTEUR
25 à 37 cm.

ÉTALEMENT
30 à 60 cm.

FLORAISON
Printemps.

PHLOX DIVARIQUÉ

CE PHLOX TAPISSANT CONVIENT TRÈS BIEN À UN JARDIN DE STYLE « SAUVAGE » EN COMPAGNIE DE BULBEUSES PRINTANIÈRES, DE FOUGÈRES ET DE PLANTES TENDANT À SE NATURALISER.

Description *Phlox divaricata* naît d'une souche à racines fasciculées blanches. Cette espèce de sous-bois forme des tiges rampantes portant des feuilles ovales persistantes. Elle offre des bouquets lâches et dressés de fleurs parfumées, de bleu lavande à bleu ciel.

Emplacement idéal Mi-ombre à ombre. Doit être protégé du soleil en été.

Nature du sol De fraîcheur constante, humifère.

Conseils de culture Divisez si besoin est, de façon à contrôler l'extension.

Multiplication Divisez après floraison. À la fin du printemps ou au début de l'été, prélevez des boutures sur les tiges qui ne portent pas de fleurs. Semez en automne ou au printemps.

Maladies et ravageurs Risque d'infestation par l'oïdium. Traitez au soufre pour minimiser les dégâts.

Suggestions Bon couvre-sol à cultiver sous des arbustes à fleurs.

Hybrides *P.* 'Chattahoochee', aux bouquets de fleurs lavande à œil violet.

Autres espèces *P. stolonifera* forme des tapis bas de feuillage arrondi, offrant des épis dressés de fleurs bleues ou roses semblables à celles de *P. divaricata*. Zones 2 à 8.

RUSTICITÉ
Zones 3 à 8.
La résistance au froid varie selon les cultivars.

HAUTEUR
90 à 120 cm.

ÉTALEMENT
60 à 120 cm.

FLORAISON
Seconde moitié de l'été.

PHLOX PANICULÉ

CE GRAND PHLOX EST UNE ESPÈCE QUE L'ON PEUT UTILISER DANS BIEN DES SITUATIONS AU JARDIN DE VIVACES. ASSOCIEZ-LE À LA GRANDE MARGUERITE, À LA MONARDE ET À L'ASTER.

Description Collet à racines fasciculées. Tiges feuillées rigides exposant des panicules en dôme de fleurs délicieusement parfumées, dans des tons magnifiques allant de magenta à blanc en passant par le rose.

Emplacement idéal De plein soleil à ombre légère.

Nature du sol Frais mais bien drainé, humifère.

Conseils de culture Divisez les touffes tous les 3 ou 4 ans pour qu'elles restent bien vigoureuses.

Multiplication Divisez au printemps. Prélevez des boutures herbacées à la fin du printemps ou au début de l'été, ainsi que des boutures de racines en automne.

Maladies et ravageurs L'oïdium est la malédiction des phlox. Il provoque des taches blanches sur les feuilles qui, dans les cas extrêmes, peuvent devenir entièrement blanches. En prévention, éclaircissez la plante avant floraison pour assurer une bonne circulation de l'air. Optez pour des cultivars résistants, en particulier pour les hybrides de *P. maculata*.

Suggestions Le phlox convient parfaitement à des décors informels ainsi qu'en clairière de sous-bois d'ombre claire.

Phlox paniculata (suite)

Phlox paniculata 'Fujiyama' refleurit en fin d'été si on supprime les inflorescences fanées lors de la première floraison.

Cultivars Il existe des douzaines de sélections dénommées qui diffèrent par l'époque de floraison, la résistance à l'oïdium, la taille des fleurs et la rusticité.

'Bright Eyes', résistant à l'oïdium, montre des fleurs roses à œil rouge sombre.

'Caroline Van den Berg' fleurit pourpre.

'David' résiste bien à l'oïdium et expose de grands bouquets de fleurs blanches.

'Dodo Hanbury Forbes' laisse paraître de grandes fleurs d'un rose lumineux à œil plus pâle.

'Fujiyama' (ci-dessus) est un phlox compact qui offre ses fleurs blanches en fin d'été.

'Sandra', compact, montre des fleurs écarlates.

Autres espèces *P. carolina*, à feuilles ovales épaisses et luisantes, se pare en début d'été de bouquets étroits de fleurs lavande, roses ou blanches. 'Rosalinde' fleurit rose vif. Zones 4 à 9.

P. maculata ressemble à *P. carolina* avec des feuilles lancéolées. 'Alpha' montre des fleurs roses à œil plus foncé. 'Oméga' offre des fleurs blanches à œil rose lilas. Zones 3 à 9.

P. ovata est une espèce rampante à tiges dressées portant des inflorescences lâches de fleurs roses à magenta. 'Spring Delight' expose à la fin du printemps des fleurs rose soutenu. Zones 4 à 8.

RUSTICITÉ
Zones 3 à 9.

HAUTEUR
90 à 120 cm.

ÉTALEMENT
60 à 120 cm.

FLORAISON
Fin d'été.

AUTRE NOM COMMUN
Dracophale de Virginie.

PHYSOSTÉGIA

UTILISEZ LES CULTIVARS DE *P. VIRGINIANA* EN JARDIN FORMEL EN COMPAGNIE D'ASTERS, DE VERGES D'OR, DE GRANDS PHLOX, DE BOLTONIAS ET DE GRAMINÉES ORNEMENTALES.

Description Plante à rhizomes aux fleurs tubulaires bilabiées, de plusieurs tons de rose et de mauve. Leur particularité : les fleurs ont à leur base un organe faisant charnière ; ainsi, si on les courbe sur la tige, elles restent en position.

Emplacement idéal De plein soleil à ombre légère.

Nature du sol Frais à humide, moyen à humifère.

Conseils de culture En sol riche, l'espèce a tendance à s'affaler. Si nécessaire, tuteurez. Divisez tous les 2 à 4 ans pour contenir la plante.

Multiplication Divisez au printemps. Prélevez des boutures herbacées en début d'été.

Maladies et ravageurs Pas de menace particulière.

Suggestions Utilisez en massif formel, plate-bande et jardin de curé. Convient aussi à toute plantation informelle.

Cultivars 'Pink Bouquet' expose des fleurs rose vif sur des tiges de 90 à 120 cm.

'Variegata' porte des feuilles bordées de crème et des fleurs rose pâle.

'Vivid' se pare de ravissantes fleurs rose vrai.

RUSTICITÉ
Zones 3 à 8.

HAUTEUR
60 à 90 cm.

ÉTALEMENT
30 à 60 cm.

FLORAISON
Été.

PLATYCODON

APPELÉE « FLEUR BALLON » EN ANGLAIS À CAUSE DE SES BOUTONS GLOBULEUX, ELLE SE MARIE TRÈS BIEN À NOMBRE D'AUTRES VIVACES FLEURISSANT EN ÉTÉ.

Description Épaisses racines charnues et tiges feuillées succulentes portant des feuilles triangulaires dentées. En été, voyantes fleurs en coupe à cinq pétales, d'un bleu intense, dont les boutons évoquent de petits ballons.

Emplacement idéal De plein soleil à ombre légère.

Nature du sol Bien drainé, ordinaire à humifère. Les sujets matures tolèrent la sécheresse.

Conseils de culture Les jeunes pousses sont lentes à émerger. Veillez à ne pas les abîmer. Supprimez les fleurs fanées pour stimuler la floraison. Division rare.

Multiplication Déterrez puis divisez les touffes au printemps ou en début d'automne. Prélevez des boutures sur les tiges basales ne portant pas de fleurs. Semez dehors en automne.

Maladies et ravageurs Pas de menace particulière.

Suggestions Associez ce platycodon à des vivaces comme l'achillée (*Achillea* subsp.), la sauge (*Salvia* subsp.) et la monarde (*Monarda* subsp.).

Cultivars 'Apoyama', de 15 cm de hauteur, offre des fleurs bleu-violet.

'Shell Pink' expose des fleurs rose pâle sur des tiges de 60 cm.

RUSTICITÉ
Zones 3 à 7.

HAUTEUR
45 à 75 cm.

ÉTALEMENT
30 à 45 cm.

FLORAISON
Été.

AUTRES NOMS COMMUNS
Valériane grecque, polémoine bleu.

ÉCHELLE DE JACOB

L'ÉCHELLE DE JACOB EST MISE EN VALEUR EN SCÈNES INFORMELLES. PLANTEZ-LA DANS L'OMBRE LÉGÈRE DE CERTAINS ARBRES, EN COMPAGNIE D'ASTILBES, D'IRIS ET DE FOUGÈRES.

Description Collet à racines fasciculées et feuillage décoratif fait de paires de folioles lancéolées. Hauts pédoncules érigés offrant des fleurs penchées en clochette à pétales bleus ou blancs et grandes étamines orangées.

Emplacement idéal De plein soleil à mi-ombre.

Nature du sol Humifère, restant toujours frais.

Conseils de culture Entretien facile et division rare. Supprimez les fleurs fanées pour une seconde floraison.

Multiplication Semez dehors en automne. Rejets possibles par semis spontané.

Maladies et ravageurs Pas de menace particulière.

Suggestions En jardin formel, plantez l'échelle de Jacob avec *Aruncus dioicus* et des graminées ornementales. En jardin informel, le plus joli est de planter en masse.

Variétés *P. Caeruleum* var. *album* fleurit blanc.

Autres espèces *P. reptans* est une espèce de sous-bois offrant des fleurs bleu profond sur des tiges de 20 à 40 cm. C'est un bon couvre-sol d'intérêt estival. Zones 2 à 8.

Polygonatum odoratum CONVALLARIACÉES

RUSTICITÉ
Zones 3 à 9.

HAUTEUR
45 à 75 cm.

ÉTALEMENT
60 à 120 cm.

FLORAISON
Printemps.

SCEAU-DE-SALOMON ODORANT

CETTE PLANTE DE JARDIN D'OMBRE EST TRÈS GRACIEUSE. ASSOCIEZ-LA À DES VIVACES TELLES QUE LES HOSTAS ET LES IRIS.

Description Le sceau-de-Salomon offre des feuilles vert bleuté, en larges ovales, disposées le long de souples tiges arquées. Des bouquets de fleurs pendantes, tubulaires, vert pâle, paraissent à l'aisselle des feuilles. Le parfum est délicieux. Des fruits noir bleuté se montrent en fin d'été.

Emplacement idéal De mi-ombre à ombre.

Nature du sol Frais, humifère. La plante tolère les sols secs.

Conseils de culture Ce sceau-de-Salomon s'étend en amples touffes par rhizomes radicants. Éventuellement, divisez pour le contenir.

Multiplication Divisez les touffes au printemps ou en automne ou semez la graine fraîche dehors, en automne.

Maladies et ravageurs Pas de menace particulière.

Suggestions Cultivez le sceau-de-Salomon en compagnie d'hostas, de pulmonaires (*Pulmonaria* subsp.), d'espèces sauvages et de fougères. Vous pouvez aussi planter en masse sous des arbustes.

Cultivars 'Variegatum' (ci-dessus) est une sélection dont on apprécie les larges feuilles ovales bordées de crème et les fleurs en paires. Zones 3 à 9.

Primula, groupe Polyanthus PRIMULACÉES

RUSTICITÉ
Zones 3 à 8.

HAUTEUR
20 à 30 cm.

ÉTALEMENT
30 cm.

FLORAISON
Printemps et début d'été.

AUTRE NOM COMMUN
Coucou.

PRIMEVÈRE

PLANTEZ CES PRIMEVÈRES EN « FLAQUES » OU EN « COULÉES » FLEURIES, EN COMPAGNIE DE BULBEUSES DE PRINTEMPS COMME JONQUILLES, TULIPES ET JACINTHES DES BOIS.

Description Hybrides à épaisses racines fasciculées. Feuilles basales gaufrées sur de très courts pédoncules à grandes fleurs voyantes. Forme ouverte, à cinq pétales, et toutes sortes de couleurs: blanc, crème, jaune, rose, rose indien, rouge et violet. Nombreuses formes bicolores et à œil contrasté.

Emplacement idéal D'ombre légère à mi-ombre.

Nature du sol De fraîcheur constante, humifère. Si elles sont en dormance, ces primevères tolèrent la sécheresse.

Conseils de culture Paillez en hiver. Divisez les touffes trop importantes après floraison et replantez en sol enrichi en matière organique.

Multiplication Divisez en automne. Les semis de graines fraîches au début du printemps, dehors ou à l'intérieur, sont faciles à réussir.

Maladies et ravageurs Pas de menace particulière.

Suggestions Associez ces variétés de primevère à des vivaces fleurissant tôt dans la saison comme les hellébores (*Helleborus* subsp.), les pulmonaires (*Pulmonaria* subsp.) et les myosotis. Elles se marient également très bien avec des espèces sauvages et des fougères.

Primula, groupe Polyanthus (suite)

Primevère denticulée, *Primula denticulata*.

Hybrides Nombre d'hybrides et de sélections sont obtenus à partir de la graine. Les hybrides 'Barnhaven' sont de petites plantes à grandes fleurs en diverses couleurs. 'Pacific Giant', obtenu à partir de la graine, montre de grandes fleurs en diverses couleurs.

Autres espèces *P. auricula*, l'oreille d'ours, forme d'épaisses feuilles persistantes et des bouquets de fleurs blanches, roses, bordeaux, rose indien et bicolores. Zones 2 à 8.

P. denticulata, primevère denticulée (ci-dessus), exhibe des petites fleurs roses, lavande ou blanches sur de hauts pédoncules. Les feuilles se développent ensuite. La plante nécessite une fraîcheur constante. Zones 3 à 8.

P. elatior, primevère élevée, porte de larges feuilles gaufrées et offre des bouquets lâches de fleurs penchées, jaune doux. Zones 3 (avec protection hivernale) à 7.

P. japonica, primevère du Japon, développe de belles touffes de feuilles dentées et des bouquets étagés de fleurs roses ou blanches portées sur de hauts pédoncules. Zones 5 à 10.

P. sieboldii porte des feuilles cordiformes dentées et duveteuses et des bouquets lâches de fleurs rose clair, rose soutenu ou blanches, à pétales crantés. Zones 4 à 8.

P. veris, coucou ou primevère officinale, montre des feuilles larges et des fleurs pendantes jaunes, parfumées, sur de hautes tiges. Zones 3 à 8.

P. vulgaris, primevère commune ou acaule, développe des feuilles froissées en forme de langue et des fleurs plates, jaune pâle. Zones 3 à 8.

RUSTICITÉ
Zones 3 à 8.

HAUTEUR
22 à 45 cm.

ÉTALEMENT
30 à 60 cm.

FLORAISON
Printemps.

AUTRE NOM COMMUN
Salvia de Jerusalén.

PULMONAIRE

CETTE ESPÈCE DE PULMONAIRE EST UNE PLANTE À FEUILLAGE RAVISSANTE QUI FLEURIT AU PRINTEMPS. ELLE FAIT UN SUJET DE JARDIN D'OMBRE TRÈS DÉCORATIF.

Description La plante naît d'une souche à épaisses racines fasciculées et développe de belles feuilles larges, pubescentes, diversement marquées de taches argentées. Les fleurs penchées, à cinq pétales, varient du rose au bleu.

Emplacement idéal De mi-ombre à ombre dense.

Nature du sol Frais, humifère.

Conseils de culture Pour que le feuillage persiste toute l'année, faites en sorte que le sol reste toujours frais.

Multiplication Divisez au printemps, après floraison, ou en automne.

Maladies et ravageurs Pas de menace particulière.

Suggestions Associez aux bulbeuses de printemps, primevères, *Tiarella* subsp., espèces sauvages et fougères.

Cultivars 'Janet Frisk' présente un feuillage blanc très tacheté et des fleurs rose mauve. 'Mrs. Moon' est à feuilles tachetées et à fleurs roses.

Autres espèces *P. angustifolia* porte des feuilles étroites et laisse paraître des fleurs bleu gentiane. Zones 2 à 8.

P. longifolia porte des feuilles tachetées et expose des fleurs bleu électrique. Zones 3 à 8.

RUSTICITÉ
Zones 3 à 8.

HAUTEUR
15 à 30 cm.

ÉTALEMENT
25 à 30 cm.

FLORAISON
Première moitié du printemps.

AUTRE NOM COMMUN
Coquerelle.

ANÉMONE PULSATILLE

CETTE PETITE VIVACE, QUE L'ON TROUVE PARFOIS SOUS LE NOM DE *ANEMONE PULSATILLA*, EST PARFAITE EN ROCAILLE. ELLE SE PLAÎT AUSSI EN PLATE-BANDE ET EN GRAND CONTENEUR.

Description Naissant de profondes racines fasciculées, la plante montre très tôt des rosettes de feuilles très divisées, couvertes de poils soyeux. Ses fleurs violettes ouvrent leurs 6 pétales sur un bouquet dense d'étamines jaune foncé. Elles sont remplacées par des bouquets de graines échevelés.

Emplacement idéal De plein soleil à ombre légère.

Nature du sol Moyen à humifère, bien drainé. La plante ne tolère pas les sols détrempés.

Conseils de culture La floraison s'étend sur plusieurs semaines depuis le début du printemps. Après la montée à graine, la plante entre en dormance sauf en région froide. Elle n'a que rarement besoin d'être divisée.

Multiplication Divisez les touffes après floraison ou en automne. Semez dehors en automne ou au printemps. Les semis spontanés sont abondants.

Maladies et ravageurs Pas de menace particulière.

Suggestions *Pulsatilla vulgaris* est parfaite en compagnie de bulbeuses, d'arabettes (*Arabis* subsp.), de corbeilles d'or (*Aurinia saxatilis*), de corbeilles d'argent (*Iberis sempervirens*) et d'ancolies (*Aquilegia* subsp.).

Pulsatilla vulgaris 'Rubra'.

Cultivars 'Rubra' (ci-dessus) offre des fleurs pourpres ou rouille.

Autres espèces *P. bungeana* est une espèce très naine, de 5 cm de hauteur, à fleurs en coupe tournées vers le ciel, bleu violacé. Zones 4 à 9.

P. halleri est une espèce très caractéristique à feuilles très divisées extrêmement velues. Ses fleurs sont blanches, lavande ou pourpres. *P. halleri* subsp. *slavica* montre un feuillage couvert d'une pubescence laineuse, moins divisé que celui de l'espèce, et de charmantes fleurs violet intense. Zones 5 à 9.

P. montana ou anémone des montagnes développe un feuillage finement divisé. Les fleurs en clochette varient du bleu profond au violet. Les pédoncules d'à peine 15 cm de haut continuent à s'élever jusqu'à 45 cm à la maturité des fruits. Zones 6 à 9.

P. patens, originaire de Sibérie, forme des feuilles coriaces, moins divisées que chez d'autres espèces. Les fleurs sont blanches ou bleu pâle. Ne plantez cette anémone pulsatille qu'en sol sableux, très drainant. Elle entre en dormance lorsqu'il fait chaud. Zones 3 à 7.

RUSTICITÉ
Zones 9 et 10.

HAUTEUR
25 cm.

ÉTALEMENT
30 cm.

FLORAISON
Pratiquement toute l'année.

HÉLIPTÉRUM

LES PETITES FLEURS BLANCHES ET SÈCHES DE *RHODANTHE ANTHEMOIDES* PERMETTENT DE COMPOSER AU JARDIN DE ROCAILLE DE JOLIES SCÈNES, EN ASSOCIATION AVEC D'AUTRES ESPÈCES.

Description Cette immortelle forme des masses de petites fleurs sèches, blanches, en marguerite. Elles ont 2,50 cm de diamètre, les ligules entourant un « cœur » jaune. Synonyme : *Helipterum anthemoides.*

Emplacement idéal Plein soleil.

Nature du sol Bien drainé. La plante tolère les sols pauvres.

Conseils de culture Supprimez régulièrement les fleurs fanées pour stimuler la floraison. Rabattez de temps en temps pour garder un port bien compact. Cette immortelle est souvent cultivée en annuelle.

Multiplication Semez au printemps. Multipliez les cultivars par bouturage au printemps.

Maladies et ravageurs Pas de menace particulière.

Suggestions Optez sans hésiter pour cette jolie plante qui fait merveille en rocaille, talus sec et prairies fleuries ensoleillées.

Cultivars 'Paper Cascade' est bien adapté à la culture en rocaille ou en panier suspendu.

RUSTICITÉ
Zones 4 à 7.

HAUTEUR
90 à 120 cm.

ÉTALEMENT
120 cm.

FLORAISON
Fin du printemps et début d'été.

RODGERSIA

CETTE VIVACE EXUBÉRANTE EST TRÈS À L'AISE EN TERRAIN MARÉCAGEUX ET JARDIN D'EAU. UTILISEZ-LA EN ASSOCIATION AVEC D'AUTRES ESPÈCES QUI APPRÉCIENT L'HUMIDITÉ.

Description La plante naît de solides racines fasciculées. Elle forme de grandes feuilles composées et laisse paraître de petites fleurs rose-rouge en grands plumets.

Emplacement idéal De mi-ombre à ombre. En région chaude, protégez-la des rayons brûlants du soleil.

Nature du sol Humifère, de fraîcheur constante.

Conseils de culture La rodgersia développe un grand nombre d'énormes touffes à collets multiples qui peuvent rester en place pendant des années. Espacez chaque plante d'au moins 90 à 120 cm.

Multiplication Divisez en automne et au printemps. Semez dehors en automne ou à l'intérieur au printemps.

Maladies et ravageurs Pas de menace particulière.

Suggestions Plantez en terrain marécageux ou au bord de l'eau. Associez-la à hosta, iris, astilbe, fougère, ligulaire (*Ligularia* subsp.) et primevère.

Autres espèces *R. aesculifolia* présente des feuilles palmatilobées et se pare de fleurs blanc crème. Zones 4 à 7.

R. sambucifolia ressemble à *R. pinnata* mais fleurit blanc. Zones 4 à 7.

RUSTICITÉ
Zones 3 à 9.

HAUTEUR
45 à 90 cm.

ÉTALEMENT
60 à 120 cm.

FLORAISON
Seconde moitié de l'été.

AUTRE NOM COMMUN
Rudbeckie.

RUDBECKIA

CE RUDBECKIA EST UNE RAVISSANTE VIVACE QUI SE PRÊTE À DE MULTIPLES USAGES. IL FAIT BEL EFFET TOUT AUSSI BIEN EN PLATE-BANDE FORMELLE QU'EN PRAIRIE FLEURIE ET MÊME EN CONTENEUR.

Description Cette espèce, qui fleurit l'été en légères marguerites jaunes, naît de racines fasciculées et développe des feuilles ovales à largement lancéolées, rêches et velues, portées sur des tiges raides. Les fleurs se composent de ligules (pièces pétaloïdes) jaune soutenu et d'un centre marron foncé en forme de cône.

Emplacement idéal De plein soleil à ombre légère. Tolère bien la chaleur.

Nature du sol Moyen, frais mais bien drainé. Drainage indispensable.

Conseils de culture Tous les rudbeckias sont des vivaces solides, à longue durée de vie. Ils finissent par former des touffes importantes, dont le pourtour montre plus de vigueur que le centre. Divisez tous les 2 à 4 ans et replantez dans un sol enrichi en matière organique.

Multiplication Divisez en automne ou au printemps. Semez dehors en automne ou au printemps. À l'intérieur, semez en fin d'hiver.

Maladies et ravageurs Pas de menace particulière.

Suggestions Pour obtenir de magnifiques scènes fleuries, plantez le rudbeckia en compagnie d'autres espèces à fleurs en marguerite mais aussi des

Un des nombreux cultivars de rudbeckia très présents dans les jardins.

sédums, des phlox, des monardes (*Monarda* subsp.), des chrysanthèmes et des graminées ornementales.

Variétés *R. fulgida* var. *sullivantii* est une plante solide à larges feuilles. 'Goldsturm' est un de ses cultivars, compact et très populaire. *R. speciosa* (parfois synonyme de *R. neumanii*) porte des feuilles plus étroites et expose des fleurs plus petites.

Autres espèces Il existe un grand nombre d'espèces de rudbeckias, chacune possédant ses propres cultivars. En voici quelques-unes :

R. hirta appelée rudbeckie hérissée est présente sous forme de deux cultivars, 'Irish Eyes', à cône central vert olive, et 'Becky Mixed', cultivar buissonnant nain, fleurissant dans une gamme de couleurs qui va de jaune citron à rouge orangé. Zones 3 à 10.

R. laciniata est un grand rudbeckia à fleurs simples montrant des ligules retombantes. Cette espèce a produit nombre de formes doubles parmi lesquelles 'Goldquelle'. Zones 3 à 10.

RUSTICITÉ
Zones 4 à 9.

HAUTEUR
30 à 90 cm.

ÉTALEMENT
60 à 90 cm.

FLORAISON
Été.

AUTRES NOMS COMMUNS
Herbe-de-grâce, rue de chèvre.

RUE FÉTIDE

TRADITIONNELLEMENT, LA RUE FÉTIDE EST UNE PLANTE DE JARDIN DE SIMPLES. MAIS, AVEC SON BEAU FEUILLAGE, ELLE FAIT AUSSI TRÈS BEL EFFET AU JARDIN ORNEMENTAL, EN COMPAGNIE D'ESPÈCES À FLEURS VOYANTES ET COLORÉES.

Description Jadis très présente dans les jardins de simples, cette rue développe un feuillage aromatique très divisé, au-dessus duquel s'élèvent des bouquets ouverts de petites fleurs jaunes.

Emplacement idéal Plein soleil ou ombre légère.

Nature du sol Moyen à riche, bien drainé. Tolère des sols secs et sableux.

Conseils de culture Se développe en grosses touffes denses n'ayant que rarement besoin d'être divisées.

Multiplication Prélevez des boutures herbacées en été et en automne.

Maladies et ravageurs Pas de menace particulière.

Suggestions Utilisez la rue en jardin de simples ou pour créer des motifs en art topiaire. En plate-bande et en massif, placez-la au premier plan ou vers le centre.

Associez-la aux hysopes (*Hyssopus officinalis*), achillées et ails ornementaux. Pour un effet de contraste, mettez-la à côté d'espèces à fleurs spectaculaires comme le platycodon (*Platycodon grandiflorus*).

Évitez de planter la rue de chèvre dans un lieu de passage, car elle exsude une huile qui peut être irritante pour la peau.

RUSTICITÉ
Zones 6 à 8.

HAUTEUR
1,80 m.

ÉTALEMENT
90 à 120 cm.

FLORAISON
Été, jusqu'à l'automne.

SAUGE ANANAS

CETTE SAUGE, DONT LE FEUILLAGE EXHALE UNE DÉLICIEUSE ODEUR D'ANANAS, EST UNE PLANTE PARFAITEMENT ADAPTÉE AU JARDIN DE SIMPLES OU AU JARDIN DE CURÉ.

Description Cette vivace développe un feuillage dont on peut se servir en salade de fruits ou boisson frappée. En région de climat frais, sa floraison est parfois assez décevante mais son feuillage est d'un fort joli vert lumineux. Les fleurs sont rouge vif.

Emplacement idéal Plein soleil.

Nature du sol Bien drainé. L'été, il faut arroser.

Conseils de culture La sauge ananas tolère un peu de gel. À l'ombre légère ou à la mi-ombre, les tiges sont plus molles et la plante prend un port plus ouvert, parfois un peu affalé.

Multiplication Prélevez des boutures herbacées ou de racine durant l'été.

Maladies et ravageurs Pas de menace particulière.

Suggestions En massifs et plates-bandes formels, la sauge ananas est un bon élément structurant et une jolie plante à feuillage. Elle est très utile pour combler les vides d'une plate-bande et ses fleurs d'un rouge lumineux s'inscrivent à merveille dans les décors colorés de la fin de l'été.

Salvia officinalis LAMIACÉES

RUSTICITÉ
Zones 4 à 9.

HAUTEUR
30 à 75 cm.

ÉTALEMENT
60 à 90 cm.

FLORAISON
Été.

AUTRE NOM COMMUN
Sauge commune.

SAUGE OFFICINALE

PLANTE AROMATIQUE, LA SAUGE A SA PLACE TANT AU JARDIN DE SIMPLES QU'AU JARDIN ORNEMENTAL ET OFFRE TOUTE L'ANNÉE LE SPECTACLE DE SON BEAU FEUILLAGE PERSISTANT.

Description Naissant de racines fasciculées, la sauge officinale développe des feuilles opposées lancéolées, légèrement gaufrées, dans les coloris allant de vert-de-gris à vert pourpré. Même si ses fleurs roses ou violettes sont moins voyantes que celles des autres sauges, elles ne manquent pas d'un charme discret.

Emplacement idéal Plein soleil ou ombre légère.

Conseils de culture Petit arbuste ligneux, persistant en climat doux. Rabattez au printemps pour supprimer les tiges endommagées par le gel hivernal et lui redonner une forme.

Multiplication Prélevez des boutures herbacées en été.

Maladies et ravageurs Pas de menace particulière.

Suggestions Utilisez au jardin de simples ou de curé ou en massif et plate-bande formels, pour son beau feuillage, intéressant toute l'année. Son beau port en fait aussi un élément capable de structurer une plantation.

Cultivars Le joli 'Purpurascens' (ci-dessus) montre des feuilles teintées de pourpre. 'Tricolor' se pare de feuilles vert-de-gris teintées de jaune, de rose et de rouge.

RUSTICITÉ
Zones 3 à 9.

HAUTEUR
60 cm.

ÉTALEMENT
60 à 90 cm.

FLORAISON
Été.

AUTRES NOMS COMMUNS
Sauge sauvage, orvale des prés.

SAUGE DES PRÉS

COMME SON NOM L'INDIQUE, LA SAUGE DES PRÉS EST UNE ESPÈCE IDÉALE POUR… PRAIRIES FLEURIES ! SA VIGUEUR NATURELLE LUI PERMET DE SE PASSER DE TOUT TUTEURAGE.

Description Cette vivace herbacée forme de jolies feuilles basales d'un vert légèrement gris. Des épis de fleurs espacées, de mauve à bleu-violet intense, paraissent sur des pédoncules qui peuvent atteindre 90 cm de haut.

Emplacement idéal Plein soleil.

Nature du sol Bien drainé avec apport d'eau l'été. Tolère le gel.

Conseils de culture Choisissez pour cette sauge un emplacement particulièrement bien drainé. Paillez généreusement au début du printemps.

Multiplication Par bouturage ou au printemps.

Maladies et ravageurs Pas de menace particulière.

Suggestions Bonne espèce de plate-bande, où on veillera à la planter vers le centre, de façon à apprécier à la fois son beau feuillage et ses hauts épis fleuris.

Cultivars Il existe de nombreux cultivars fleurissant dans une gamme de couleurs qui va du blanc au violet en passant par le rose et plusieurs sortes de bleus.

Rusticité
Zones 4 à 7.

Hauteur
45 à 105 cm.

Étalement
60 à 90 cm.

Floraison
Première moitié de l'été. La plante refleurit souvent.

Sauge superba bleue

Les inflorescences en épis pointus de cette sauge se marient parfaitement avec des espèces tout en courbes comme les géraniums botaniques.

Description *Salvia × superba* est une plante buissonnante bien ramifiée naissant de racines fasciculées et formant des feuilles aromatiques triangulaires. Ses fleurs bleu-violet sont portées en épis étroits.

Emplacement idéal De plein soleil à ombre légère. Une fois installée, la plante tolère la sécheresse.

Conseils de culture En fin de floraison, rabattez les tiges florales pour redonner de l'énergie à la plante et susciter une nouvelle floraison. Il est rarement nécessaire de diviser.

Multiplication Divisez au printemps ou en automne. Bouturez en fin de printemps ou début d'été.

Maladies et ravageurs Pas de menace particulière.

Suggestions Plantez en plate-bande ou rocaille en compagnie de vivaces fleurissant en début d'été comme l'achillée, l'épiaire laineux (*Stachys byzantina*), l'hémérocalle, le coréopsis et les graminées ornementales.

Cultivars 'Blue Queen' offre des fleurs bleu-violet.

'East Friesland' se pare de jolies fleurs bleu pourpre. Il mesure de 30 à 45 cm de haut.

'May Night' est une plante compacte fleurissant bleu-violet.

RUSTICITÉ
Zones 3 à 9.

HAUTEUR
10 à 15 cm.

ÉTALEMENT
15 à 20 cm.

FLORAISON
Première moitié du printemps.

AUTRE NOM COMMUN
Sang-dragon.

SANGUINAIRE DU CANADA

SANGUINARIA CANADENSIS RÉUSSIT TRÈS BIEN EN JARDIN DE SOUS-BOIS EN COMPAGNIE DE BULBEUSES DE PRINTEMPS, D'HOSTAS ET DE FOUGÈRES.

Description Naissant d'un rhizome traçant charnu, la plante laisse émerger une feuille unique, profondément divisée en sept lobes et entourant un bouton floral solitaire. Les fleurs blanc pur montrent de 8 à 11 pétales entourant un bouquet d'étamines (appareil reproducteur mâle). Les fleurs durent quelques jours.

Emplacement idéal D'ombre légère à ombre totale. La plante a besoin de soleil au printemps et d'ombre en été. En période de sécheresse prolongée, elle entre en dormance sans que cela mette en péril sa croissance future.

Nature du sol Frais, humifère.

Conseils de culture Là où l'humidité reste suffisante, le feuillage garde sa beauté durant tout l'été. La plante forme des touffes importantes qui peuvent être divisées.

Multiplication Divisez en fin d'été. Semez la graine fraîche dehors en été. Les semis spontanés sont fréquents.

Maladies et ravageurs Pas de menace particulière.

Suggestions Plantez sous des arbustes. Cultivez la plante en couvre-sol.

Cultivars 'Flore Pleno' est une forme double spectaculaire à magnifiques fleurs bien durables.

RUSTICITÉ
Zones 3 à 8.

HAUTEUR
1,20 à 1,50 m.

ÉTALEMENT
1,20 m.

FLORAISON
Fin d'été et début d'automne.

AUTRES NOMS COMMUNS
Sanguisorbe canadienne, petite pimprenelle.

SANGUISORBE DU CANADA

CETTE ESPÈCE DE PIMPRENELLE LAISSE PARAÎTRE D'ÉTONNANTS ÉPIS EN GOUPILLON QUI FONT BEL EFFET À L'ARRIÈRE-PLAN D'UN MASSIF OU D'UNE PLATE-BANDE.

Description Naissant d'épaisses racines charnues, la plante forme des feuilles divisées à folioles pointues portées sur des tiges robustes. À la fin de l'été paraissent à leur extrémité des épis denses de fleurs blanches sans pétales.

Emplacement idéal De plein soleil à mi-ombre. Ne tolère pas la grande chaleur.

Nature du sol De fraîcheur constante, humifère.

Conseils de culture Paillez pour contribuer à garder le sol aussi frais et humide que possible. Divisez les touffes devenues trop importantes.

Multiplication Divisez au printemps. Semez dehors en automne.

Maladies et ravageurs Pas de menace sérieuse.

Suggestions Plantez à l'arrière-plan des plates-bandes en compagnie de phlox, d'aconits (*Aconitum* subsp.), d'asters, de boltonias (*Boltonia asteroides*), de sédums et de graminées ornementales.

Autres espèces *Sanguisorba obtusa* ne dépasse pas 90 à 120 cm de haut. Elle porte des feuilles glauques à folioles arrondies et expose des inflorescences roses.

RUSTICITÉ
Zones 6 à 8.

HAUTEUR
30 à 60 cm.

ÉTALEMENT
60 cm.

FLORAISON
Été.

AUTRES NOMS COMMUNS
Lavande-coton, santoline.

SANTOLINE PETIT-CYPRÈS

CETTE JOLIE PETITE PLANTE EST IDÉALE EN BORDURE DE SENTIER OU DE PLATE-BANDE. ON PEUT AUSSI L'UTILISER EN TOPIAIRE, MÊME POUR RÉALISER DES MOTIFS COMPLEXES.

Description Cette santoline naît de racines fasciculées et forme une plante semi-ligneuse compacte, à très petites feuilles divisées couvertes d'une pubescence blanche. En été paraissent à l'extrémité des tiges des fleurs jaunes en forme de bouton, portées au-dessus du feuillage.

Emplacement idéal Plein soleil. Tolère la sécheresse, les sols pauvres et le sel.

Nature du sol Moyen, bien drainé.

Conseils de culture En région froide, cette santoline doit être protégée du froid. Rabattez en début de printemps pour stimuler la croissance.

Multiplication Marcottez au printemps. Bouturez en été.

Maladies et ravageurs Pas de menace particulière.

Suggestions Cultivez la santoline petit-cyprès en compagnie d'autres vivaces qui, comme elle, nécessitent un bon drainage, œillets (*Dianthus* subsp.), arabettes (*Arabis* subsp.) et sédums.

Autres espèces *S. rosmarinifolia*, la santoline verte, est similaire mais à feuillage vert vif.

RUSTICITÉ
Zones 5 à 8.

HAUTEUR
10 à 15 cm.

ÉTALEMENT
30 à 35 cm.

FLORAISON
Été.

AUTRE NOM COMMUN
Savonnière.

SAPONAIRE

CETTE SAPONAIRE, COMMUNE AU BORD DES CHEMINS OU LE LONG DES COURS D'EAU, QUI FORME DES MONTICULES DE FLEURS GRACIEUSES EST UNE PLANTE PARFAITE AU PREMIER PLAN D'UNE PLATE-BANDE OU EN ROCAILLE.

Description *Saponaria × lempergii* naît d'une souche à racines fasciculées. Elle développe des tiges prostrées portant des feuilles ovales et se couvre de hauts bouquets de fleurs rose profond de 2,50 cm de diamètre, à cinq pétales épointés.

Emplacement idéal De plein soleil à ombre légère.

Nature du sol Moyen, bien drainé.

Conseils de culture Divisez pour contenir la plante.

Multiplication Divisez au printemps ou en automne. Bouturez en fin d'été.

Maladies et ravageurs Pas de menace particulière.

Suggestions Utilisez cette saponaire au bord d'un sentier ou en bordure de massif, au premier plan d'une plate-bande ou en rocaille.

Autres espèces *S. ocymoides* est une plante à port prostré qui se pare de bouquets de fleurs rose vif de 6 mm. 'Rubra Compacta' forme de petits monticules de fleurs rose soutenu à cramoisi. Zones 3 à 7.

S. officinalis s'étend très rapidement. Elle développe des tiges de 30 à 75 cm portant des bouquets arrondis de fleurs rose pâle. Zones 2 à 8.

RUSTICITÉ
Zones 6 à 9.

HAUTEUR
25 à 30 cm.

ÉTALEMENT
30 cm.

FLORAISON
Printemps.

AUTRE NOM COMMUN

AUTRES NOMS COMMUNS
Barbe de vieillard, saxifrage araignée.

SAXIFRAGE DE CHINE

PARFAITE À L'OMBRE, CETTE SAXIFRAGE AU FEUILLAGE ARGENTÉ PERMET DE COMPOSER DE BELLES SCÈNES FLEURIES, ASSOCIÉE AUX HOSTAS, BULBEUSES, ESPÈCES SAUVAGES ET FOUGÈRES.

Description La plante fait un très joli couvre-sol d'ombre. Ses feuilles rondes évoquent un pélargonium qui serait veiné d'argent. Ses petites fleurs blanches ont cinq pétales dont deux sont bien plus longs que les autres.

Emplacement idéal De mi-ombre à ombre totale.

Nature du sol Frais, humifère.

Conseils de culture S'étend et forme vite un tapis dense excluant les adventices. Elle peut être envahissante mais les pieds sont faciles à arracher.

Multiplication Prélevez les rejets prêts à raciner paraissant au bout des stolons et replantez au printemps ou en automne.

Maladies et ravageurs Pas de menace particulière.

Suggestions Plantez cette saxifrage en couvre-sol sous des arbustes à fleurs ou de petits arbres. Elle se comporte aussi fort bien en contenant.

Cultivars 'Tricolor' est panaché de rose et de crème, mais il est moins rustique que l'espèce.

Autres espèces *S.* × *urbium* porte des feuilles persistantes dentées en forme de cuillère et offre des bouquets de petites fleurs roses. Zones 6 à 8.

Scabiosa caucasica DIPSACACÉES

RUSTICITÉ
Zones 3 à 7.

HAUTEUR
45 à 60 cm.

ÉTALEMENT
30 à 45 cm.

FLORAISON
Été.

SCABIEUSE DU CAUCASE

CETTE SCABIEUSE REND MIEUX LORSQU'ON LA PLANTE EN GROUPE. AU MOINDRE SOUFFLE, SES FEUILLES LÉGÈRES, DE COULEUR SUBTILE, SEMBLENT SE METTRE À DANSER.

Description Populaires au XIXe siècle, les scabieuses retrouvent aujourd'hui toute la faveur des jardiniers. Leurs fleurs originales s'exposent en capitules denses de 5 à 7,50 cm de diamètre, composés de petites fleurs dont la taille augmente vers les bords de l'inflorescence.

Emplacement idéal De plein soleil à ombre légère. Les fortes températures ne lui conviennent pas.

Nature du sol Moyen à humifère, frais mais bien drainé. Ne tolère pas les sols mouillés.

Conseils de culture La plante forme des touffes conséquentes en 1 ou 2 ans. Divisez si elles deviennent trop denses. Supprimez les fleurs fanées pour prolonger la floraison.

Multiplication Divisez au printemps. Semez la graine fraîche dehors en automne, à l'intérieur en fin d'hiver.

Maladies et ravageurs Pas de menace particulière.

Suggestions Les fleurs aériennes de cette scabieuse font un effet magnifique lorsqu'elles s'élèvent au-dessus d'espèces compactes comme phlox, œillets (*Dianthus* subsp.) et achillées. Elles se marient heureusement avec la monarde (*Monarda* subsp.), l'hémérocalle et l'ancolie (*Aquilegia* subsp.).

Scabiosa caucasica 'Clive Greaves'.

Cultivars 'Alba' s'orne de jolies fleurs blanches.

'Butterfly Blue', d'ascendance incertaine, est une scabieuse bleu lilas qui fleurit longtemps.

'Clive Greaves' (ci-dessus) expose de grands capitules bleu mauve.

'Miss Wilmot' fleurit blanc crème.

Autres espèces *S. atropurpurea* est une haute plante ramifiée, souvent de courte durée de vie, formant des tiges raides qui exposent des capitules pourpre foncé, bleus ou lavande. En supprimant régulièrement les fleurs fanées, on prolonge la floraison. Cette espèce est à l'origine de plusieurs élégants cultivars doubles, parmi lesquels 'Double' et 'Dwarf Double'. Zones 3 à 7.

S. columbaria 'Pink Mist' se pare de fleurs rose profond devenant plus pâles au centre, portées au-dessus d'un feuillage vert-gris. Zones 4 à 8.

S. lucida forme des touffes plumeuses de feuilles vert argenté surmontées de fleurs mauve pâle portées sur des pédoncules fins et raides. Zones 4 à 8.

S. graminifolia (voir page 284) développe un feuillage étroit dominé par des fleurs bleu-violet sur des pédoncules grêles. Zones 4 à 8.

Sedum spectabile CRASSULACÉES

RUSTICITÉ
Zones 3 à 9.

HAUTEUR
30 à 60 cm.

ÉTALEMENT
60 cm.

FLORAISON
Seconde moitié de l'été.

AUTRE NOM COMMUN
Sédum orpin.

ORPIN DES JARDINS

CE SÉDUM, QUI PEUT ÊTRE INTÉRESSANT EN BIEN DES EMPLACEMENTS DU JARDIN, EST SURTOUT À SON AVANTAGE LORSQU'IL EST CULTIVÉ EN MASSE OU EN GROSSES TOUFFES.

Description La plante naît d'une souche à racines fasciculées et montre des tiges épaisses portant de larges feuilles charnues, gris-vert. Elle laisse paraître des corymbes (fausses ombelles) bombées de 10 à 15 cm, constituées de petites fleurs roses. En été, elle offre de jolis boutons floraux vert pâle et les bouquets de graines brunes persistent tout l'hiver sur la plante.

Emplacement idéal Plein soleil. Tolère très bien sécheresse et chaleur.

Nature du sol Moyen à humifère, bien drainé.

Conseils de culture Avec l'âge, les touffes de ce sédum deviennent importantes et peuvent s'affaler. Pour contourner ce problème, divisez les plantes trop denses.

Multiplication Divisez du printemps au milieu de l'été. Prélevez des boutures herbacées sur des tiges qui ne fleurissent pas en été. Semez au printemps ou en automne.

Maladies et ravageurs Pas de menace particulière.

Suggestions Plantez ce grand sédum en plate-bande formelle, en jardin informel et en rocaille. Associez-le à l'achillée, au rudbeckia pourpre (*Echinacea purpurea*) et aux graminées ornementales.

Sedum spurium 'Dragon's Blood'.

Cultivars 'Brilliant' offre de jolies fleurs rose vrai.

'Carmen' fleurit rose carmin.

Hybrides Plusieurs hybrides sont disponibles sur le marché. 'Autumn Joy' ressemble à *S. spectabile*, mais en plus robuste. Ses fleurs sont également plus foncées.

'Ruby Glow', de port prostré, montre des feuilles teintées de pourpre et des fleurs rubis.

Autres espèces *S. aizoon* est une plante dressée à feuilles dentées ovales et fleurs jaunes en corymbes aplatis de 7,50 à 10 cm de diamètre. Zones 4 à 9.

S. album est une espèce rampante à feuillage persistant et fleurs blanches en petits bouquets de 2,50 à 5 cm. Zones 3 à 9.

S. kamtschaticum est une plante rampante à fleurs jaunes. Zones 3 à 8.

S. maximum est une plante dressée à feuilles ovales et bouquets bombés de fleurs rose laiteux. Zones 3 à 8.

S. spurium est une plante rampante à feuilles arrondies persistantes et bouquets lâches de fleurs roses. 'Dragon's Blood' (ci-dessus) montre des feuilles teintées de rouge et des fleurs rose rougeâtre. 'Tricolor' a un feuillage panaché rose, blanc et vert. Zones 3 à 8.

S. ternatum est une espèce basse de sous-bois à fleurs blanches en étoile. Zones 4 à 8.

Rusticité
Zones 5 à 9.

Hauteur
60 cm.

Étalement
60 cm.

Floraison
Été.

Silène

La place de ce silène est en rocaille ou au premier plan d'une plate-bande, là où des plantes plus agressives ne viendront pas éclipser sa beauté discrète.

Description Bon couvre-sol présentant des tiges feuillées dressées et poilues portant des fleurs intéressantes à calice vert gonflé d'où émergent des pétales frangés blancs.

Emplacement idéal De plein soleil à mi-ombre.

Nature du sol Fertile, de fraîcheur constante, bien drainé.

Conseils de culture Rabattez en fin de saison les tiges ayant fleuri pour ne pas fatiguer la plante et lui assurer une bonne floraison l'année suivante.

Multiplication Bouturage herbacé au printemps. Semis au printemps ou début d'automne.

Maladies et ravageurs Pas de menace particulière.

Suggestions Couvre-sol idéal; convient particulièrement aux rocailles et aux massifs et plates-bandes en pente.

Autres espèces *S. acaulis*, le silène acaule, est une bonne plante de rocaille en région fraîche. Son feuillage est vert émaillé de fleurs roses en été. Si l'emplacement ne convient pas, la floraison sera clairsemée. Zones 2 à 9.

S. uniflora fleurit au printemps et en été. C'est sa forme double, 'Flore Pleno' qu'on trouve le plus souvent en culture. Zones 3 à 10.

RUSTICITÉ
Zones 3 à 8.

HAUTEUR
60 à 120 cm.

ÉTALEMENT
60 à 90 cm.

FLORAISON
Printemps.

AUTRE NOM COMMUN
Faux sceau de Salomon.

SMILACINE À GRAPPES

C'EST À L'OMBRE QUE SE PLAÎT CETTE PLANTE DE LA FAMILLE DU MUGUET. ELLE OFFRE UN TRIPLE INTÉRÊT : SES FLEURS, AU PRINTEMPS, SON FEUILLAGE, EN ÉTÉ, ET SES FRUITS, EN AUTOMNE.

Description La plante naît d'un épais rhizome. Des tiges dressées, arquées portent de larges feuilles brillantes disposées en escalier. De petites fleurs étoilées blanc crème paraissent en plumets terminaux. Les fruits mûrissent rouges en fin d'été.

Emplacement idéal Ombre légère à totale. Le soleil brûle la plante.

Nature du sol De fraîcheur constante, humifère, neutre à acide.

Conseils de culture Si la plante déborde, divisez les rhizomes enchevêtrés.

Multiplication Divisez au printemps ou en automne. Semez en automne.

Maladies et ravageurs Pas de menace particulière.

Suggestions Plantez la smilacine à grappes en jardin de sous-bois, par exemple, en compagnie d'hostas, de cœurs de Marie (Dicentra subsp.), d'ancolies (Aquilegia subsp.) et de fougères. Cette association de plantes fait bel effet sous des arbustes et des arbres à fleurs.

Autres espèces *S. stellata* ou smilacine étoilée présente un fin feuillage glauque et de petits bouquets en racèmes effilés de fleurs étoilées de 6 mm. Ses baies magnifiques sont vertes, rayées de pourpre sombre. Zones 2 à 7.

RUSTICITÉ
Zones 3 à 8.

HAUTEUR
60 à 150 cm.

ÉTALEMENT
90 à 150 cm.

FLORAISON
Fin d'été
et automne.

AUTRE NOM COMMUN
Solidage
du Canada.

VERGE D'OR DU CANADA

CETTE VERGE D'OR CONVIENT À DE NOMBREUX SITES : EN JARDIN FORMEL ET INFORMEL, EN PRAIRIES FLEURIES ET EN PLANTATIONS COMPRENANT DES ESPÈCES FLEURIES SAUVAGES.

Description Cette belle plante qui naît de rhizomes peut se montrer envahissante. Elle arbore jusqu'au bord des routes ses feuilles lancéolées dentées et ses grands plumets. Ses fleurs jaunes sont groupées en hautes panicules exubérantes.

Emplacement idéal De plein soleil à ombre légère.

Nature du sol Moyen, frais à bien drainé.

Conseils de culture S'étend rapidement et doit être divisée souvent.

Multiplication Divisez au printemps ou après la fin de la floraison. Semez dehors en automne. Bouturez en début d'été.

Maladies et ravageurs Pas de menace particulière.

Suggestions Cultivez en compagnie de phlox, d'asters, de *Helianthus* subsp. et de liatrides (*Liatris* subsp.). Contrairement à ce qu'on a coutume de dire, la verge d'or n'est pas une espèce qui donne le rhume des foins. La responsable serait plutôt l'ambroisie, qui fleurit en même temps.

Hybrides 'Baby Gold' croît jusqu'à 60 ou 75 cm de hauteur. 'Crown of Rays' offre de grandes et de larges panicules fleuries.

RUSTICITÉ
Zones 4 à 8.

HAUTEUR
15 à 38 cm.

ÉTALEMENT
30 à 60 cm.

FLORAISON
Début d'été.

AUTRES NOMS COMMUNS
Oreille d'ours, oreille de lapin.

ÉPIAIRE LAINEUX

C'EST LE BEAU FEUILLAGE VELOUTÉ ET DENSE DE L'ÉPIAIRE QUI EN FAIT UNE PLANTE EXCELLENTE POUR FORMER DES BORDURES LE LONG DE SENTIERS ET VOIES D'ACCÈS.

Description Naissant de tiges charnues s'étendant lentement, cette plante qui aime le soleil forme des rosettes basales de feuilles pointues couvertes d'une pubescence laineuse blanche. De là à supposer qu'elles sont douces comme des oreilles d'ours... Des épis de petites fleurs bilabiées rose foncé paraissent sur des pédoncules laineux. Beaucoup de jardiniers, les trouvant peu spectaculaires, les suppriment carrément.

Emplacement idéal De plein soleil à ombre légère. La plante supporte mal le temps chaud et humide.

Nature du sol Bien drainé, sableux ou limoneux. L'épiaire ne tolère pas les sols lourds, gorgés d'eau.

Conseils de culture L'épiaire laineux forme avec le temps des touffes denses de feuilles inextricables. Pour contenir son développement, divisez celles qui sont devenues trop importantes.

Multiplication Divisez au printemps ou en automne.

Maladies et ravageurs L'épiaire laineux est très sensible à la pluie. Par temps pluvieux et humide, la plante peut être la proie du pourridié. Rabattez les pieds atteints. La meilleure prévention est le choix d'un emplacement adéquat.

Stachys byzantina (suite)

Stachys byzantina 'Cotton Boll'.

Suggestions L'épiaire laineux est idéal au premier plan de plates-bandes tant formelles qu'informelles. Associez-le à l'iris, à l'heuchère (*Heuchera* subsp.), à l'ail ornemental (*Allium* subsp.), aux yuccas et aux sédums.

Cultivars 'Big Ears' a de plus grandes feuilles que la plupart des épiaires et laisse voir des fleurs pourpres portées sur de hauts épis.

'Cotton Boll' (ci-dessus) a de plus grandes feuilles encore, mais moins laineuses. Ses fleurs ressemblent à des boules de coton. Il réussit en région chaude.

'Primrose Heron' montre au printemps des feuilles velues jaune primevère.

'Silver Carpet' est un cultivar bien net et compact. Même si on indique qu'il ne fleurit pas, cela lui arrive pourtant dans certains jardins.

Autres espèces *S. coccinea* est une vivace de 30 à 90 cm de hauteur pour 45 cm d'étalement. Elle laisse paraître au printemps des fleurs rouges qui se succèdent sur la plante jusqu'en automne. Zones 5 à 9.

S. macrantha forme des tiges dressées de 60 cm de hauteur. Cet épiaire se pare de fleurs rose pourpré de l'été à l'automne. Zones 5 à 9.

RUSTICITÉ
Zones 5 à 9.

HAUTEUR
30 à 60 cm.

ÉTALEMENT
60 cm.

FLORAISON
Printemps.

AUTRE NOM COMMUN
Aster de Chine.

BLUET D'AMÉRIQUE

TOUT EST BEAU CHEZ *STOKESIA LAEVIS*, LES FEUILLES COMME LES FLEURS. CETTE PLANTE CONVIENT TOUT AUSSI BIEN AUX JARDINS FORMELS QU'INFORMELS.

Description Cette espèce, qui naît d'épaisses racines fasciculées, forme des rosettes de feuilles basales lancéolées, vert profond, à découpes pointues et nervure médiane blanchâtre. Les capitules en marguerite de 5 à 7,50 cm montrent de fines ligules bleues un peu ébouriffées entourant un cœur blanc.

Emplacement idéal De plein soleil à ombre légère.

Nature du sol Moyen à humifère, frais mais bien drainé. La plante installée tolère un sol pauvre et sec.

Conseils de culture *Stokesia laevis* apprécie de ne pas être dérangée ! Si nécessaire, divisez au printemps ou en automne.

Multiplication Divisez au début du printemps. Semez dehors en automne, à l'intérieur en hiver après stratification.

Maladies et ravageurs Pas de menace particulière.

Suggestions Associez la plante à la verveine (*Verbena* subsp.), au phlox, à la verge d'or (*Solidago* subsp.) et aux graminées ornementales.

Cultivars 'Alba' offre des fleurs blanches. 'Blue Danube' se pare de très jolies fleurs lavande.

Symphytum ibericum BORAGINACÉES

RUSTICITÉ
Zones 3 à 8.

HAUTEUR
Feuilles : 30 cm,
Fleurs : 45 cm.

ÉTALEMENT
60 cm.

FLORAISON
Printemps.

CONSOUDE À GRANDES FLEURS

CETTE CONSOUDE EST UN EXCELLENT COUVRE-SOL NE RÉCLAMANT POUR AINSI DIRE AUCUN ENTRETIEN, PARFAIT POUR LES EMPLACEMENTS PROBLÉMATIQUES À L'OMBRE SÈCHE.

Description La plante développe des touffes denses qui s'étendent et excluent la plupart des adventices. Des bouquets de fleurs tubulaires jaune crème, de 18 mm de long, s'élèvent au-dessus du feuillage.

Emplacement idéal De plein soleil à mi-ombre.

Nature du sol Léger, bien drainé. Une fois installée, la plante tolère les sols secs.

Conseils de culture Plantez à un espacement de 45 à 60 cm au printemps ou en automne. Une fois installée, cette consoude ne demande quasiment plus d'attention.

Multiplication Divisez au printemps ou en automne.

Maladies et ravageurs Pas de menace particulière.

Suggestions Cette consoude à fleurs jaunes fait un excellent couvre-sol très peu exigeant, qui empêche la dissémination des adventices pour des emplacements secs et ombragés.

Cultivars 'Goldsmith' montre un beau feuillage vert panaché de jaune et de crème. Ses fleurs s'exposent en différentes couleurs, crème pâle, rose et bleu pâle.

RUSTICITÉ
Zones 5 à 8.

HAUTEUR
60 à 90 cm.

ÉTALEMENT
30 à 60 cm.

FLORAISON
Fin du printemps et début d'été.

AUTRES NOMS COMMUNS
Colombine panachée, colombine plumeuse.

PIGAMON À FEUILLES D'ANCOLIE

CE PIGAMON SE COMPORTE FORT BIEN EN BORDURE DE RUISSEAU OU DE PIÈCE D'EAU, EN COMPAGNIE D'IRIS, D'HOSTAS, D'HÉMÉROCALLES ET DE FOUGÈRES.

Description La plante naît d'une souche à racines fasciculées et forme des tiges érigées portant des feuilles très divisées rappelant celles de l'ancolie. À leur extrémité paraissent de larges bouquets de fleurs de 1 cm, lavande ou blanches, à nombreuses étamines (organe de reproduction masculin) en pompon soyeux.

Emplacement idéal Plein soleil ou mi-ombre.

Nature du sol De fraîcheur constante, humifère. La plante tolère les sols mouillés.

Conseils de culture Division rare des touffes qui s'étendent lentement.

Multiplication Divisez au printemps ou en automne. Semez dehors en automne ou à l'intérieur au début du printemps.

Maladies et ravageurs Pas de menace particulière.

Suggestions Plantez ce pigamon en jardin formel comme informel.

Cultivars 'Album' offre des fleurs blanches, 'Atropurpureum' des violettes.

Autres espèces *T. flavum* subsp. *glaucum* forme un feuillage bleu-vert et expose des bouquets aplatis de fleurs aériennes jaune soufre. Zones 4 à 8.

Thermopsis villosa

FABACÉES

RUSTICITÉ
Zones 3 à 9.

HAUTEUR
90 à 150 cm.

ÉTALEMENT
60 à 120 cm.

FLORAISON
Fin du printemps ou début d'été.

FAUX LUPIN

CETTE PLANTE DE LA FAMILLE DU LUPIN FAIT UN BEL EFFET EN BORDURE DE SOUS-BOIS OU EN COMPAGNIE D'ARBUSTES À FLEURS, DANS UN JARDIN DE STYLE « NATUREL » UN PEU OMBRAGÉ.

Description Ce faux lupin naît d'une souche épaisse à racines fasciculées et forme des tiges dressées portant des feuilles trilobées gris-vert au sommet desquelles paraissent les épis floraux. Ceux-ci, hauts de 20 à 30 cm, exposent des fleurs de pois serrées, jaune citron.

Emplacement idéal De plein soleil à ombre légère. Tolère la chaleur.

Nature du sol Moyen à humifère, frais et acide.

Conseils de culture Les touffes finissent par avoir la taille de petits arbustes, mais ne nécessitent pas de division si elles ont assez d'espace. Si le feuillage devient moins beau après la floraison, rabattez complètement la plante.

Multiplication Prélevez des boutures en début d'été sur les jeunes pousses. Semez dehors en automne, à l'intérieur au début du printemps après avoir fait tremper les graines dans de l'eau chaude pendant 12 à 24 heures.

Maladies et ravageurs Pas de menace particulière.

Suggestions Plantez en arrière des plates-bandes avec pivoines, amsonies à larges feuilles (*Amsonia tabernaemontana*), géraniums botaniques (*Geranium* subsp.) et autres plantes formant touffes arrondies ou monticules.

RUSTICITÉ
Zones 3 à 8.

HAUTEUR
15 à 25 cm.

ÉTALEMENT
30 à 60 cm.

FLORAISON
Printemps.

TIARELLE CORDIFOLIÉE

SOUS LES ARBRES, CETTE TIARELLE FORMANT DES BEAUX TAPIS DE FEUILLES EN FORME DE CŒUR DÉCOURAGE LES ADVENTICES.

Description Cette plante naît de racines fasciculées et se propage par stolons. Elle forme des rosettes de feuilles velues trilobées et se couvre de hauts bouquets mousseux de petites fleurs blanches en étoile, qui se teintent fréquemment de rose.

Emplacement idéal De mi-ombre à ombre totale.

Nature du sol De fraîcheur constante, humifère, légèrement acide.

Conseils de culture La plante s'étend par stolons et finit par former de vastes tapis. Contenez-la en la divisant.

Multiplication Prélevez des stolons en été et, s'ils n'ont pas déjà raciné, traitez-les comme des boutures. Semez la graine au printemps.

Maladies et ravageurs Pas de menace particulière.

Suggestions Associez cette tiarelle en sous-bois avec des bulbeuses, des fougères et des espèces sauvages comme *Dicentra eximia* et *Sanguinaria canadensis*. Elle est également bien mise en valeur par des hostas et des iris.

Autres espèces *T. wherryi* est une espèce formant une touffe offrant d'abondantes fleurs teintées de rose en bouquets qui s'élèvent à la fin du printemps au-dessus d'un feuillage profondément lobé.

Tradescantia, groupe Andersoniana COMMÉLINACÉES

RUSTICITÉ
Zones 3 à 9.

HAUTEUR
30 à 60 cm.

ÉTALEMENT
60 cm.

FLORAISON
Printemps
et début d'été.

MISÈRE

INDIVIDUELLEMENT, CHAQUE FLEUR DE *TRADESCANTIA* NE DURE QU'UNE JOURNÉE, D'OÙ SON NOM COMMUN, MAIS LA PLANTE EN OFFRE UNE TELLE PROFUSION QUE L'ON EN PROFITE LONGTEMPS.

Description Fortes et longues racines fasciculées. Feuillage linéaire et, à l'extrémité des tiges, bouquets de fleurs de 2,50 à 3,50 cm, à trois pétales arrondis satinés, bleus, violets ou blancs.

Emplacement idéal De plein soleil à mi-ombre.

Nature du sol Frais mais bien drainé, ordinaire à humifère.

Conseils de culture Après floraison, la plante a tendance à être assez peu présentable. Rabattez-la radicalement pour qu'elle repousse avec vigueur. Plantée en situation sèche, elle entre le plus souvent en dormance l'été.

Multiplication Divisez en automne. Fréquents rejets de semis spontanés.

Maladies et ravageurs Pas de menace particulière.

Suggestions Plantez en jardin informel avec les campanules (*Campanula* subsp.), ancolies (*Aquilegia* subsp.), hostas et fougères. En jardin formel, plantez-la en compagnie d'autres vivaces fleurissant au printemps.

Cultivars 'Blue Stone' laisse paraître des fleurs bleu moyen. 'J. C. Weguelin' fleurit bleu ciel et 'Zwanenberg Blue', bleu-violet. 'Pauline' offre des fleurs rose orchidée.

RUSTICITÉ
Zones 4 à 9.

HAUTEUR
60 à 90 cm.

ÉTALEMENT
30 à 60 cm.

FLORAISON
Fin d'été et automne.

AUTRE NOM COMMUN
Tricyrtis à poils rudes.

LIS DES CRAPAUDS

CHOISISSEZ POUR CETTE PLANTE SUBTILE UN EMPLACEMENT QUI PERMETTRA DE L'ADMIRER DANS TOUS SES DÉTAILS.

Description Les hautes tiges arquées portent des paires de feuilles lancéolées pointues, à nervures marquées. À l'aisselle de ces feuilles, et en haut des tiges, paraissent des fleurs blanches mouchetées de violet. Elles comportent trois pétales et trois sépales (pièces pétaloïdes) disposés autour d'une colonne centrale et regardent vers le ciel.

Emplacement idéal D'ombre légère à mi-ombre. Le soleil brûle les feuilles de la plante.

Nature du sol De fraîcheur constante, humifère.

Conseils de culture La plante s'étend par tige radicante et forme d'amples touffes qui n'ont que rarement besoin d'être divisées. Le plus souvent, la floraison a lieu en automne. En région fraîche, il arrive que les premiers gels lui soient fatals.

Multiplication Divisez les touffes au printemps. À l'extérieur, la meilleure époque de semis est l'automne.

Maladies et ravageurs Pas de menace particulière.

Suggestions Le lis des crapauds est certainement le plus décoratif lorsqu'il est planté en compagnie d'astilbes, d'hostas, de fougères et autres espèces de sous-bois.

RUSTICITÉ
Zones 8 à 10.

HAUTEUR
3 m.

ÉTALEMENT
Jusqu'à 2 m.

FLORAISON
D'été jusqu'en automne.

GRANDE CAPUCINE

CETTE RAVISSANTE CAPUCINE GRIMPANTE VIVACE APPORTE UNE NOTE DE COULEUR VIVE DANS UN COIN UN PEU TRISTE DU JARDIN.

Description Cette capucine grimpante naissant d'un rhizome charnu forme des tiges grêles portant des feuilles vert vif à six folioles ovales. Elle se couvre de fleurs écarlates, suivies de fruits bleus qui attirent les oiseaux.

Emplacement idéal De soleil à mi-ombre. Idéal en site frais et humide.

Conseils de culture En région froide, déterrez les rhizomes lorsque la plante entre en dormance et conservez-les dans de la tourbe dans un local hors gel. Fertilisez une fois par mois et divisez les rhizomes au printemps. Pour bien réussir, il faut que le sol soit parfaitement drainé, que les températures restent fraîches et qu'il y ait juste assez d'humidité.

Multiplication Faites germer la graine ou les rhizomes à l'intérieur dès la fin de l'hiver et mettez en terre une fois tout danger de gel passé. Attention, les racines sont fragiles. Bouturez en fin d'été.

Maladies et ravageurs Pas de menace particulière.

Suggestions Faites grimper cette capucine contre un mur ou utilisez-la pour habiller une clôture. Vous pouvez aussi la faire cascader en rocaille non loin d'une fontaine artificielle. Elle convient à tout emplacement frais et ombragé du jardin.

Rusticité
Zones 3 à 8.

Hauteur
30 à 45 cm.

Étalement
30 à 60 cm.

Floraison
Printemps.

Uvulaire à grandes fleurs

Les fleurs pendantes de cette uvulaire sont très bien mises en valeur lorsqu'on les associe à des bulbeuses de printemps ou des espèces sauvages à fleurs.

Description La plante naît de rhizomes à racines cassantes et forme des tiges fines portant des feuilles gris-vert. Les fleurs pendantes en cloche effilée, jaune citron, comportent trois pétales et trois sépales (pièces pétaloïdes).

Emplacement idéal De mi-ombre à ombre totale. Pour une belle floraison, le printemps doit être ensoleillé mais l'été, la plante doit rester à l'ombre.

Nature du sol Frais, humifère.

Conseils de culture *Uvularia grandiflora* s'étend en belles touffes amples. Après floraison, le feuillage prend le relais et forme un beau couvre-sol qui reste bien vert tout l'été.

Multiplication Divisez au début du printemps, avant floraison.

Maladies et ravageurs Pas de menace particulière.

Suggestions Plantez cette vivace en jardin de sous-bois en compagnie de plantes de style «naturel» comme *Sanguinaria canadensis* et *Dicentra eximia*.

Autres espèces *Uvularia sessifolia* appelée aussi uvulaire à feuilles sessiles est une espèce grêle, délicate, à feuilles étroites et fleurs couleur paille. Zones 4 à 8.

Verbascum chaixii SCROFULARIACÉES

RUSTICITÉ
Zones 4 à 8.

HAUTEUR
60 à 90 cm.

ÉTALEMENT
30 à 60 cm.

FLORAISON
Été.

MOLÈNE

CETTE MOLÈNE À LARGES FEUILLES, ORIGINAIRE DU SUD DE L'EUROPE, SE MARIE HARMONIEUSEMENT EN JARDIN INFORMEL AVEC DES ESPÈCES À FEUILLAGE FIN COMME LES NÉPÉTAS.

Description La plante développe des tiges épaisses et de larges feuilles ovales, se terminant en pointe. Les robustes pédoncules offrent de petites fleurs jaunes à cinq pétales, serrées sur de grandes hampes.

Emplacement idéal De plein soleil à ombre légère.

Nature du sol Moyen, bien drainé.

Conseils de culture Cette molène à longue durée de vie s'étend pour former des touffes de rosettes et n'a que rarement besoin d'être divisée.

Multiplication Semez dehors en automne ou au printemps ; à l'intérieur, au printemps. Prélevez des boutures de racines en fin d'hiver ou début de printemps.

Maladies et ravageurs Pas de menace particulière.

Suggestions En plate-bande, associez-la à des vivaces à feuillage léger comme *Coreopsis verticillata* et les géraniums botaniques (*Geranium* subsp.).

Cultivars 'Album' (ci-dessus) offre des fleurs blanches à œil pourpre.

Autres espèces *V. olympicum* forme des feuilles ovales velues se terminant en pointe, gris argenté et expose des fleurs jaunes. Zones 6 à 8.

RUSTICITÉ
Zones 4 à 10.

HAUTEUR
20 à 45 cm.

ÉTALEMENT
30 à 90 cm.

FLORAISON
Fin du printemps à l'automne.

VERVEINE DE MIQUELON

POUR LE JARDINIER, CETTE VERVEINE REPRÉSENTE UN TRÈS BON « LIANT ». UTILISEZ-LA EN PLATE-BANDE MIXTE POUR ASSURER LA COHÉSION ENTRE DES ESPÈCES DIFFÉRENTES. PLANTEZ-LA AU PREMIER PLAN.

Description Si la plante naît d'une souche à racines fasciculées, elle s'enracine aussi par ses tiges prostrées. Elle développe un feuillage dentelé et se pare de bouquets ronds de fleurs tubulaires, lavande à rose vrai, à cinq pétales largement ouverts.

Emplacement idéal Plein soleil. Cette verveine tolère chaleur et sécheresse.

Conseils de culture La plante s'étend rapidement et forme des touffes amples. Taillez et divisez les sujets qui déborderaient de leur emplacement.

Multiplication Prélevez des boutures herbacées durant l'été.

Maladies et ravageurs La plante peut être sujette à l'oïdium qui provoque des taches blanches sur les feuilles. Traitez au soufre soluble.

Suggestions Plantées entre yuccas (*Yucca* subsp) et molènes (*Verbascum* subsp.), les tiges rampantes de cette verveine feront un bon couvre-sol.

Autres espèces *V. bonariensis*, la verveine de Buenos Aires, est une haute plante érigée à feuillage pauvre et bouquets de petites fleurs violettes. Zones 7 à 9. *V. × hybrida*, la verveine des jardins, est une rampante dont il existe de nombreux cultivars en divers coloris. Zones 8 et 9.

RUSTICITÉ
Zones 3 à 8.

HAUTEUR
30 à 90 cm.

ÉTALEMENT
45 à 75 cm.

FLORAISON
Été.

VÉRONIQUE EN ÉPIS

CETTE VÉRONIQUE FAIT BON MÉNAGE AVEC DES GRAMINÉES ORNEMENTALES ET UNE VASTE GAMME DE VIVACES FLEURISSANT EN ÉTÉ.

Description D'une souche à racines fasciculées, la plante forme des tiges à feuilles ovales ou oblongues, couvertes d'une fine pubescence. À leur extrémité paraissent des épis dressés pointus de petites fleurs serrées, bilabiées, roses, bleues ou blanches.

Emplacement idéal De plein soleil à ombre légère.

Nature du sol Moyen à humifère, frais mais bien drainé.

Conseils de culture La véronique à épis s'étend lentement et forme de jolies touffes bien nettes. Si toutefois elles prenaient une allure dégingandée, taillez pour obtenir une repousse et un prolongement de la floraison.

Multiplication Divisez au printemps ou en automne. Prélevez des boutures herbacées, auxquelles il faut ôter tout bouton floral, à la fin du printemps ou au début de l'été.

Maladies et ravageurs Pas de menace particulière.

Suggestions Plantez-la en compagnie de vivaces d'été nécessitant comme elle un sol bien drainé, par exemple, l'achillée (*Achillea* subsp.), le népéta (*Nepeta* subsp.), l'onagre (*Oenothera* subsp.) et les graminées ornementales. Utilisez-la partout où vous souhaitez créer un accent de verticalité.

RUSTICITÉ
Zones 6 à 9.

HAUTEUR
5 à 20 cm.

ÉTALEMENT
10 à 20 cm.

FLORAISON
Printemps.

AUTRE NOM COMMUN
Violette de mars.

VIOLETTE ODORANTE

EN JARDIN INFORMEL, PLANTEZ LA VIOLETTE ODORANTE EN COMPAGNIE DE BULBEUSES, D'ESPÈCES À FLEURS SAUVAGES, D'HOSTAS ET DE VIVACES FLEURISSANT AU DÉBUT DU PRINTEMPS.

Description Cette violette naissant de rhizomes rampants à racines fasciculées forme des rosettes de feuilles cordiformes. Les fleurs hâtives, très appréciées pour leur parfum délicieux, présentent cinq pétales, deux pétales supérieurs dressés et trois pétales inférieurs étalés ainsi qu'un petit éperon à nectar saillant, à l'arrière de la corolle. Elles sont de violet pur à mauves.

Emplacement idéal Soleil ou ombre. Concernant l'exposition ou les conditions de sécheresse ou d'humidité, la plante est très tolérante.

Nature du sol Frais, humifère.

Conseils de culture Elles se plaisent dans tous les jardins et colonisent le terrain avec exubérance. Si vous les associez à d'autres espèces, vous devrez les contenir un peu.

Multiplication Divisez après floraison ou en automne. La plante se ressème facilement.

Maladies et ravageurs Pas de menace particulière.

Suggestions Sous des arbustes ou des arbres à fleurs, les violettes forment de beaux couvre-sols.

Cultivars Les cultivars de la violette odorante sont légion.

Viola odorata (suite)

Viola odorata 'Jackanapes'.

'Deloris' montre de ravissantes fleurs pourpre foncé.

'White Queen' offre de petites et délicates fleurs blanches.

Hybrides Les hybrides vivaces, d'ascendance complexe, de *Viola odorata* sont des plantes rustiques fleurissant longtemps.

'Huntercombe Purple' développe des fleurs pourpres avec un petit œil crème.

'Jackanapes' (ci-dessus) s'orne de fleurs bicolores contrastées, jaune et brun.

'Maggie Mott' expose de jolies fleurs bleu-violet.

'Nellie Britton' laisse paraître des fleurs rose-mauve.

'Magic' se pare de fleurs pourpre foncé à œil pourpre et crème.

Autres espèces *Viola sororia*, dont le nom commun est violette parente, est une vivace sans tige à feuilles velues au revers et extrémité très pointue. 'Freckles' montre des fleurs bleu pâle tachetées de violet.

Viola sororia var. *priceana* fait éclore des fleurs à œil bleu-violet. Zones 3 à 9.

RUSTICITÉ
Zones 3 à 10.

HAUTEUR
1,50 à 4,50 m.

ÉTALEMENT
90 à 180 cm.

FLORAISON
Été.

YUCCA

LE YUCCA, AVEC SES TOUFFES DE GRANDES FEUILLES POINTUES, EST UNE ESPÈCE SPECTACULAIRE. ET D'AUTANT PLUS LORSQUE S'ÉPANOUISSENT SES ÉNORMES BOUQUETS DE FLEURS !

Description Souche ligneuse à racines charnues qui produit des rosettes de feuilles en glaive d'un vert bleuté. En été s'élèvent de fortes tiges offrant de hauts bouquets de fleurs blanc crème penchées, comportant trois pétales et trois sépales et formant une cloche.

Emplacement idéal De plein soleil à ombre légère.

Nature du sol Moyen à humifère, bien drainé.

Conseils de culture Peu d'entretien et dure des années. La rosette principale meurt après floraison, mais les rosettes secondaires prennent le relais.

Multiplication Séparez des jeunes pousses de la touffe au printemps ou en automne.

Maladies et ravageurs Pas de menace particulière.

Suggestions Utile en plate-bande de terrain sec ou en jardin de bord de mer. Pour un contraste intéressant, associez à des plantes à feuillage velouté, charnu ou délicat comme l'épiaire (*Stachys byzantina*), le sédum et la verveine (*Verbena* subsp.).

Cultivars 'Bright Edge' (ci-dessus) présente de grandes feuilles très décoratives, bordées de jaune.

ZONES DE RUSTICITÉ

Ces cartes des États-Unis, du Canada et de l'Europe sont divisées en dix zones. La classification est basée sur une différence d'environ 5 °C de la moyenne des températures minimales annuelles. L'altitude trop élevée de certaines régions n'autorise pas la culture des plantes, elles n'ont donc pas été classées. Il existe, d'autre part, des endroits plus chauds ou plus froids que leur environnement immédiat en raison de leur altitude différente ; il leur a été affecté une zone distincte de leur région géographique. Beaucoup de grandes agglomérations urbaines se situent, par exemple, dans une zone plus chaude que la région où elles se trouvent. Chaque plante croît mieux dans une certaine fourchette de températures qui peut être large ou étroite selon les espèces. La résistance au gel et les besoins en soleil ou en ombre différencient également les plantes.

MOYENNE DES TEMPÉRATURES MINIMALES ANNUELLES (°C)

ZONE 1	En dessous de -45 °C	**ZONE 6**	-23 à -18 °C
ZONE 2	-45 à -40 °C	**ZONE 7**	-18 à -12 °C
ZONE 3	40 à -34 °C	**ZONE 8**	-12 à -7 °C
ZONE 4	-34 à -29 °C	**ZONE 9**	-7 à -1 °C
ZONE 5	-29 à -23 °C	**ZONE 10**	-1 à 4 °C

CANADA
OCÉAN
ATLANTIQUE
ÉTATS-UNIS
D'AMÉRIQUE

Cette classification renseigne sur les conditions qui permettent à une plante donnée de pousser de façon optimale, et non pas simplement de survivre. Beaucoup de plantes subsistent dans des zones plus chaudes ou plus froides que celles qui leur sont attribuées. N'oubliez pas que d'autres facteurs – vent, type de sol, humidité du sol, neige et soleil en hiver - peuvent également avoir une grande influence sur la croissance. Gardez à l'esprit que certaines plantes ont été élevées en serre et qu'elles pourraient ne pas survivre dans votre jardin. C'est une perte de temps et d'argent, ainsi qu'un crève-cœur, que d'acheter des plantes qui ne sont pas adaptées à votre région climatique.

Australie et Nouvelle-Zélande

Ces cartes divisent l'Australie et la Nouvelle-Zélande en sept zones climatiques calquées au plus près sur celles établies par le Département de l'agriculture américain et utilisées aux États-Unis, en Grande-Bretagne et en Europe. Ces zones sont définies en fonction des températures minimales habituelles ou possibles, rencontrées dans chacune des régions. Cet ouvrage est destiné aux jardins de climat tempéré, mais les renseignements peuvent être extrapolés à des jardins de climats plus chauds. Vous y trouverez les zones idéales pour chaque plante, et lorsque vous lirez qu'une plante est adaptée aux zones 7 à 10, vous saurez qu'elle réussira dans ces mêmes zones en Australie ou en Nouvelle-Zélande. La croissance est tributaire d'autres conditions, mais la température est l'une des plus importantes. Les plantes de la zone 10 peuvent également pousser dans des régions plus chaudes, mais il est prudent de s'en assurer en consultant un guide de jardinage spécifique à la région considérée.

Températures minimales (°C)

ZONE 7 -15 à -10 °C

ZONE 8 -10 à -5 °C

ZONE 9 -5 à 0 °C

ZONE 10 0 à 5 °C

ZONE 11 5 à 10 °C

ZONE 12 10 à 15 °C

ZONE 13 15 à 20 °C

INDEX

Les numéros de page en *italique* renvoient aux illustrations.

A

B

C

D

I

J-K

L

M

N-O

P

T

U-V

Y

REMERCIEMENTS

Légendes : g = gauche, d = droite, c = centre, h = haut, b = bas
AA = Allan Armitage ; AL = Andrew Lawson ; Aus = Auscape ; BCL = Bruce Coleman Ltd ; CM = Cheryl Maddocks ; CN = Clive Nichols ; DF = Derek Fell ; DW = David Wallace ; GB = Gillian Beckett ; GPL = Garden Picture Library ; HSC = Harry Smith Collection ; JC = John Callanan ; JP = Jerry Pavia ; JY = James Young ; LC = Leigh Clapp ; PH = Photos Horticultural ; SM = Stirling Macoboy ; SOM = S. & O. Mathews ; TE = Thomas Eltzroth ; TR = Tony Rodd ; WO = Weldon Owen ; WR = Weldon Russell
1h, c LC ; b Aus/Rob Walls **2**c WO/JY **5**c TE **6**h TE ; c SOM ; b AL **7**h SOM ; c WO/JY **10**c WO **12**bd TE **13**h WO/JY **14**hd, bl WO/JY **15**h PH **17**h WO/JY **18**b PH **19**h WO/JY **20**bd PH **21**h SOM ; cd PH **22**h WO/JY **23**cg DF ; bg WO/JY **25**c WO **26**bg PH **27**hd WO/JY **29**h CN **30**bd CN **32**c CN **34**bg PH **35**b CN **36**bg CN **37**hg WO/JY **38**bd PH **39**h CN **42**hd WO ; bd PH **43**h PH **44**hd WO/JY ; bg PH **45**hd WO/JY ; bd PH **46**bg WO/JY ; h PH **47**h WO **48**b WO/JY **49**h WO/JY **50**b SOM **51**h CN ; bd WO/JY **52**h JP ; b AL **53**h WO/JY **54**h WO/JY **55**hd WO/JY **56**b DF **57**h EWA Photo Library ; b SOM **58**h, b WO/JY **59**h WO/JY **60**h WO/JY **61** Aus/Jerry Harpur **62**bg AL **63**h WO/JY **64**b TE **65**h TR ; b PH **66**h TE **67** GPL/Roger Hyam **68**h TE **68-69**b WO/JY **69**h WO/JY **70**c BCL/Eric Crichton **72**h, c, b WR **73**h WR **74**h, b CN **76**bg PH ; bd DW **78**cg CN ; bg, bd DF **79**h WO/JY ; bg, bd DF **80**hg, hd WR/CM **81**h GPL **83**c CN **84**hg, hc, hd DW ; b AL **85**hd CN **86**c CN **88**bg PH **89**hg DW ; bd WO/JY **91**hg SOM **93**hd CN **96**bd PH **97**hd DW ; cl PH **98**b PH **99**hd APL/Corbis/Wolfgang Kaehler **100**bg PH **101** PH **102**c WO ; b PH **105**h PH ; b Premaphotos Wildlife/K.G. Preston-Mafham **106**b CN **108**cg PH ; bd GPL/Brigitte Thomas **109**hd, hc, hg DW **110**bg, bc, bd DW **111**hd WO/JY **112**c CN **114**h JC **115**h GP. com/Graham Rice **116**h TE **117**h Corbis **118**h WO/JY **119**h TR **120**h PH **121**h GP. com/Judy White **122**h GPL/Mark Bolton **123**h GPL/Brian Carter **124**h WO/JY **125**h TE **126**h JC **127**h WO/JY **128**h GPL/J. Sira **129**h GP. com/Judy White **130**h PH **131**h PH **132**h TE **133**h GPL/John Glover **134**h GPL/John Glover **135**h GPL/John Glover **136**h JC **137**h GPL/Brian Carter **138**h GB **139**h GPL/Gary Rogers **140**h DF **141**h JC **142**h GPL/Neil Holmes **143**h PH **144**h TE **145**h Nancy J. Ondra **146**h TE **147**h TE **148**h TE **149**h PH **150**h PH **151**h HSC **152**h TE **153**h WO **154**h WO/JY **155**h JC **156**h JC **157**h WR **158**h JC **159**h WO/JY **160**h AL **161**h GP. com/Judy White **162**h SM **163**h PH **164**h DF **165**h JP **166**h HSC **167**h PH **168**h HSC **169**h TR **170**h JC **171**h TE **172**h JP **173**h HSC **174**h PH **175**h JC **176**h WR **177**h WO/JY **178**h Anita Sabrese **179**h TE **180**h WO/JY **181**h APL/Corbis/Hal Horowitz **182**h GPL/Mayer/Le Scanff **183**h GP. com/Judy White **184**h GPL/Mark Bolton **185**h GB **186**h WO/JY **187**h JC **188**h GPL/Rajeev Jhanji **189**h WR **190**h WO/JY **191**h JC **192**h GPL/John Glover **193**h GPL/David Askham **194**h WO/JY **195**h GP. com/Judy White **196**h TE **197**h PH **198**h WO **199**h WO/JY **200**h WO **201**h TE **202**h TE **203**h WO/JY **204**h WO **205**h JC **206**h APL/Corbis/Tania Midgley **207**h HSC **208**h GPL **209**h WO/JY **210**h GB **211**h PH **212**h WO/JY **213**h JC **214**h PH **215**h JC **216**h WO/JY **217**h WO/JY **218**h TE **219**h WO/JY **220**h John J. Smith **221**h TE **222**h WO/JY **223**h WO/JY **224**h WO **225**h AA **226**h WO **227**h TE **228**h WO/JY **229**h WO/JY **230**h TE **231**h GPL **232**h GPL/Lamontagne **233**h PH **234**h WO **235**h WO/JY **236**h WO/JY **237**h WO/JY **238**h Aus/Jaime Plaza van Roon **239**h TR **240**h JC **241**h TE **242**h PH **243**h TE **244**h WR **245**h APL/Corbis/Eric Crichton **246**h GPL/Brian Carter **247**h TE **248**h GB **249**h WO/JY **250**h TE **251**h WO **252**h DF **253**h GPL/Marijke Heuff **254**h JC **255**h PH **256**h WO/JY **257**h PH **258**h DF **259**h TE **260**h TE **261**h TE **262**h TE **263**h WO **264**h AA **265**h TE **266**h WO/JY **267**h WO/JY **268**h WO/JY **269**h WO/JY **270**h TE **271**h Michael Dirr **272**h PH **273**h WO/JY **274**h GDR **275**h WR **276**h WO/JY **277**h JY **278**h PH **279**h WO/JY **280**h John J. Smith **281**h TR **282**h TE **283**h TR **284**h GPL **285**h WO/JY **286**h PH **287**h WO/JY **288**h WO **289**h AA **290**h TR **291**h TE **292**h WO/JY **293**h TE **294**h GB **295**h JC **296**h HSC **297**h PH **298**h TE **299**h TR **300**h PH **301**h WO/JY **302**h TE **303**h JC **304**h JC **305**h TE **306**h PH **307**h WO/JY.
Illustrations de Tony Britt-Lewis, Edwina Riddell, Barbara Rodanska, Jan Smith, Kathie Smith.

Dépôt légal : septembre 2004
N° d'éditeur : 7047
Imprimé en Chine